沂南古画像石墓發掘報告（增補本）

曾昭燏　蔣寶庚　黎忠義　著
王培永等　增補

齊魯書社

圖書在版編目(CIP)數據

沂南古畫像石墓發掘報告:增補本/曾昭燏,蔣寶庚,黎忠義著;王培永等增補.-- 濟南:齊魯書社,2021.11
ISBN 978-7-5333-4492-4

Ⅰ.①沂… Ⅱ.①曾… ②蔣… ③黎… ④王… Ⅲ.①畫像石墓–發掘報告–沂南縣 Ⅳ.①K878.85

中國版本圖書館CIP數據核字(2021)第200725號

責任編輯:許允龍
特約編輯:王　任
責任校對:趙自環　王其寶
版式設計:趙萌萌
封面設計:王高傑

沂南古畫像石墓發掘報告(增補本)
YINAN GU HUAXIANGSHI MU FAJUE BAOGAO

曾昭燏　蔣寶庚　黎忠義　著
王培永等　增補

主管單位	山東出版傳媒股份有限公司
出版發行	齊魯書社
社　址	濟南市英雄山路189號
郵　編	250002
網　址	www.qlss.com.cn
電子郵箱	qilupress@126.com
營銷中心	(0531)82098521　82098519　82098517
印　刷	山東星海彩印有限公司
開　本	787mm×1092mm　1/8
印　張	29
插　頁	2
字　數	299千
版　次	2021年11月第1版
印　次	2021年11月第1次印刷
標準書號	ISBN 978-7-5333-4492-4
定　價	280.00圓

出版説明

《沂南古畫像石墓發掘報告》出版於 1956 年，是由南京博物院、山東省文物管理局組織，曾昭燏、蔣寶庚、黎忠義三位專家撰寫的。《報告》對沂南古畫像石墓的發掘情況進行了科學整理，對墓葬年代、墓主人身份、畫像石内容等進行了深入考察，裝幀設計考究大方，印刷精美，做到了内容與形式的完美結合。《報告》出版後，受到了學術界和讀者們的廣泛好評，在 2001 年《中國文物報》組織的“二十世紀文博考古最佳圖書”評選活動中，被評爲“二十世紀最佳考古發掘報告”。

惜初版印刷數量有限，現今讀者欲一窺原貌已非易事。爲滿足學術界及考古愛好者的閱讀、使用需要，沂南北寨漢畫像石墓博物館決定以原版影印的方式（書後增補相關研究綜述）予以出版，以饗讀者。

增補本編輯委員會

2021 年 10 月

增補本序言

2021年，距沂南北寨漢墓考古發掘已經過去了67年。這曾經是中國考古界、漢代文物和藝術研究界的一件大事，影響所及直至當下。該墓墓室完整，規格較高，構造獨特，畫像精美，而墓中圖像位置明確，對於研究畫像題材在墓室中的分布具有標本的意義和價值。就墓室中的畫像而言，内容豐富，既有現實生活，又有神仙世界；既有恢弘的大場面，又有具體的細致刻畫；既有透雕、浮雕，也有減地平面綫刻、陰綫刻等多種表現形式。藝術語言多樣，形式風格明確。因此，發現之后就受到了學界的高度關注。此后，雖有衆多的畫像石墓被發掘，北寨漢墓的獨特性所表現出來的在漢畫研究領域内的地位從没有被動搖過。

40年前，我於南京藝術學院學習期間就在學校圖書館中見過《沂南古畫像石墓發掘報告》一書，被其中不同内容的畫像以及藝術表現上的獨特性深深地震撼和吸引，也成爲后來導引我决定撰寫《論漢代神畫中的兩對主神研究》碩士論文的原因之一。2017年6月，我在臨沂參加漢畫學會理事會之際，參觀了該墓，獲得了超於印刷圖像的更爲直接而深刻的認識，也加深了我對藝術史研究應該多做實地考察、多看原作的認識。沿着保護房的臺階進入墓室，首先映入眼簾的是熟悉而又陌生的伏羲、女媧、東王公、西王母。説它們熟悉，是因爲我碩士研究生論文中有引用該材料。1987年，在論文基礎上由紫禁城出版社出版了《神畫主神研究》一書，這是我學術生涯中的首部專著。所以，熟悉的圖像也見證了當年攻讀和研究的過程。而陌生感則來自與圖像關聯且不可或缺的環境，這實際上在研究中很重要，可是，往往被研究者忽視。遺憾的是以前受條件的限制而未能實地考察，也没有做個案的研究，所以，感覺到很陌生。

置身在北寨漢墓之中，思緒萬千，真正是思接千古。這確實是另外一個世界，不管是該墓的漢代主人，或者是營造它的工匠，還是今天的每一位參觀者、研究者，都能够感受到這地下世界的恢弘和考究，以及裝飾華麗若宫殿般的顯赫。雖然墓室不是很大，加上墓道也不過近百平方米，但它那仿宅第式的設計，前、中、后、側室長寬高比例合適，既均衡又富有變化。中室最大，也是最高，中間的八角柱擎起的用一塊整石頭雕成的帶有倒銜雙龍的斗拱顯得特别有氣勢。這個八角柱及柱礎、斗拱、過梁都被各種神靈環繞，甚至還有兩尊“佛像”刻畫其中。多層叠澀式的天井，使墓室空間顯得特别開闊。四壁的車馬出行圖、庖厨圖、樂舞百戲圖以及18幅人物故事圖，構成了一個豐富的圖像化的漢代社會。前室空間略微小於中室，中間八角柱擎起的帶蜀柱的斗拱，柱上用淺浮雕刻有衆多的神獸、仙人，顯得格外突出。其中有很多圖像不僅讓人耳目一新，而且是其他漢墓中所没有的。放置墓主人棺椁的后室，在刻有畫像的室中屬於空間最小者，衹容人勉强站立。其中一倒銜雙龍將兩室分隔開來，空間既相對獨立又相互貫通。四周側室皆用磨平的大石塊砌成，顯得格外規整。東北側的蹲坑式厠所雖然不大，仍可見漢代文明水平之高，表現出死者對於生前生活所需的追求，或者表現出家屬希望死者能够接續生前的生活，當然，其中也有鄉規民俗。對於北寨漢墓畫像的研究，到目前爲止，墓室之中的多數畫像已考證出具體的内容，表現出了漢畫研究中重視考據畫像内容的特色，儘管其中有論者的看法不盡相同。當然，其中還有一些圖像内容尚未得到確認。我以爲同仁當然可以繼續爲之努力，但也不必追求完美。實際上不能完全解釋在一定程度上表現了歷史研究的特色；如果我們完全能够解讀距今兩千年的歷史和圖像，那將失去研究歷史和歷史圖像的魅力。漢代圖像中的有些不可解，或不可全解，正是漢代畫像的魅力之所在。在這個千古的穿越中，有很多内容可以研究和再研究，討論和再討論。

北寨漢墓畫像的藝術水平較高，而且有着典型的北寨風格。整體凝重厚實，人物、動物造型誇張，風格稚拙。從雕刻技法上看，該墓的畫像剔地較深，所以，形象突出。而在關係到人物和動物的身體結構處，又用浮雕的辦法來强調結構關係，表現出對立體感的追求。比較特別的是，在畫像整體的内部以細綫刻出人物的五官和服飾，而在處理動物的羽翼方面，既表現出結構，又富有裝飾的趣味。無疑，粗中有細，粗細結合，是構成北寨漢代畫像藝術特色的重要方面。

北寨漢墓是一座藝術的寶庫。其豐富的畫像内容和精湛的刻制藝術的完美結合，是漢代畫像藝術高峰期的標志，并有着廣泛的社會認同。所以，有多幅畫像被教科書所采用，其中的《豐收宴享圖》中的收租部分，兩次被編入初中《中國歷史》教材；《樂舞百戲圖》被 1956 年的高中歷史教科書采用；局部的畫像也出現在《世界美術史》《中國美術史》《中國建築史》等著作中；《七盤舞》被選爲《辭源》“七盤舞”詞條的插圖；而《樂舞百戲圖》作被選用爲 2008 年北京奥運會的第一枚紀念金幣“馬術”的圖案。如此都表現出了北寨漢墓畫像具有廣泛的社會影響和代表性。

1956 年，由曾昭燏、蔣寶庚、黎忠義合著的《沂南古畫像石墓發掘報告》正式出版，引起了社會對北寨漢墓的關注，帶動了學界研究漢畫的熱情。許多專家圍繞北寨漢墓的墓葬年代、畫像内容、藝術風格等撰寫了一大批高水平的論文，形成了漢畫研究的第一個高峰。67 年來，隨着漢畫像石墓的不斷發現和發掘，畫像石數量不斷增加。迄今爲止，已發現和發掘的漢畫像石墓約 2000 座，漢畫像石總數已超過 10000 塊，與之關聯的是漢畫像石研究成果豐碩。據不完全統計，目前發表的研究漢代畫像石的發掘報告、論述、考釋文章上萬篇。如此多的新發現、新研究、新成果，也促進了北寨漢墓畫像的研究，因爲通過對比，不僅能相互關聯，而且還能進一步明確特色，尤其是在藝術風格上的確認也加强了對於其學術價值的認同。

隨着漢畫研究隊伍的不斷壯大，對於基礎性研究書籍的需求越來越多。而出版於1956年的《沂南古畫像石墓發掘報告》距今已60多年，受制於當時的條件，紙張、印刷等都有不足。而當時僅發行1000册，流傳不廣，今天已成爲珍稀之物。爲了滿足社會需求，沂南北寨漢畫像石墓博物館決定再版，這無疑是一件好事。此次再版，北寨漢畫像石墓博物館館長王培永先生將幾十年來有關北寨漢墓的論文、專著中的代表性觀點進行了綜述，這實際上是對研究的研究。“綜述”全面而完整，嚴謹而精心；涉及範圍廣泛，各種論點并存，豐富了原版的内容。爲了再現原版的風采，發掘報告部分則采用了原版掃描的方式，保證了原著的真實性和完整性。

值中國漢畫學會成立30周年之際，沂南北寨漢畫像石墓博物館作爲中國漢畫學會的會員單位，再版《沂南古畫像石墓發掘報告》也是向中國漢畫學會成立30周年的獻禮。我謹代表中國漢畫學會祝賀該書的再版。相信《沂南古畫像石墓發掘報告》的再版，將促進漢畫的研究，并帶動北寨漢畫像石墓及其畫像石研究的深入發展，從而豐富整個漢畫研究。

陳履生

2021年7月於北京

序 言

山東、河南、安徽北部、江蘇北部、四川、雲南等地區，都出現過漢代的畫像石，而山東所出的特别豐富而精美，除著名的武氏祠畫像石而外，還有不少的完整的墳墓、祠堂、墓闕等，刻畫着樓閣車馬、人物故事、山川靈異、飛禽走獸一類的圖像，早已爲考古學者和研究古代藝術的人們所重視。不過畫像石墓經過科學發掘的，在山東，沂南墓還算第一座。墓的建築如此閎偉，墓中畫像石的內容又如此豐富多采，無可辯駁地顯示出這墓的重要性。因此，爲它寫出一部較詳細的報告，是必要的。

這墓的發掘工作和這報告的編寫工作是由華東文物工作隊和山東省文物管理委員會合作而成的。田野發掘由蔣寶庚、台立業兩同志負責，攝影工作由李連春、蔣寶庚兩同志負責，製拓片工作由王文林、張世全兩同志負責，測量和繪圖工作由黎忠義同志負責，這報告中所有插圖也全是由黎同志繪製的，報告的文字部份由曾昭燏、蔣寶庚、黎忠義三位同志合作寫成。在整個工作過程中，這兩個機構和所有參加工作的同志們都能够互助合作，充分地發揮集體力量，因而工作得以順利地完成。

我們感謝南京大學教授胡小石先生、南京工學院教授劉敦楨先生、南京師範學院教授傅抱石先生、中央文化部副部長鄭振鐸同志和中國共產黨南京市委員會宣傳部部長周邨同志對我們編寫工作的指導，特别是周邨同志首先提出應從社會政治經濟狀況來看問題。我們也感謝中央文化部文物管理局、山東省文物管理處、江蘇省文化局和江蘇省文物管理委員會的同志們對我們的報告草稿提出了一些珍貴的意見。

由於我們的理論水平和業務水平都很有限，報告中可能還會有不少的錯誤。我們誠懇地希望各方面的同志們予以批評指正。

編 輯 委 員 會

1956 年 2 月 16 日

目　次

插圖目次

圖 版 目 次

第一章　地理環境及發掘經過

沂南位於山東中南部，在汶沂兩河之間，近汶河入沂河處，其東北有沂水縣，東有莒縣，南有臨沂縣。北寨村在沂南縣城西八里，處於一四面環山的小盆地的北部，北負縣崮山，南面荆山，西臨汶河（圖版1、2），汶河之西南爲灰山，東倚團山，又名界湖山（插圖１）。界湖山爲一石山，供給當地人豐富的石料，村中房屋皆爲石建，覆以草頂，村裏居民在農業生產閒暇的時候，多以採石爲副業。

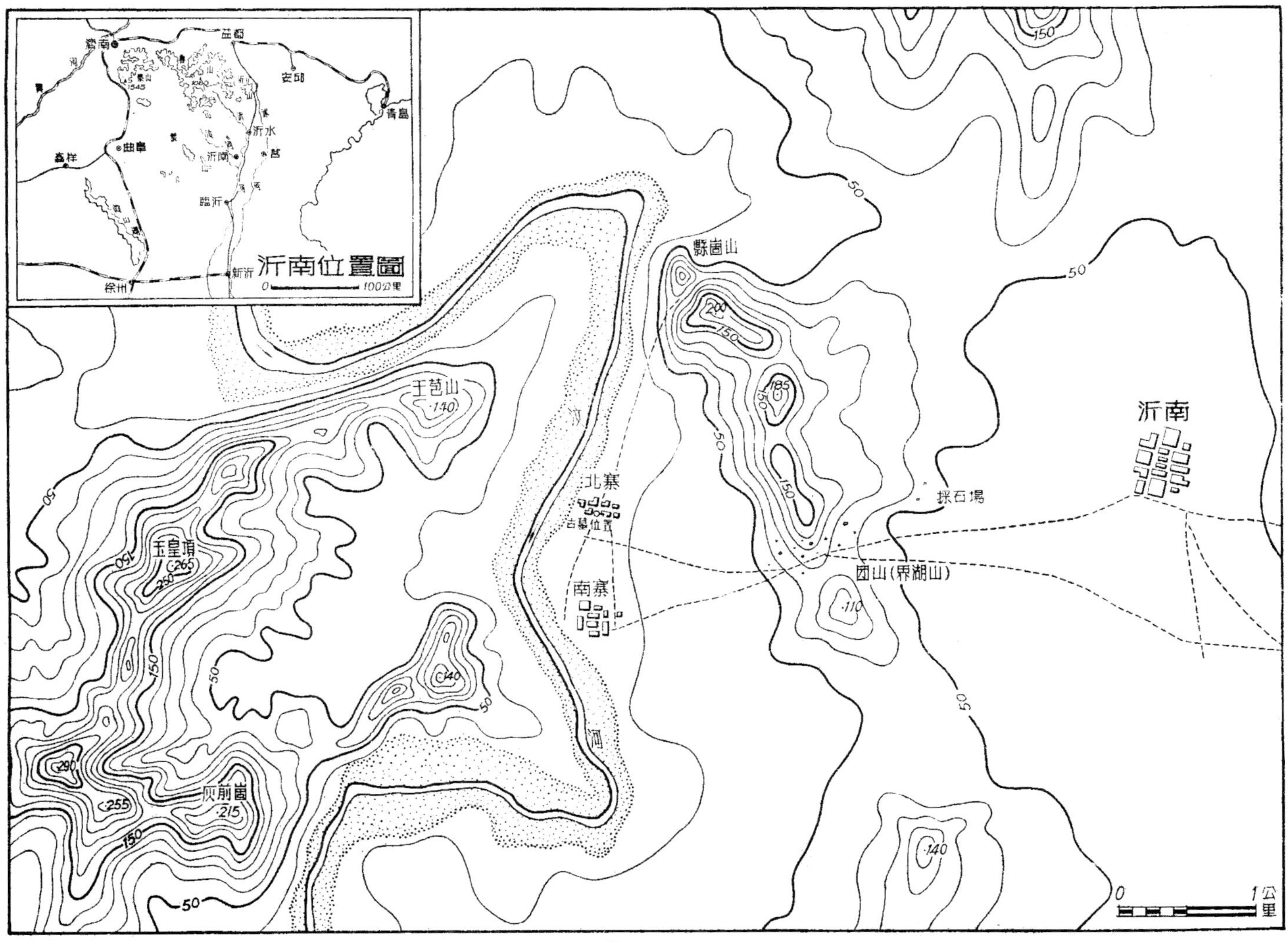

山東沂南北寨村附近地形圖

插　圖　1

古畫像石墓位於北寨村內的打穀場裏，當地人叫它作「將軍塚」，四周均臨着民居。據村中八十二歲的老人郭伯亘說：此墓原來封土很高，有如土山，頂上長着合抱的大樹，往年山洪暴發，墓上可供數家避水居住。又據村中六十歲的老人魏來田說：由於村人歷年在此取土墊欄，封土漸次挖去，至 1947 年間，突然露出墓頂，當時民主政府爲怕文物散失，曾組織力量發掘，用了三百多個工，只得到灰色陶狗一件，五銖錢若干，隨後又填死了。

1953年，沂南中學（當時設在北寨村正南半里的南寨村內）教師周克同志從羣衆口中得知有此墓，便把消息反映到文藝報。同年5月 30 日，山東省文物管理委員會派蔣寶庚、台立業兩人前往調查（圖版3）。1954 年春，華東文物工作隊奉中央文化部社會文化事業管理局指示，與山東省文管會合組力量前往清理。3月3日，蔣寶庚、台立業二人由濟南乘火車到益都，再由益都乘汽車到蘇村，然後由蘇村步行至界湖鎮——沂南縣人民政府所在地。在界湖鎮作好聯系工作，3月6日一早便開工。

發掘工作，先從墓道開始，挖出墓道，以便出土，然後清理墓室（圖版4）。室內淤土甚多，並雜有亂石，一個星期才清理完畢。墓內遺物甚少，僅有灰陶製的殘豆柄、耳杯殘片、三足盤殘片、器底殘片、塗硃的案殘片、塗硃的陶屋殘片、以及少數繩紋陶片等，另有灰陶製、內外塗硃、完整的小盤一，有凸起花紋的殘磚一，三角錐形銅矢鏃一，均出於淤土中。在清理時，發現墓頂曾經人動過，墓頂石並有部份被砸毀，落到墓裏，爲了修理墓頂，又將墓上封土起去（圖版8、9）。此後一面洗刷墓室，開始爲畫像石作拓片，一面報告華東文物工作隊，請派人前來作繪圖和協助捶拓工作。3 月 18 日，工作隊派王文林、黎忠義、張世全三人前往，在北寨村住了五十天，繪好墓的結構圖，做好畫像石拓片。4 月 28 日，工作隊又派李連春前去拍攝照片。在以上工作完成後，請沂南建設委員會協助，將墓加以修理，頂上石塊移動的歸還原位，缺少的補上，并裝安新的封門石板，墓頂及石門用石灰漿灌抹，墓道用土填塞，頂上加一公尺厚的封土，最後打了個石標樹在墓門頂上。

爲慶祝﹂五一﹁勞動節，同時加强文物政策的宣傳，我們在沂南文化館舉辦了個展覽，將畫像石的部份拓片展出，到有觀衆二千餘人。

全部工作於5月14日結束。

第二章　墓的結構

這座墓主要是用石材來建成的。其中包括有石灰岩、礫岩、砂岩等。這些石材都出於村東界湖山，這山上的石料，現在人還在開採着，山頭和山脚堆滿了散亂的石塊。由於石料的充足，給古代墓葬建築以便利的條件。

墓內東西寬 7.55 公尺，南北長 8.70 公尺。分前、中、後三主室，並附有東西側室，東三室，西二室，總計八室（插圖 2、3）。整個佈置相當平衡，均在一中軸線上。主軸爲南北向，墓門南偏西九度。前、中兩室是各由兩個開間、兩個進深構成的，後室是由兩個開間、一個進深構成的，在室與室之間，都有門直通。東北角的側室是從中室的東側室進去的，在室內的北頭有一隔牆，廁所就在這隔牆之內。墓門前砌有鋪地磚，磚地面長 1.45 公尺，寬 3.94 公尺，其東西兩端各有磚砌的擋土牆，高達墓頂，現牆已倒塌，

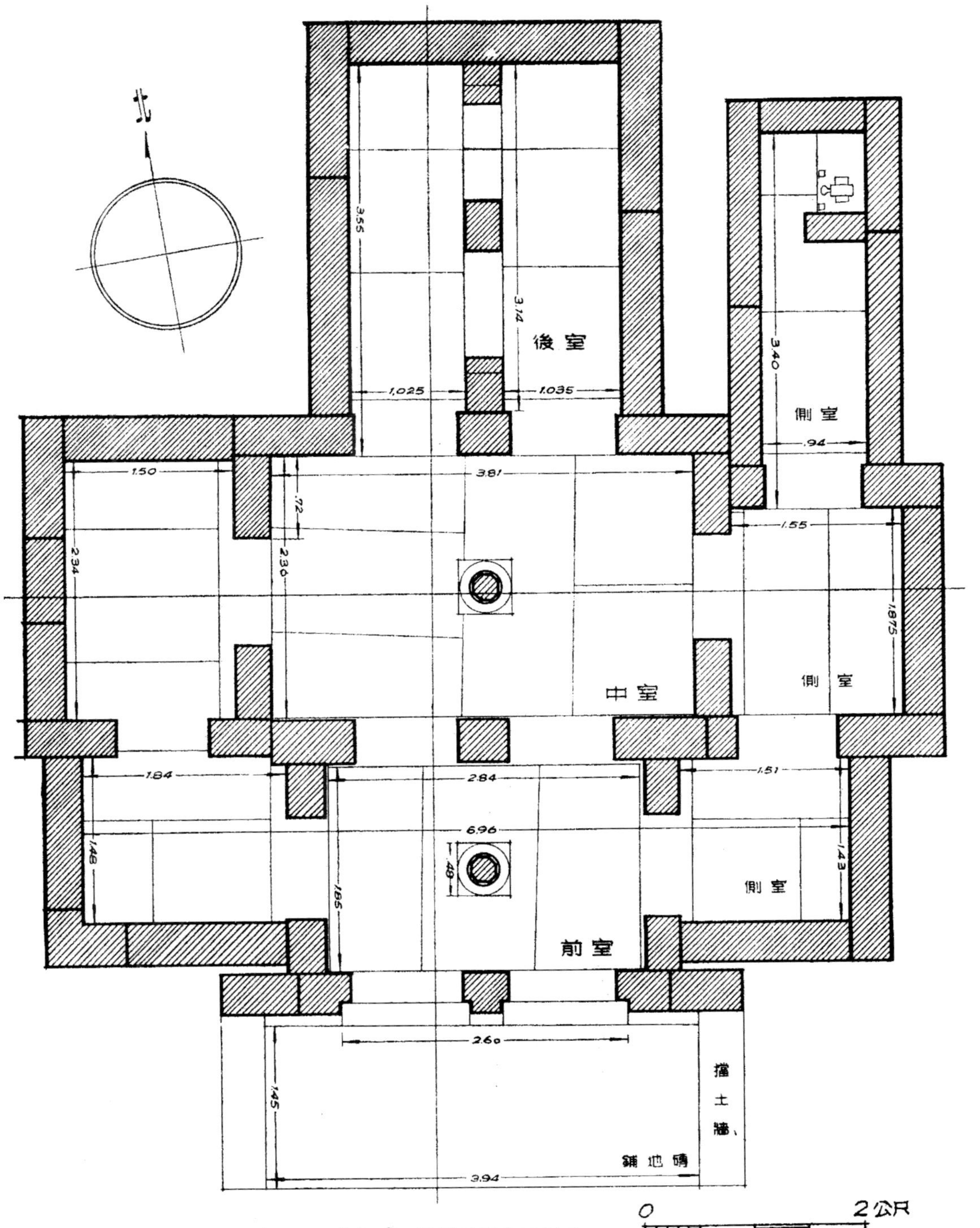

沂南古画像石墓实測平面圖

插　圖　2

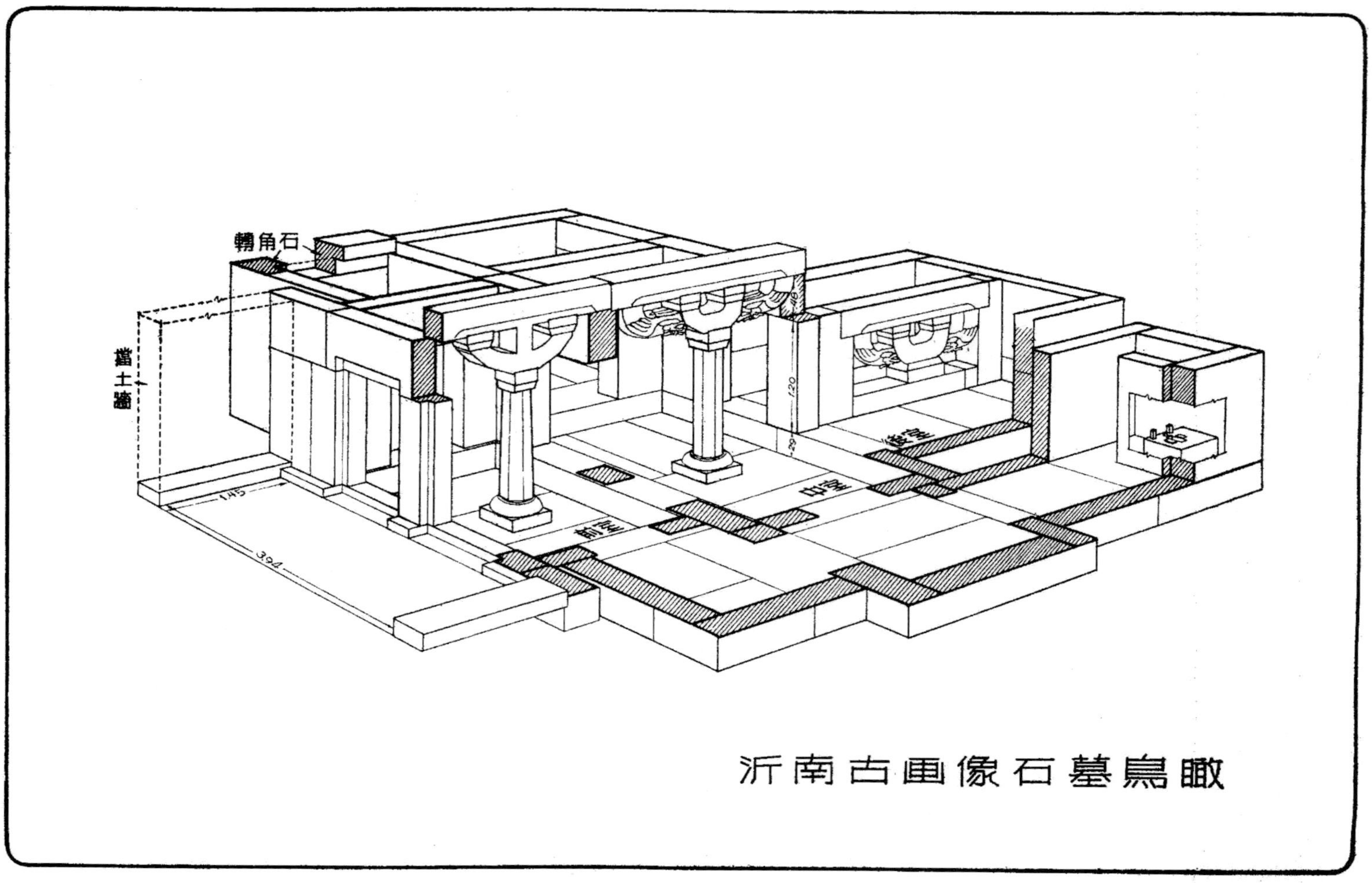

插　圖　3

僅牆基及墓門石上砌磚抹灰的痕跡存在着。在兩道擋土牆之外，各有一平頂的土台，長 2.20 公尺，寬 1.30 公尺，高 1.75 公尺（插圖 4）。

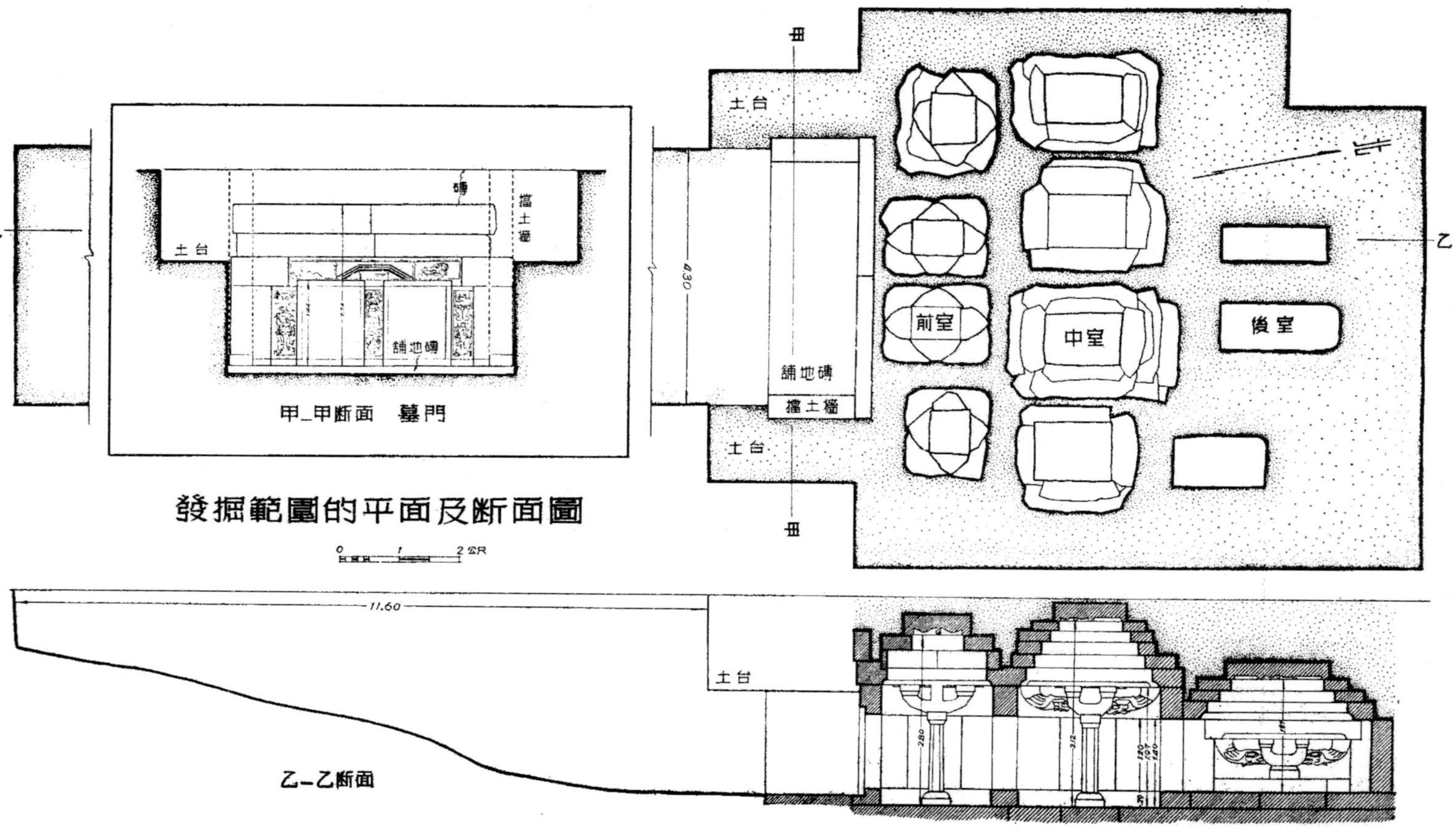

插　圖　4

墓門高 1.44 公尺，用三根支柱分隔成爲寬 1.14 公尺的兩門，每門高寬之比爲 5:4。門扉已不存，僅留下門框及安門樞的窩，從它們可以看出門是向外開的。門上有一横額和兩重門楣，據當地的羣衆反映，過去在門楣的上面還有三層花紋磚，現雖不存，但在門楣石上可見到砌磚抹灰的痕跡。從鋪地磚到門楣石的上皮全高 2.74 公尺，兩擋土牆之間寬 3.94 公尺。在門的横額和支柱上都施以較凸起的浮雕，雕的圖像非常明顯。這種結構和雕刻使這墓門顯得氣魄雄偉，成爲整個建築中非常突出的一部分（圖版 5、6、7，插圖 5 ）。

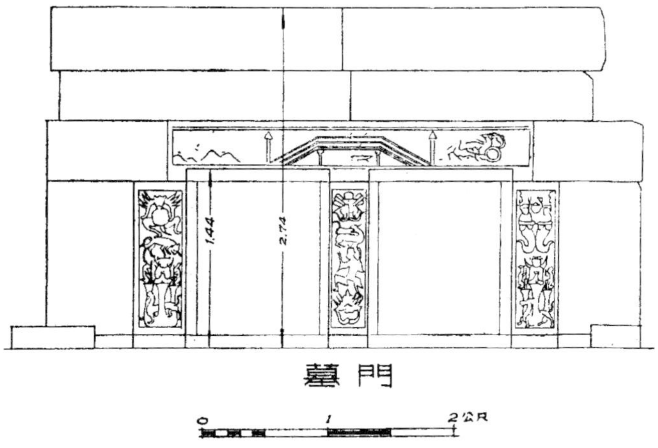

墓門

插圖 5

前室面闊顯兩間，進深顯兩間（插圖 2 ）。東西寬 2.84 公尺，南北長 1.85 公尺，從地面到頂高 2.80 公尺，長、寬、高之比爲 3:2:3（插圖 6 ）。室中有八角形擎天柱，（圖版 10、11，插圖 7），柱身高 1.10 公尺，柱下端徑 25.5 公分，上端徑 23.5 公分，上下僅有 2 公分之差，但看起來似乎收分很大。柱礎分上下兩部，上圓下方：上圓的作覆盆狀，並有盆唇，盆高 12 公分；下作正方形，每面均長 48 公分，高 12 公分。礎的高寬之比爲 1:2，形體結構十分肥碩而有力。柱上有櫨斗，與柱爲整塊石材雕成。櫨斗上有栱及二散斗，兩散斗之間有一蜀柱，散斗和蜀柱的上面緊接着過梁，這一部分亦爲整塊石材雕成。

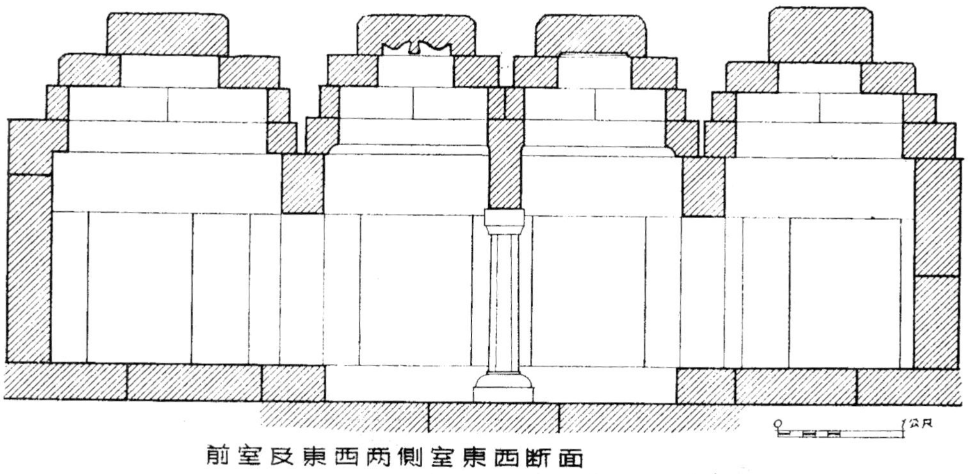

前室及東西兩側室東西斷面

插圖 6

由於室中有了過梁，因此就使室頂隔開分爲東西兩間。兩間都是抹角結構藻井，卽用石條構成幾個方形，重疊而上，大方形四邊的中點，緊接着在上的小方形的四角。這樣交錯重疊的方形，共計有三層，然後加蓋而成頂（插圖 8 ）。這樣結構，可用較短的材料得到較長的跨度，在建築用材上是非常好的打算。

西間藻井最上面的方形，長 83.5 公分，寬 59.5 公分，其上所覆的蓋浮雕着米字形的、八瓣並有複瓣的花

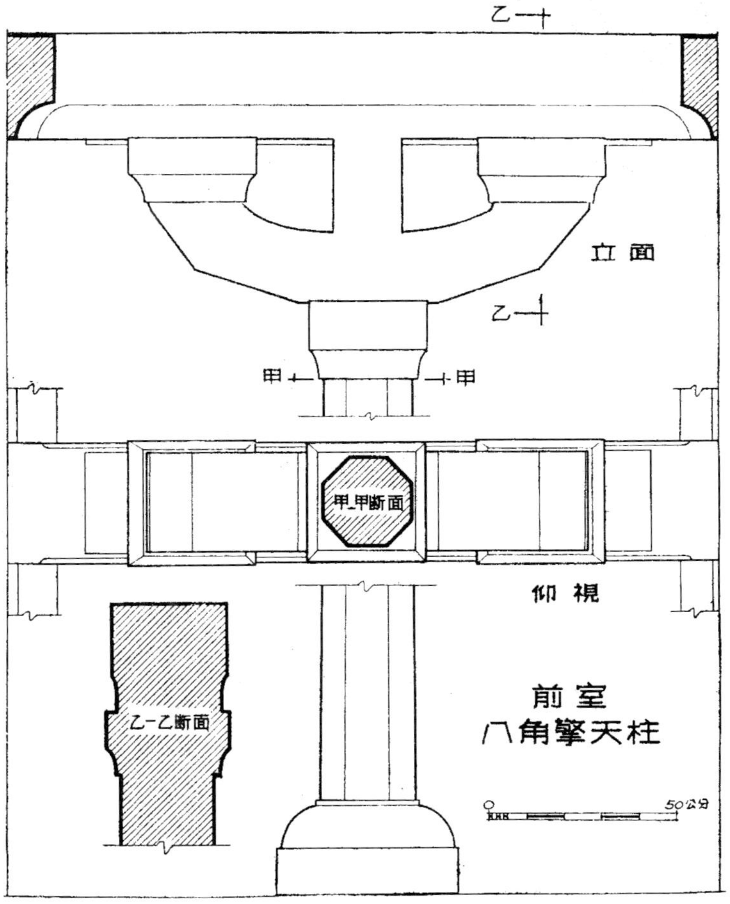

插圖 7

紋，內面的複瓣合攏下垂如含苞將開之狀（圖版 18:1，插圖 9）。

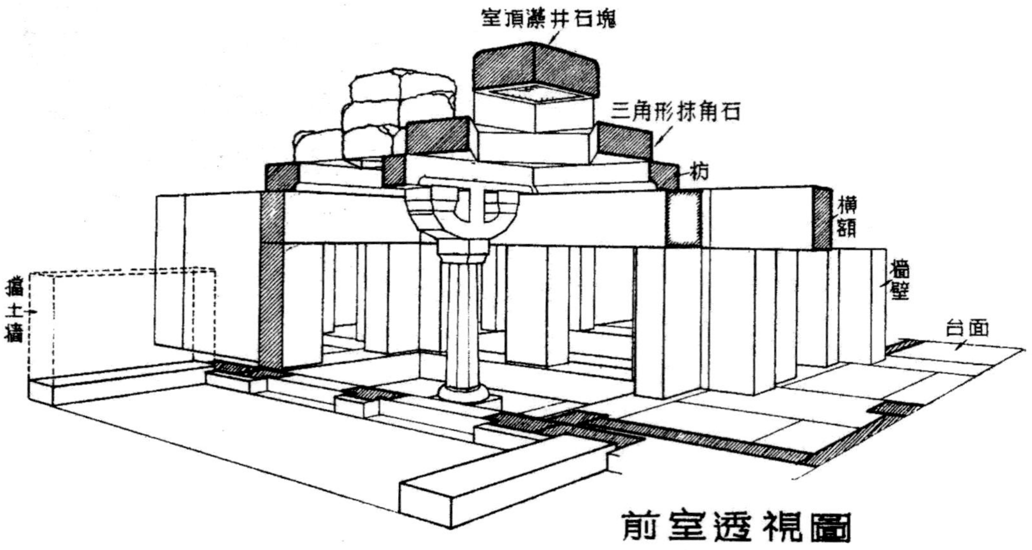

插　圖　8

根據石刻拓片第 8 幅下緣的飾紋來比較，這八瓣花紋應是蓮花紋。東漢王延壽的魯靈光殿賦謂「圓淵方井，反植荷蕖」，這墓雖只有方井，沒有圓淵，但用蓮花作藻井的裝飾，却和靈光殿一樣。東間藻井的蓋已殘破成四塊，其上長方形的內緣長 72 公分，寬 45 公分，上面浮雕着菱形格與圓環相互編織而成的圖案（插圖 10）。推其製作的手法，是先將長方形的每邊作五等分，其次以直線連接各等分點成菱形格，再以每格的交點爲圓心，做成圓形。這種菱形格編環紋在漢代的紋飾中也是常見的一種圖案。

插圖 9　前室西間藻井

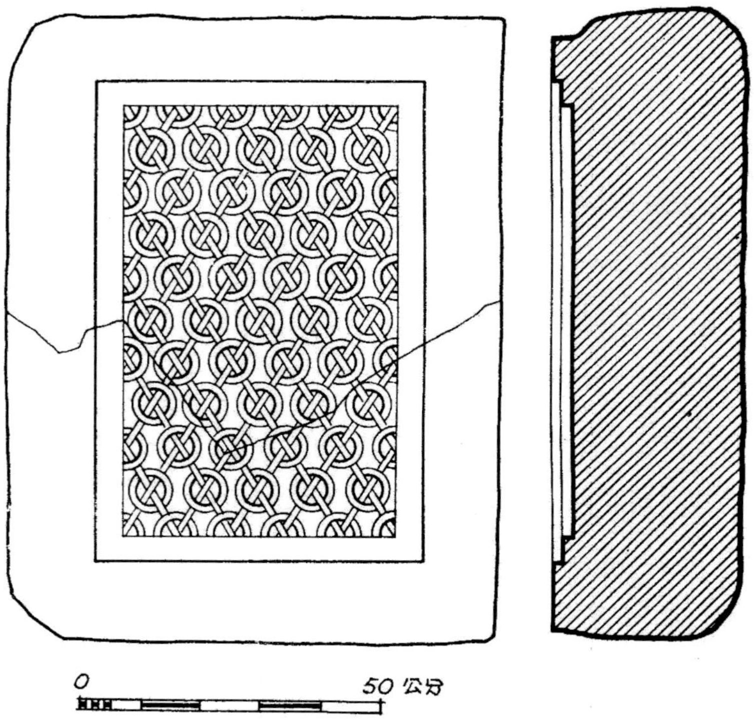

插圖 10　前室東間藻井

中室面闊顯兩間，進深顯兩間，較前室略大（插圖 2）。進門處中有支柱，同前室一樣，但沒有門框和門窩的痕跡。室東西寬 3.81 公尺，南北長 2.36 公尺，高 3.12 公尺，寬、長、高之比爲 8:5:6.5（插圖 11）。

室中亦有八角擎天柱（圖版 12，插圖 12）。柱上斗拱的式樣和前室的不同，亦爲一斗兩升式，但兩散斗之間的距離縮短了，中間的蜀柱也減去了，而在栱的兩旁增加了兩個倒卿的半身龍，使載承重量的短狹的栱延長了，同時縮短過樑的跨距併補助它的應剪力，在結構上有它的重要作用，而又富有裝飾意味。這兩條

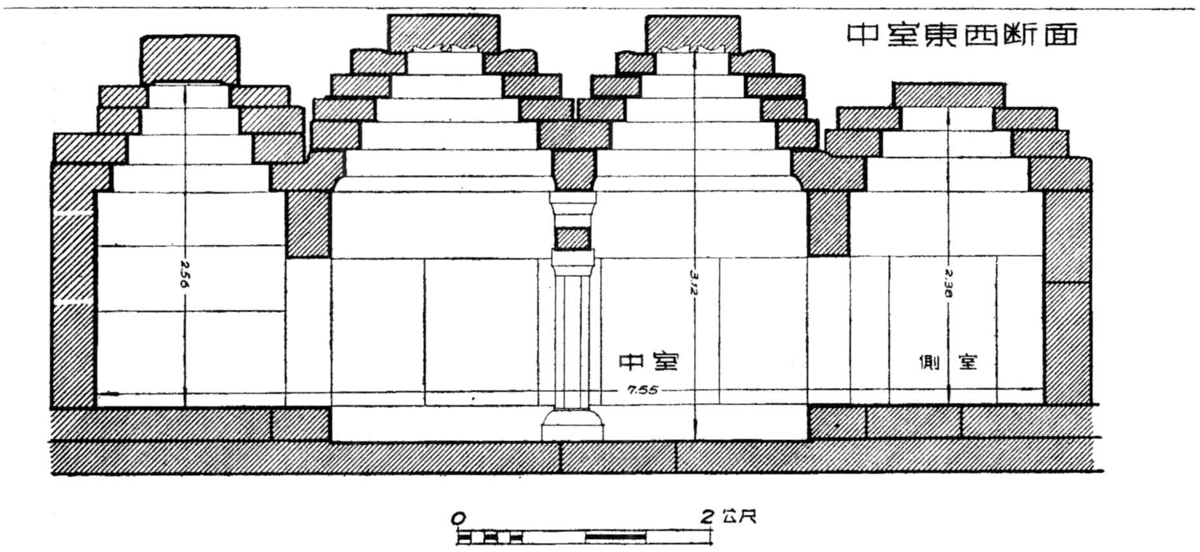

插　圖　11

龍都有角、有翼、有鱗，在棋的南面的是獨角，在棋的北面的是雙角，龍身曲而向上，顯出非常矯健的姿態（圖版 12、13、14:1 ）。過樑、散斗、棋和雙龍都是由一塊石料雕成。柱身垂直，爲等邊八角形， 高 1.07 公尺，徑 27 公分，柱礎大小和前室的相同。

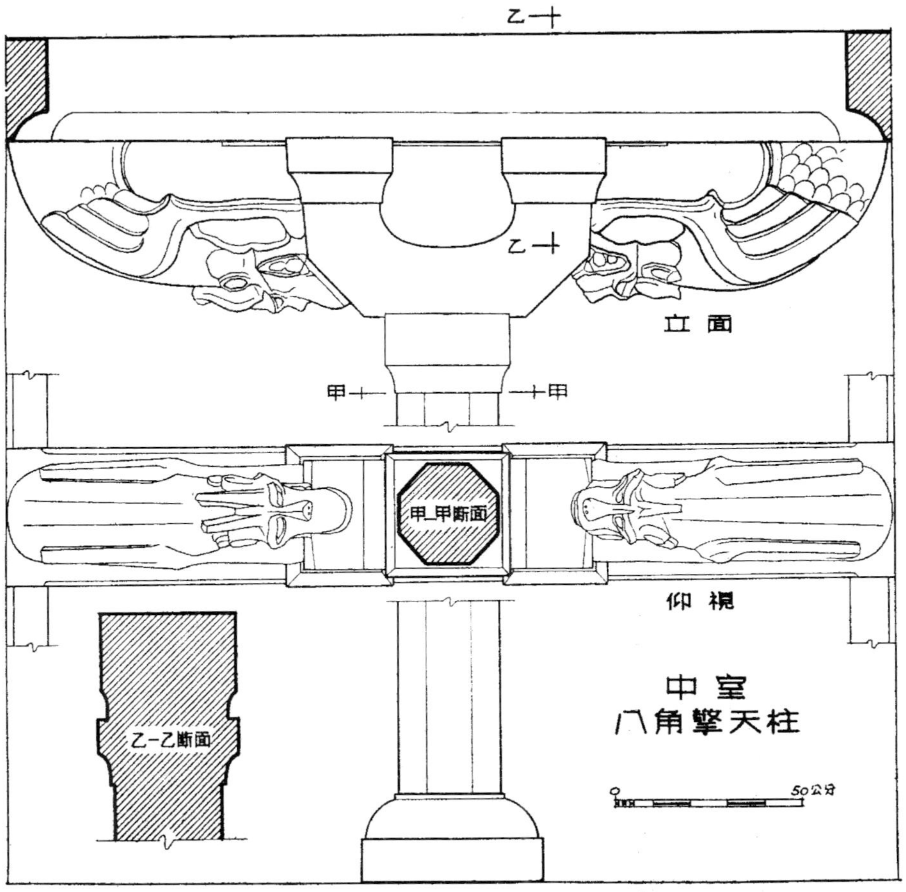

插　圖　12

室頂也分東西兩間，都是疊澀而成的藻井，即是四面用石條層層向上挑出加蓋而成，形狀如方椎，但由梯級構成（圖版 14:2 ，插圖 13 ）。東間藻井上口長 1.09 公尺，寬 57 公分，蓋上雕刻着兩個方形，南段方形內刻着漢代常見的四瓣花紋，北段方形內刻着大小方形重疊的抹角結構，其中心有圓餅，徑 20 公分（圖版 18:2 ，插圖 14）。西間藻井的蓋已殘，只存二分之一，其殘存部份顯出抹角結構，並有花瓣的尖端留在方形內的一角和一方的中點，大致是八瓣花紋。屋頂的疊澀連枋石在內，共有五級，在每級的轉角交接處，

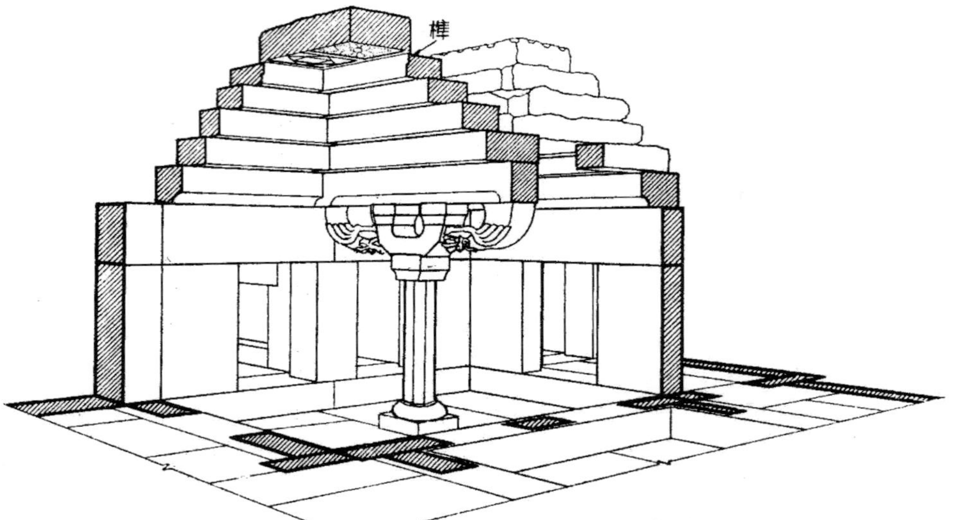

中室透視圖

插圖 13

都有着上下左右互相銜接的榫頭，搭接起來緊緊相扣，非常堅固結實（插圖 13 ）。

後室面闊顯兩間，進深顯一間（插圖 2 ），南北長 3.14 公尺，東間寬 1.035 公尺，西間寬 1.025 公尺，每間長寬之比爲 3:1 。進門處中間也有支柱，和中室的入口處一樣。這室分兩間，是由一個斗栱來隔開的。斗栱的式樣同中室一樣，欒、栱也是由整塊石頭雕成，但栱旁的兩龍鏤空得較少，例如龍的口腔和頷下就沒有鏤空，龍身顯得十分厚重，不像中室的那樣矯健，兩龍皆有雙角。栱以下沒有柱和礎，只有一反轉的櫨斗，兼斗、柱、礎三者的功用，櫨斗下有一條南北向的地栿，其兩端頂住南北兩段隔牆的下部，對牆起穩定的作用（插圖 15）。這室很低，高度僅有 1.87 公尺（插圖 16）。室頂係向上叠澀而成的藻井，叠澀連枋石在內，共三級。兩間藻井上口都長 1.53 公尺，寬 50 公分，蓋上雕

插圖 14 中室東間藻井

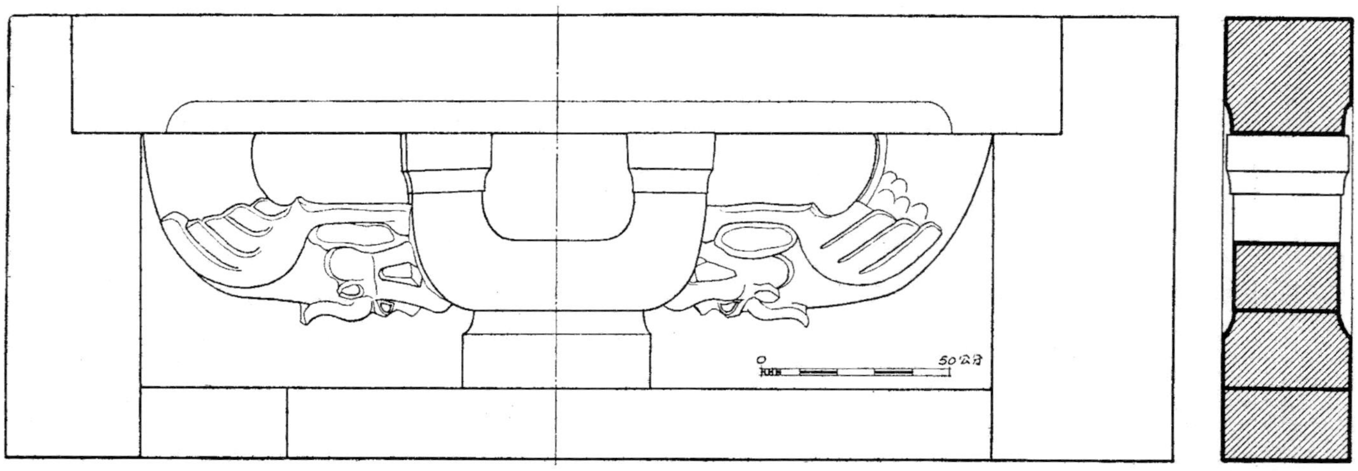

後室斗栱

斷面

插圖 15

刻着三個方形（圖版 18:4、20，插圖17）。中間的方形內都刻着一朵八瓣花紋，花瓣的尖上塗硃。兩旁的方形內都刻着大小方形重叠的抹角結構，共計三層；其最小一方形內刻菱形格紋，格上塗翠綠，邊緣上描纖細黑線，格內塗朱色；此方形外的四角，即中層的方形內，有朱色所畫的小菱形格紋的內邊，其外以黑色爲地，上畫朱、綠兩色的渦卷紋；此中層方形外的四角，即最大的方形內，有朱色的內邊，其外以淺土黃色爲地，上畫以纖細的黑線爲輪廓、中雜朱、綠兩色的鳥獸紋，惜已模糊不清。後室是安置棺木的地方，但棺木遺跡已無存。

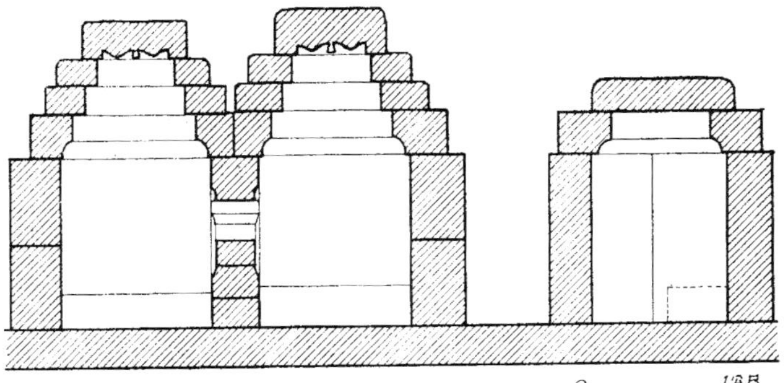
後室及東北角側室東西斷面

插圖 16

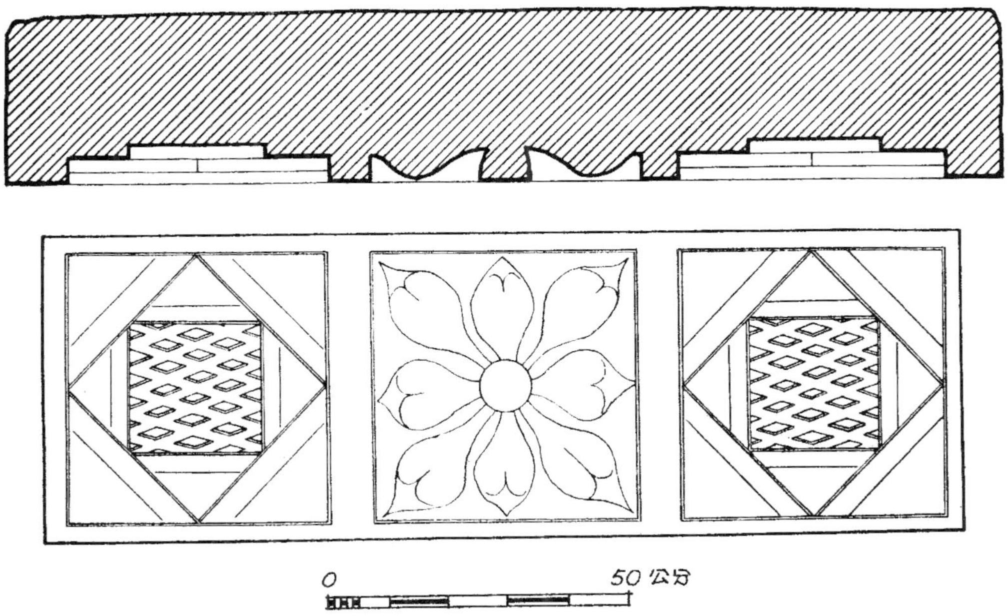

插圖 17　後室藻井

前室有東、西兩側室（插圖 2）。東側室長 1.43 公尺，寬 1.51 公尺，高 2.45 公尺。西側室長 1.48 公尺，寬 1.84 公尺，高 2.46 公尺。室頂皆用抹角結構做法（插圖 6），蓋上無雕刻花紋。在西側室牆的西南角、從上到下、以及西壁的上面和構成室頂的最下一層相交處、從南到北，都有轉角石結構。

中室也有東、西兩側室（插圖 2）。東側室長 1.875 公尺，寬 1.55 公尺，高 2.38 公尺。室頂係叠澀做法，連枋石在內，共有三級，蓋上無雕刻花紋。西側室長 2.34 公尺，寬 1.50 公尺，高 2.56 公尺。室頂亦係叠澀做法，共有四級，蓋上刻菱形格子紋（圖版 18:3，插圖 11、18）。西側室西壁和室頂最下一層相交處，從南到北，也有轉角石結構。

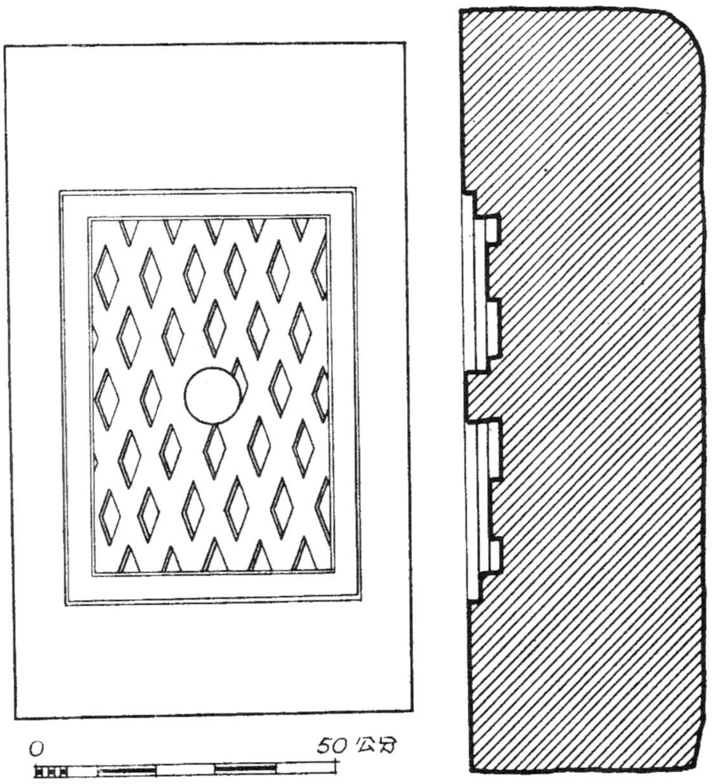

插圖 18　中室西側室藻井

最末一側室在東北角，是由中室的東側室北面進去的。室長 3.40 公尺，寬 94 公分，這室在整個建築中最低，僅高 1.48 公尺（插圖 16 ）。室頂亦係叠澀做法，僅有一級，蓋上無雕刻。室的北部有隔牆，廁所就在這隔牆後面，有一小台，長 70 公分，寬 43.7 公分，高 25 公分；台上有兩小柱和足踏、便槽，下鑿成坑，坑深至底，並向北延伸；以上各部份均由一整塊石料鑿成（插圖 19 ）。

前室與中室皆以石塊鋪地，石塊多作長方形，大小不一。後室以及五間側室也用石塊鋪地，比前室和中室高起了一個台面。假如以前室和中室地面爲起點，則後室與五間側室的地面高度爲 29 公分，各室的四壁和支柱的高度爲 1.49 公尺。在前室、中室以及兩室的東西側室的牆上，均有橫額，額高 48 公分，從地面起量到額的上皮，高度爲 1.97 公尺，室頂就在這個高度上起始叠澀或抹角加蓋而成。後室及東北角側室只有牆壁而沒有橫額，從地面起點量至牆頂時，高度僅 1.49 公尺，就在這個高度上起始叠澀而成頂（插圖 20 ）。所有石塊均對縫緊凑嚴密，表面上精磨細琢。

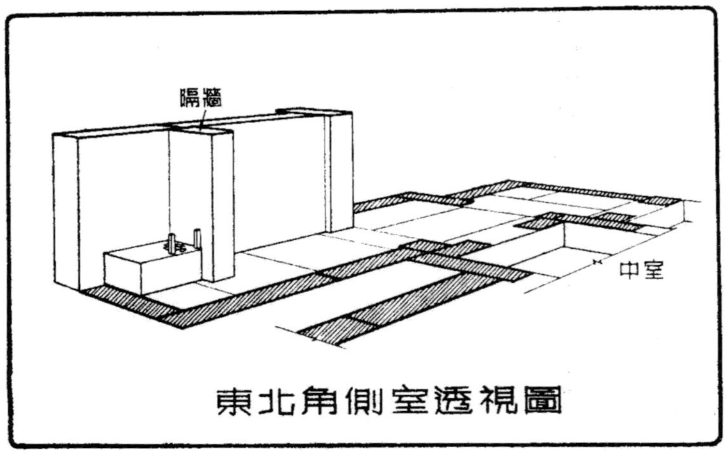

插　圖　19

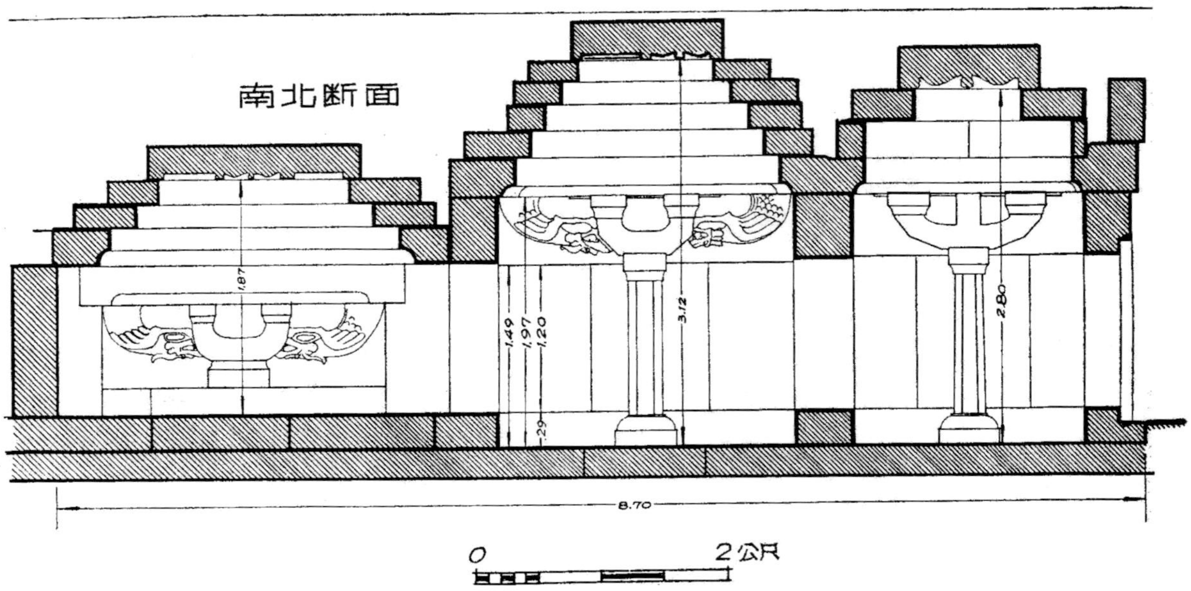

插　圖　20

總之，整個結構是由地面、台子、支柱、牆壁、橫額、中柱、斗栱、過樑、橫枋、抹角石、叠澀石壘築起來的，線條基本上是橫直相交的，只有少數的斜線和曲線，這就使得整個建築顯得非常簡樸而又閎偉。

這座墓在施工過程中，基本上採取了預製配件然後進行安裝的施工方法。其法是先將石材分別做成地面石、入口石、台面石、牆壁石、橫額、枋、轉角石、抹角石、叠澀石、蓋石、過樑、散斗、栱、櫨斗、柱、礎、地栿等各個部分，然後再把這些部分按着它們一定的地位安裝起來，便構成這座墓。這種施工方法，在工程上來講，是相當進步的技術。

這座墓所佔地的面積計 88.20 平方公尺，墓的體積計 326.34 立方公尺。全墓所用的石材，凡看得見的（可能有少數未發掘出來的），不論大小，以塊爲單位，總計 280 塊，爲分類列表於下：

各室所用石材明細表

石材別 / 室别		平面			立面								屋頂					其他部分					共計
		地面	入口石	台面	东壁	西壁	南壁	北壁	东横額	西横額	南横額	北横額	枋(圓角)	轉角石	抹角石	疊澁石	蓋石	过樑栱	櫨斗八角柱	礎	覆斗	地栿	
					平均高度=1.20				平均高度=0.48														
		1	2	3	4	5	6	7	8	9	10	11	12	13	14	15	16	17	18	19	20	21	
前室	一	3	2	0	2	2	3	3	1	1	1	2	6	0	16	0	2	1	1	1	0	0	47
中室	二	6	1	0	2	2	同一:7	3	1	1	同一:11	2	6	0	0	32 四級	2	1	1	1	0	0	61
後室	三	0	1	3	4	4	2 即隔牆	4	0	0	0	0	6	0	0	16 二級	2	1	0	0	1	2	46
前室东側室	四	0	1	3	3	同一:4	3	2	0	同一:8	0	1	5	0	8	0	1	0	0	0	0	0	27
前室西側室	五	0	1	3	同一:5	2	2	2	同一:9	0	0	1	3	直1 横1	8	0	1	0	0	0	0	0	25
中室东側室	六	0	1	2	2	同二:4	同四:7	2	0	同二:8	同四:11	1	4	0	0	8 二級	1	0	0	0	0	0	21
中室西側室	七	0	1	3	同二:5	5	同五:7	3	同二:9	0	同五:11	0	0	横1	0	15 四級	1	0	0	0	0	0	29
东北角側室	八	0	1	4 包括隔台	2	2	0	2 包括隔牆	0	0	0	0	4	0	0	0	1	0	0	0	0	0	16
墓門		0	0	0	0	0	0	2	0	0	0	6	0	0	0	0	0	0	0	0	0	0	8
共計		9	9	18	15	17	10	23	2	2	1	13	34	3	32	71	11	3	2	2	1	2	**280**

註：单位以塊計算

在這 280 塊中，畫像石計 42 塊，畫面總面積計 44.227 平方公尺。

這座墓所用的工，包括採石、搬運、琢磨、繪畫、雕刻、掘土、砌石、封土等，據一位富有經驗的石工估計，按現在的工作進度計算，共需 4700 工以上。由於古代條件的不同，例如工具不及現在的犀利合用，運輸比現在更加困難等等，當時實際所用的工，一定還要多些。

從以上所計材料和人工的數字，可以看出當時勞動人民爲這墓流了多少血汗，而墓主人一定是在旣擁有雄厚的財力而社會秩序至少在表面上又還相當安定的條件下才能造成這墓的。

第三章　畫像石的內容

全墓畫像石計 42 塊，有的只一面有畫像，有的兩面，有的周身都有（如擎天柱是）。茲將全部畫像分爲 73 幅，依序排列。所按的次序，係從外而內，卽從墓門至前室、而中室、而後室，墓門先横額而後支柱，前、中兩室先横額、次四壁而後擎天柱，後室先斗栱而後隔牆。每幅更爲分别叙述於下：

一　墓門

第 1 幅（圖版 24）：此幅爲墓門上的横額。主要刻着一幅戰爭圖。中心是一座下有兩個橋柱、兩旁有欄杆而兩端立着高大柱子的大橋，柱頂作三角形，這柱子可能表現牌樓的側面。橋一端有一輛有蓋的戰車，一馬拉着；車箱內坐一人，戴着前低後高的帽子，可能是督戰的官員；車箱前部坐着御者，右手揚鞭，左手持轡。車前的上空有兩隻小鳥飛翔着。車前有兩個騎兵導引，車後有兩個騎兵隨從，皆一手執槌，一手荷着長矛，矛和槌均帶纓。再前是大隊的步兵：有四個持戟的，正在上橋；有二十一個一手持刀、一手執盾的，其中有些正上橋，有些已在橋上行走，有少數幾個在下橋戰鬥。這些步兵皆戴圓頂帽，着短衣。

橋的另一端是翻越重山而來的騎兵和步兵，人皆深目高鼻，戴後面有翹的鱗紋尖頂盔，亦着短衣。最後兩個騎兵持刀執盾，前面兩個騎兵和五個步兵正張弓而射。橋柱後一個步兵已經身首分離，但仍直立着。橋柱前有三個步兵跪下投降，另有一個正被對方下橋的步兵斬首，還有四、五個被砍下來的人頭，落於各處。這表現着一幅激烈的戰鬥場面。

橋下刻着漁人在捕魚，有用罩子的，有用扒網的，有徒手而捉的。魚在水裏游着，情景逼真。另外有五人坐在船上，三人划着槳，正向前速進。他們不像捕魚的，但同時又沒有携帶武器，也不像助戰的。畫的上邊有一道垂幛紋。

第 2 幅（圖版 25）：此幅爲墓門東側的支柱。上刻伏羲女媧像，兩人均人首蛇身。伏羲頭上戴着平頂的帽子，上身着衣，右側有一矩。女媧頭上梳着髻鬟，亦上身着衣，左側有一規。兩人中間夾着一個有鬚的大臉的人，他戴着尖頂的帽子，着花領的上衣，用他兩隻强壯的臂緊抱着伏羲女媧兩人。上部兩角還刻着兩隻勾喙展翼的鷹。

此幅下部刻着東王公和兩個搗藥的羽人。東王公首戴勝杖，肩有兩翼，坐於山字形高座上。座有三個瓶狀的高几，東王公坐在中間的几上，兩個羽人分别跪在兩旁的几上，手操杵臼搗藥。三個瓶狀几均有卷草紋和山紋，有一雙角、有翼、如兕的怪獸穿在三個瓶几的中間。

第 3 幅（圖版 26）：此幅爲墓門西側的支柱。上刻一怪獸，面如虎，頂有長毛，雙耳立起，張口，露舌與齒，有翼，身作圓形，着鱗紋有領的上衣，作蹲坐姿勢，右足踏於其下的獸背上，兩足間露尾。其足下一獸，亦狀虎有翼，垂長鬚，右向。下刻西王母和兩個兎子頭的羽人。西王母首戴勝杖，肩有兩翼，坐在山字形座中間的瓶几上。兎首羽人跪在兩旁的瓶几上，正操杵臼搗藥。瓶上也有卷草紋和山紋，但瓶口的花紋與第2幅不同。穿在瓶間的怪獸也不同，此獸如虎而有翼，昂尾向上，沒有兩角。

第4幅（圖版27）：此幅爲墓門當中的支柱。上刻一人戴中尖上平的帽子，短衣，兩足踏着弩弓的背，雙手用大力張弩絃，口中橫銜一長箭，兩臂上下各有一個像手臂一類的東西，可能表現弩箭的袋子。下面是一怪獸，如虎而有翼、有鬣、有長的鬚和頂毛，舉前左足，昂尾，回首向後。再下是一羽人，右手持一樹枝狀物，舉手向上以托怪獸。最下是一正面的怪獸，只顯頭與前肢，頂有長毛，狀如虎而有翼，張着大口，露舌與齒，兩前肢盤曲，整個形像成門環狀。

二　前室

第5幅（圖版28）：此幅爲前室東壁上的橫額。刻着一幅祭祀圖。左端是一座曲尺形的房屋，大致是祠堂。側屋的盡頭處有欄杆，緊靠着它樹一大建鼓，鼓腹上還繫着小鼓。正屋的院內有兩條磚鋪的路，成正交形，引至屋前的階砌。在院內的四角放着四個大缸，兩個置於方石墩上，兩個放在地上。側屋後有樹一株，枝葉扶疏。正屋前有一人戴着尖頂帽子，穿着長衣，雙手持長柄掃帚（這種東西古時稱爲篲），鞠躬迎接來祭祀的人。在他的前面還有一個長方形石墩，可能是上車用的。

來祭祀的共十四人，分成六列站着，除前兩列各爲一人外，後四列每列皆爲三人。前兩人拱手胸前，後四列人雙手持笏鞠躬而立。此十四人皆着長衣，所戴的帽子有兩種，一種是前高後低斜頂的帽子，一種是前面卷作圓狀的帽子。右下角刻着一五脊小屋，其小不能容人，中有兩棵小樹。畫上邊是一道齒形紋和一道垂幛紋，下邊只一道齒形紋。

畫上凡有人的地方都有榜，但未題名。

第6幅（圖版28）：此幅爲前室西壁上的橫額。刻着一幅祭祀圖。右端露出一座廟的門，門頭高大，兩扇上均有鋪首銜環。門框的左右邊是帶着重層菱紋的柱子，上端露着櫨斗，下有門檻。門的上面有刻着小菱形格紋和帶串環的菱紋的橫額。其頂上有一隻用鎖鍊拴着的猴子，正向前張望。門前放着一個小几，几上有簡册似的東西。門旁一人雙手持篲，其前有兩人雙手持着長梃，皆戴着尖頂帽子，身穿長衣，鞠躬而立。再前一人，背對着廟，雙膝跪於地上，雙手捧着祝文一類的東西。其前一人斜對着他跪在地上，一手持笏，一手向後招呼。這兩人大致是讀祝文和領祭的人。接着是來祭祀的人們，分爲五列。前兩列每列四人，手中捧笏，拜伏於地；第三、第四列每列三人，最後一列五人，皆捧笏鞠躬而立。最後還有一人，一手持笏跪着。所有致祭的人皆身穿長衣，除前列拜伏的人中有一人戴着有布紋的帽子、後列五人戴着圓頂的帽子而外，餘均帶着斜頂高冠。畫的左端是陳設着的祭品和兩個佈置祭品的人。祭品擺成三排；前排是兩個三足盤，一個放着兩條魚，一個放着兩盆菓品；中排有兩個案，每一案上分兩列放着十個耳杯，還有一個似是漆製的圓盒；後排有兩個似竹編的方篋，一個似漆製的圓盒，一個似漆製的小方篋，兩個酒壺。最左兩人正向前走動佈置祭品。致祭的人的上面，都有榜，但未題名。畫的邊緣圖案同第5幅。

第7幅（圖版29）：此幅爲前室南壁上的橫額，即墓門上橫額的背面。刻着一幅祭祀圖。畫的中間是一座五脊重層的大廟，兩翼各有稍低的錯疊的五脊廊廡，廊後有高大的樹木，左邊樹上還有三隻飛翔着的小鳥。廟門微開，門上有兩鋪首銜環，兩門扇接戶樞的上下角皆有帶四個圓釘帽的方形護角片，大致是銅製的，門檻的中間放着一個圓頂平底的東西，可能是攔門用的。在廟門的兩旁各有一人，拱手執篲，似在守門。

廟的兩旁是寬闊的大道，道的兩旁長着成行的樹木，樹間有上下車馬的方石墩。來祭祀的人們乘着車子，携着大批的祭品，車子都停放在較遠的地方，或在大道的中間，或在大道的兩旁，有的御者還坐在車箱內的前部勒着繮繩。

在廟的右邊（卽畫幅的左端）有一輛軺車和一輛帶棚的大車。三個戴着高冠、穿着長衣的人正雙手捧笏拜伏地上。有兩人的面前放着一几，几上放着簡册一類的東西，可能是哀祭之詞，有一人鞠躬立於几前，正拱手迎着拜伏的人。在此三人的身後和兩旁，陳設着祭品，有兩個酒壺，兩個粮袋，兩個似竹編的方篋，兩個似漆製的、有花紋的圓盒，一個陳放着兩隻犧牲的案。後面還有一人拱手鞠躬而立，手裏牽着一隻羊，另外有一隻羊拴在廟右的樹上。在廟的左邊（卽畫幅的右端）有一輛帶交絡的軺車和一輛輜車。來祭祀的人們有一人在前向着廟門拜伏於地，身後兩人正拱手鞠躬而立，手裏還拿着馬鞭，有兩匹馬拴在廟左旁的樹上。在這兩人的面前也放着一個几，几上同樣放着簡册一類的東西。稍遠還有兩人跪在地上，雙手捧笏。在這兩人的前面，陳設着祭品，有一個酒壺，兩袋粮食，一個方篋，一個圓盒，樹上還繫着一隻羊。畫的右上角還有兩人跪着，皆雙手持着長梃。畫的上邊有一道齒形紋和一道帶花朵的卷草紋，下邊只一道齒形紋。

第8幅（圖版29）：此幅爲前室北壁上的橫額。整幅刻着奇禽、怪獸、靈異之物。從左端起，首先是一條龍，頭有長角，前左爪持着一個盾牌，前右爪荷着棨戟，後兩足作行走狀。龍後有獸如馬，豹紋，有翼，偶蹄，回首作騰驤之狀。馬下有一禽，長冠，低頭展翼。馬後有一神怪，虎首豹紋，首上長出五個人首，四肢生着長毛，胸垂兩乳，左手握着帶纓的刀子，右手握着帶纓的短戟。神怪下有一異獸，虎首魚身而六足。神怪後又有一神怪，兩者形狀很相似，但後者頭上沒有五個人首，作側面跳躍的形狀。其下有雙人頭蛇身的怪物，頭戴帽子，還有衣領，頭的兩旁有長毛，似上舉的雙臂。側面神怪之後又有一神怪，形狀與前者相似，但頭下俯，直至兩腿之間，身向上翹。其下有一鳥，鷄冠，長尾向下捲，展翅作正欲起行之狀。翹身神怪之後有一鳥，身上有豹紋，頸下有長毛，正展翅向前行。其下有一神怪，形狀與前者相類似，左手持鈎鑲（註1），右手上舉，蹲坐地上。鳥後又有一神怪，右手揮舞一鋸齒狀刃的刀，左手上舉，身作騎馬勢。其下有一人首鳥身的怪物，首上戴着高冠，作前行狀。作騎馬勢的神怪之後有一怪物，人首一臂而無身，手上持鉞，還飄着長鬚，頭上戴着有布紋的帽子。其下一獸，如犀而有翼，前蹄抓地，向前猛抵，後右蹄翹起。無身怪物之後，又有與前狀相同的神怪，左臂伸出，右臂屈於胸前，左足亦伸出。其下有兩鴻雁交頸張口而鳴。伸臂神怪之後，有一朱雀，展翼翹尾。其下有一玄武，龜與蛇交繞着。朱雀之後，又有一如前狀的神怪，伸臂側立而舞，口銜一長管。其下有一怪鳥，龍角有鬚，長尾而四足。銜管神怪之後，有一怪禽，禿尾如鶉，頭上更生三個鳥首。其下又有一如前狀的神怪，兩手勾曲。怪禽後有一怪獸，如虎，偶蹄，有翼，作向前猛撲狀。其下有一獸，虎首，身帶虎豹文，馬蹄，馬尾，作奔馳狀。偶蹄有翼的獸後又有一神怪，身與前狀近似，但龍首，右手揚着帶纓的鉞。其下有一蟲，如蠍而有兩鉗。龍首神怪之後，有一虎首橫銜一條蛇，蛇首尾皆卷而向上。其下又有一與前狀相似的神怪，右手上舉，左手按膝，作騎馬姿勢。銜蛇虎首之後，有四個戴冠的人頭，兩兩相對，合成十字形，人頭的肩上都生兩翼。其下有一如前狀的神怪，雙手舉着一盾牌而蹲於地上。其後有一雙人頭、鳥身的怪物，人頭都戴着帽子，頭兩旁有上舉的長毛。最右端有一虎，人立，前左爪持鈎鑲，前右爪荷着帶纓的棨戟，作行走狀。畫的上邊是一道齒形紋和一道垂幛紋。下邊有一道寬帶三角紋，三

註1. 此種兵器，經西南博物院副院長馮漢驥先生定名爲鈎鑲。此名見於釋名之釋兵篇，其文云：「鈎鑲，兩頭曰鈎，中央曰鑲，或推鑲，或鈎引，用之之宜也」。

角中填以虎首或獅首形，形狀多不一致，其最左端刻一鷹首。每兩個三角形之間，填着蓮花，一花瓣鋪開，作從上俯視之狀，一花蕊直立，作側視之狀，兩者互相間隔着。三角寬帶紋下是一道齒形紋。

第 9 幅（圖版 30）：此幅爲前室南壁的東段，卽墓門東側支柱的背面。畫分上下兩格。上格刻一具大建鼓，鼓下懸着小鼓。其下有一鼓手坐於席上，頭戴斜頂的帽子，穿着長衣，右手拿着兩隻鼓槌，左手握着簨柄，簨是插在一個架上的。建鼓的腹部和鼓面都有紋飾，計有虎紋、雲紋和花朶紋三種。其下的小鼓，腹面也有花紋。在建鼓的一旁有一株帶着花朶的大葉植物高出於鼓上。下格刻着一人，衣冠同上格的鼓手，拱手持簨而立。畫上邊是一道齒形紋和一道垂幛紋，兩格之間是兩道垂幛紋夾一道齒形紋，右邊只一道齒形紋。

第 10 幅（圖版 30）：此幅爲前室南壁的西段，卽墓門西側支柱的背面。與第 9 幅處於對稱的位置，畫的内容也與第 9 幅相同，只鼓手坐得較下，兩手各執一槌，鼓旁的大葉植物，顯出從地上長出來，高過鼓架，齒形紋從右邊換到左邊，兩格之間少一道垂幛紋。

第 11 幅（圖版 31）：此幅爲前室南壁正中的一段，卽墓門當中支柱的背面。畫分上下兩格，上格刻着盛兵器的武庫，壁上掛着三張弩弓，武器架上插着兩桿戟，三桿矛，戟和矛均套着帶纓的弢。下面還有一架，其上兩旁掛着兩個盾牌，中間掛着魚鱗甲。這架的兩旁還有兩柱，柱頂端放着盔冑。架上都刻着圖案花紋。

下格刻的大致是兩個掌庫的官員，皆戴着有布紋的平頂帽子，身着長衣，佩劍，雙手捧托住一個盾牌。二人相背立於楹柱的兩旁，兩個都長鬚飄拂，神態如生。楹柱爲一斗二升式，下有柱礎，全柱都有花紋。在額枋的兩端有兩個角柱，半個斗栱露在外面。畫上邊是一道垂幛紋，左右兩邊各有一道齒形紋，兩格之間是一道席紋和一道垂幛紋。

第 12 幅（圖版 32）：此幅爲前室北壁的東段。刻着一條青龍，有雙角，舌頭吐出來，口有利齒，唇上下有鬚，身軀蜿蜒，尾昂卷而上，口銜一帶花朶的大葉草，草與龍身相繚繞。畫上邊是一道齒形紋和一道垂幛紋，左右兩邊各有一道齒形紋。

第 13 幅（圖版 32）：此幅爲前室北壁的西段，與第 12 幅對稱。刻着一隻白虎，兩耳豎起，口大張，垂尾縱軀，首向左，與壁東段的青龍相對。畫的空隙處填以雲朶紋。畫邊緣圖案同第 12 幅。

第 14 幅（圖版 33）：此幅爲前室北壁正中的一段，卽通中室門的當中支柱。此幅與第 12 幅和第 13 幅相應，刻着朱雀與玄武。朱雀在上，爲正面立像，首上生着三支長羽，口兩旁各出一長鬚，向上翹着，頸有鱗，兩翼大展開，尾披地上，左右分而上翹。朱雀之下爲一神怪，虎首，頭上頂着插三根箭的弩弓，張口露齒，胸垂兩乳，四肢長着長毛，左手持着短戟，右手舉着帶纓的短刀，右足握一短劍，左足握一刀，胯下還立着一個盾牌。下面爲玄武，龜與蛇相繚繞着，蛇的舌頭伸吐於龜口内，作嬉戲之狀。畫上邊和左右邊各有一道齒形紋和一道卷雲紋，上邊齒形紋和卷雲紋之間又夾一道垂幛紋。

第 15 幅（圖版 34）：此幅爲前室東壁的北段。上刻兩獸交互咬頸相搏之形，獸狀虎而有翼。有一鶴單足立於下面一獸的尾上，回首後顧。下刻一神怪，其面如虎而人立，頭上有長毛，右手持槌，左手舉鉞，有長尾從胯下穿過而向前翹出。其下有一獸，一角，有翼，身上有豹文，回首昂尾，尾與其上神怪的腿毛交纏着。畫的隙間，散綴着雲朶。畫上邊和左右邊各有一道齒形紋和一道卷雲紋，上邊内層更多一道垂幛紋。

第 16 幅（圖版 35）：此幅爲前室東壁的南段。上刻一神怪，獸首，有長毛，大耳，爪足，側立，雙手捧托一烟斗狀物啣於口中，以口吹物，噴吐火焰。其下有一虎，虎尾上翹勾神怪的左足，虎首朝下，其齒咬一獸之尾。下面一獸亦狀虎，有翼，身向下而回首向上。畫的隙間也綴着雲朶，最下邊似爲草地，草葉如翎毛。畫邊緣圖案同第 15 幅。

第 17 幅（圖版 36）：此幅爲前室西壁的南段。上刻一神怪，虎首而四肢帶豹文，胸垂兩乳，鼓腹，兩手上舉，手中似握一帶。下刻一虎而人立，托神怪之兩足。再下刻一龍及一鳥，龍口銜虎尾，鳥展翼而啄虎的後右足。龍的左右有雲朵紋。畫的邊緣圖案同第 15 幅，惟上邊缺一道垂幛紋。

第 18 幅（圖版 37）：此幅爲前室西壁的北段。上刻一羽人，騰空而飛，足向上，左手伸於身前，右手握其下一獸之尾。獸狀虎而有翼，身盤屈向上。下刻一龍、一鳳，鳳單足立於龍尾上，龍有角，有翼，全身有鱗，虎蹄，長尾，回首與鳳相對。其下又刻一獸，豹紋而有角有翼，昂首張口而銜龍尾，其尾又上翹而托住龍的後左足。畫的隙間綴以雲朵紋。邊緣圖案同第 17 幅。

第 19 幅（圖版 38）：此幅爲前室過梁和八角擎天柱上的散斗、栱與蜀柱的東面。過梁的上面刻兩道齒形紋，中間夾着奇禽異獸，所有禽獸，都是從右向左成一行列前進的。我們現在從左端、即行列的最前面說起。第一個是一條有翼的龍，後有雲朵，龍回首向後，與後面的鳳鳥相對。第二個是一鳳鳥，長冠展翅，尾展開如魚尾。第三個是一有翼的龍，身材粗短，尾分五岐，口中銜一長纓。第四個是一怪獸，一角，有翼，身帶豹文，偶蹄，馬尾。第五個是一有翼的虎，張口，舌伸出而上翹，又向下卷，前二爪如馬蹄。最後一個是一條獨角龍。

過梁下面向內凹的一條刻着帶花朵的卷草紋。再下爲柱的兩個散斗，紋飾相同。散斗的上部，即耳與平部份，中間刻着兩個相疊的五銖錢，下垂三個尖足，兩旁各刻一展翅的鳳鳥。散斗的下部，即欹部，刻着卷雲紋。兩個散斗之間的蜀柱，上刻一道蓆紋，下刻一虎首，張巨口而露齒舌。散斗下爲栱，栱上刻着四條盤折的夔龍紋，皆張口而露利齒，龍身與卷雲紋連接爲一。栱兩端的上邊各刻一道齒形紋。

第 20 幅（圖版 39）：此幅爲前室過梁和八角擎天柱上的散斗、栱與蜀柱的西面。過梁的上面亦刻兩道齒形紋，中間夾着怪人怪獸，也都是從右向左成一行列前進的。最左一個是一羽人，回首來引後面的鹿。第二個是一有翼的鹿，正向前奔跑。第三個像一隻有翼的鹿，但犬首、虎蹄而大尾。第四個是一神怪，虎首人身而豹紋，兩臂長長毛，右手伸向前，似欲捉前獸之尾，左手持綬帶。第五個是一有翼的虎，頭上生一角。第六個是一有翼的虎，尾蟠屈而上，分四岐，正蹲地而食一長尾豹紋的狗。最後一個是一雙頭有翼的龍，頭上各有一角。

過梁下面向內凹下的部份以及柱的散斗和栱的紋飾均同第 19 幅，惟蜀柱上去蓆紋，下加一道齒形紋。

第 21 幅（圖版 40）：此幅爲前室過梁和八角擎天柱上的散斗和栱的南面。過梁的下方，即從地上仰視所見的一方，有兩塊花紋：一塊刻花草紋，並有一道齒形紋的邊；一塊刻一獸，如虎而有翼，昂尾作奔馳狀。散斗的耳與平的下邊只刻一道齒形紋，欹部刻卷雲紋。栱的上段刻一獅首，有長毛，上下邊各飾一道齒形紋。下段刻一神怪，虎首，身帶豹紋，兩臂下生長毛，屈肢而兩手上擎，上邊飾一道齒形紋。

第 22 幅（圖版 41）：此幅爲前室過梁和八角擎天柱上的散斗和栱的北面。過梁下方的紋飾同第 21 幅，惟獸尾與身紋不同。散斗的紋飾亦同第 21 幅。栱的上段爲一獅首，張巨口而露舌齒；下段亦刻一神怪，虎首而身帶豹紋，兩旁生向上曲的長毛，兩手上舉至頭上捧持一物，物兩頭尖圓，中間小腰。栱上三道齒紋同第 21 幅。

第 23 幅（圖版 42）：此幅爲前室八角擎天柱的櫨斗和柱身的東面，與第 19 幅相接。櫨斗在栱之下，其耳與平中間刻一虎首，張巨口而露齒，上邊飾一道齒形紋。耳與平下的欹部刻一朱雀，口銜綬帶。

櫨斗下爲八角柱。柱東的三面皆刻怪人怪獸，從上至下互相頂托連繫着。右面一條，最上一個是一獸，如虎而有翼。其下一獸，形狀同上，但肩上有鱗，回首向下，其前右足與上獸的後左足相頂着。再下一獸，雙角，如兕而有翼，鱗身，虎蹄，張大口而噬上獸的後右足。再下一獸，狀如花鹿而無角，有翼，虎蹄，頸下及腹下均長長毛。最下爲一羽人，右手上舉，托住獸的後左足，左手按膝而蹲踞。中間一條，最上是一人，身上有鱗，頭戴鱗紋尖帽，兩手用力向上托。其下一羽人，左手扶膝，右手托上面人的右足。再下一獸，如花鹿而有翼，其前右足與腹下長毛上托羽人的雙足。再下一獸，雙角，如兕而有翼，鱗身。再下一人，裸身，爪足，頭戴長纓的帽子，右手持便面而頂住上獸的右腿毛。最下一人，裸身，通體生毛，戴鱗紋尖頂帽，曲腰，左手按膝，右手托住上一人的右足。左面一條最上是一虎首，張口露齒，頷下有長鬚，肩兩旁長毛伸出如翼，兩前肢下伸，兩爪相對。其下有一人首、虎身、有翼的怪物，首戴平頂帽，面部頂住一物，像古代一種叫做「單」的兵器（註 2）。再下爲一有翼的馬，頸上繫一長帶，與上面怪物的尾相接。再下爲一人首鳥身的怪物，首上結髻鬟，其胸部與上獸的後左足相接。再下又爲一雙角如兕而鱗身有翼的獸。最下爲一人，戴鱗紋尖頂帽，身軀如魚，蹲踞而雙手上舉，托住上獸的後左足。

第 24 幅（圖版 43）：此幅爲前室八角擎天柱的櫨斗和柱身的西面，與第 20 幅相接。櫨斗上紋飾同第 23 幅。櫨斗下八角柱西的三面亦刻怪人怪獸，從上至下互相承托連繫着。右面一條，最上一獸，狀如花鹿而有翼。其下一獸，若兕鱗身而有翼。再下一獸，如虎而有翼。再下一獸，似鹿而有翼，口銜綬帶。再下一獸，如兕鱗身而有翼。再下一羽人，右手持物若樹枝，以引上獸。再下一獸，如虎而有翼。最下一人，全身生毛，頭戴鱗紋尖頂帽，屈一肢，雙手用力托上獸之後右足及尾。中間一條最上是一虎首，張口露齒。其下一獸，狀如花鹿而有翼，頸上繫一長帶。再下一羽人，雙手上舉，右手托上獸的後左足。再下一獸，狀如花鹿而有翼，其尾與後右足上托羽人的雙足。再下一獸，三人首，皆戴平頂帽，鱗身而有翼，伸前右足而頂上獸之頸。再下一獸，如虎而有翼，頷下飄着長鬚。最下一羽人，雙手上舉而托上獸的後左足及鬚。左面一條最上是一虎首，伸雙臂，形狀如第 23 幅所見虎首。其下一羽人，兩手持樹枝狀物，以托住上獸的雙臂。再下一獸，如虎而有翼。再下一獸，鳥首鈎喙，虎身而有翼。再下一羽人，兩手上舉，右手托住上獸的後左足。再下一獸，牛首虎身而有翼，頸繫一帶，其後右足及尾托住羽人的兩足。最下又是一獸，如虎而有翼。

第 25 幅（圖版 43）：此幅爲前室八角擎天柱的櫨斗和柱身的南面，與第 21 幅相接。櫨斗的耳與平上刻一獅首，長毛向下披拂，上邊飾一道齒形紋。欹部刻卷雲紋。櫨斗下八角柱南面的一條，刻怪人怪獸。最上是一羽人，左手按膝，右手上擎，左足踏着下獸的頸子。其下一獸，如鹿而有翼。再下一獸，如兕、鱗身、長鬚而有翼。再下一獸，形狀如上獸，但身無鱗而帶虎紋。再下一獸，狀如花鹿而有翼，頷下垂飄着長鬚。最下一虎首，張口伸兩臂，如第 23 幅左條最上之虎首。

第 26 幅（圖版 42）：此幅爲前室八角擎天柱的櫨斗和柱身的北面，與第 22 幅相接。櫨斗的耳與平上刻一獅首，長毛向兩旁披拂，上邊飾一道齒形紋。欹部紋飾同第 25 幅。櫨斗下八角柱北面的一條，最上是半個虎身，作下撲之狀。其下一獸，狀如兕，鱗身而有翼。再下一獸，狀如花鹿而有翼，虎爪，頸繫一帶。再下是一羽人，右手持樹枝狀物，以托上獸的後左足。再下一獸，如虎而有翼，頷下垂飄着長鬚。最下一虎首，伸兩臂，與最上的虎首同，但身子露出較多。

第 27 幅（圖版 44）：此幅爲前室八角擎天柱柱礎的東面，與第 23 幅相接。在柱身之下，是柱礎的上

註2.　「單」在甲骨文作Y，「狩」字從之；在金文作Y，演進爲單，小篆的「戰」字從之；似古代狩獵、戰爭，都用這種兵器。

部覆盆，覆盆上刻一條青龍，其上下各有一道齒形紋。在覆盆之下是礎石，礎上刻卷雲紋。

第 28 幅（圖版 44）：此幅爲前室八角擎天柱柱礎的西面，與第 24 幅相接。覆盆上刻一昂尾奔馳的白虎，其上下亦各有一道齒形紋。礎上紋飾同第 27 幅。

第 29 幅（圖版 44）：此幅爲前室八角擎天柱柱礎的南面，與第 25 幅相接。覆盆上刻一朱雀，其上下各有一道齒形紋。礎上紋飾同第 27 幅。

第 30 幅（圖版 45）：此幅爲前室八角擎天柱柱礎的北面，與第 26 幅相接。覆盆上刻玄武，龜與蛇相纏繞着，其上下亦各有一道齒形紋。礎上紋飾同第 27 幅。

第 31 幅（圖版 45）：此幅爲前室八角擎天柱柱礎的四角上面，即覆盆所餘的部份，都刻着卷雲紋。

第 32 幅（圖版 46）：此幅爲前室東間藻井。是在一個長方形內刻着菱形格編環紋。

第 33 幅（圖版 47）：此幅爲前室西間藻井。是在一個長方形內刻着一朵八瓣並有複瓣的花，內層尚含苞未放。

三　中室

第 34 幅（圖版 48）：此幅爲中室東壁上的橫額。整幅刻着樂舞百戲故事。從左至右可分爲四組。第一組刻着玩雜技的三人。最左是個飛劍跳丸的人（圖版 82），赤上身，着短褲，頭上似乎戴一有纓的平帽，仰首，長鬚飄拂向上，兩手擲弄着四把短劍，兩足跳躍，身後有五個鏤孔的圓球。其下是一個跳舞的人（圖版 83），頭戴高冠，身着過膝的衣，作正在起舞的樣子，兩袖內飄出長帶，繫帽子的兩根纓也從頷下飄出來。其左腿近側有一面瓜形小圓鼓，是舞人的踏鼓。舞人之後，有七個圓盤，分兩排擺在地上，一排三個，一排四個，都覆放着，顯出每盤上有兩道弦紋夾一道圓點紋，這些盤也是和舞人有關係的。飛劍跳丸的人的後面有一作戴竿之戲的人（圖版 84）。他也是赤裸着上身，着短褲，赤足，頭上用纓紮着兩個鬆角，額上頂着一根長木竿，用左手扶着。竿的上部有一橫竿，成十字形。在橫竿的左頭，有個小孩用雙足鈎住橫竿，身子倒懸着，但頭抬起來，兩手張開如翼，兩袖內還飄出長帶。在橫竿的右頭，也有一個小孩，用右手抓住橫竿，左手張開，頭抬起，身軀彎曲向上，兩足上舉過竿。兩個小孩頭上都紮着雙角，身上都穿着緊身的花衣。在直竿的頂上有個圓形平板，上面刻着車輻紋；有個小孩兩手張開如翼，用腹部伏在圓板上旋轉。

第二組刻着樂隊，又分上下兩組。下組由三排樂人組成，樂人都坐在長席上。第一排是擊鼓的女樂（圖版 85），計五人，頭上都梳着髻鬟，並戴簪。她們的面前有四面瓜形小鼓。最右一人右手拿着短梃在指揮，左手正用手指敲着一面小鼓。其次一人右手略伸着，左手正用手指敲着另一面小鼓。中間一人右手伸着，似乎要敲其右一人的鼓，左手亦略伸。第四人右手伸着，用手指敲其前的一面小鼓，左手亦略伸。最左一人袖手端坐着，前面擺一面鼓。第二排是吹排簫的樂人（圖版 86），也是五人，頭上都戴着前低後高的平頂帽子，嘴上有鬚。最右一人左手拿着槌子在敲一個有柄的、帶花紋的鐃，右手拿着排簫在吹。其次一人和中間一人都是右手拿着排簫在吹，左手微舉。第四人雙手捧着排簫在吹。最左一人雙手捧着塤在吹。第三排是管絃樂（圖版 87），計四人，頭上都帶着高冠，嘴上有鬚。最右一人右手的衣袖高挽着，正用手彈一具大致是五絃的琴，左手扶着琴的一端。其次一人兩手均放在口旁，似乎在吹什麼，但看不見東西。第三人袖手端坐着。最左一人兩手捧着笙在吹，笙的長管上還飄着兩條纓帶。在後兩排樂人之間。有一三足圓盤名爲鏇的，其上置一圓器名爲斛的，斛內還有一勺，鏇及斛皆有花紋。在第三排樂隊之後，有個戴矮帽子的人，兩手捧着一個小鏇，裏面盛着四個杯子，向樂隊走來。這人似乎是怕這些奏樂的人口渴，特送酒漿來的。

上組的雅樂，由鼓、鐘、磬三種樂器及樂人組成。最前是一面大的建鼓，樹在架子上（圖版 88）。鼓腹有卷雲紋，鼓面有齒形組成的圓圈紋。架子下面四足，上面有兩層圓幢，下層的較大，上層的較小，似用絲帛製成。架頂上立着一隻長冠長尾的鳥。幢的兩旁，披拂着兩層帶節纍纓的長的東西，這是羽旄編成的葆。鼓的一旁，站着一個戴平頂帽子的人，兩手各舉一槌，正要打鼓。其次是一個大木架稱爲簴的，用環懸着兩個大鐘（圖版 89）。簴的兩柱帶紋飾，下面各有兩足，鐘上有紋飾，紐作半環形。簴旁站着一個戴平頂帽子的人，用兩手扶着一根從樑上用寬帶垂繫着的長梃在撞鐘。最後是一架兩柱及橫木均帶紋飾的簴，其上用帶懸着四個刻有紋飾的磬（圖版 90）。簴旁有一戴高冠的人坐在一塊小方席上，右手執槌在敲他自己前面的那個磬。這人的身後還有一頭上戴着圓頂小帽的人端坐着。

在這樂隊中，金、石、絲、竹、匏、土、革、木八音，除缺木外，餘皆齊備。

第三組是魚龍曼衍之戲，由走繩的、裝龍的、裝魚的、裝豹的、裝大雀的、奏樂的六組組成。上排左面是繩技（圖版 91）。地上隔相當距離擺着兩個三足架，將一根粗繩橫繫在架上，繩的兩頭自架頂斜下至地繫於兩架向外伸出的木樁上。走繩的三個小孩，都穿着下垂如燕尾一樣的衣，戴着低的、小圓頂的帽子。一個小孩雙手反向後，拿着一個短柄的幢，站在繩的左端，正舉左足向前走。中間一個小孩，雙手撐在繩上倒立着，頭抬起。另一個小孩兩手各持一短柄幢，站在繩的右端，舉左足大步向前走。繩的下面，有兩把短刀、兩把短劍直立着，一刀一劍各成一組，顯示出如走繩的不慎掉下來，便有爲刀劍所傷的危險。繩技之下稍左是龍戲（圖版 92）。龍雙角，有翼，鱗身，長尾，作向前行走之狀，背上馱着一個大圓口雙耳瓶。看這龍的身材和姿勢，大致是馬裝的，背上的瓶，大致和身上的裝備是連着的。一個小孩扮着羽人，雙足站在瓶口上，雙手拿着一個帶羽葆的長幢在玩弄。龍前一人，左手持一短梃，右手拿着一個兩星的搖鼓(古時稱做鼗鼓的)向着龍在搖。龍後一人，左手持一帶節的鞭，右手也舉着一鼗鼓在搖。兩人均戴着前低後高的帽子，穿着過膝的衣。龍戲之後是魚戲（圖版 93）。一條大的有鱗的魚，大致是人工做的。在魚的左面，一人跪一足，用右肩肩着魚，左手微伸，右手舉着一鼗鼓在魚前搖（這人還另有一右手伸出在魚腮上，大致是雕刻的錯誤）。魚右有兩人，都用右手舉着鼗鼓在搖。三人的衣冠，和龍戲中搖鼗鼓的一樣。魚上稍右爲豹戲（圖版 94）。一人裝成豹子，豹面大耳，身上有豹紋和毛，爪足，但頭上還戴着人的高冠，冠纓下繫到頸上，頷下還飄着長鬚。此人左手按膝，拿着一條曲折的帶子，右手持着有花紋的便面，曲身作跳躍的姿勢。其前有一小孩子，似爲裸身，身上全畫着羽毛，頭上戴一小圓頂帽，雙手据地，頭抬起，身朝上，兩足向後彎，向着豹在做遊戲。魚戲的後面爲雀戲（圖版 95）。一人裝成大雀，高冠如花枝狀，展翅，長尾上翹又垂下，頷下繫着兩根長帶飄向後，口中垂流蘇，尾上繫小鈴鐺，一雙人足連衣襟露在外面。其前立着一人，頭戴斑紋的尖帽，身穿花領衣服，從腰間束帶垂下四根流蘇，衣的下緣作花瓣狀，左手扶住一株以長竹爲幹、上縛枝葉的樹，面向大雀，右手略舉起，向前指引着。其上爲奏樂者（圖版 99），計三人，坐在一條長席上。右一人戴着雙層尖角形的帽子，口吹長管。中間一人帶着後有尖角形的帽子，右手上舉，左手微伸。左一人戴着頭巾，袖手端坐着。在端坐的人的上面，坐着一個小的、戴小圓頂雙翅帽的人，大致是補白的。在龍與魚之間的下面，有一條長席，魚尾下有一提梁壺，大致爲這些人在遊戲告一段落的時候、坐下休息、飲酒漿用的。

第四組爲戲車和馬戲。中間爲一架大戲車（圖版 98）。車有方輿，輿的左輢露於外，上有卷雲紋。左輪亦露於外，輪有八輻，軸頭露出，右輪亦微露着。車被三條馬裝成的龍拉着。龍皆雙角，有翼，鱗身。其駕車的道具，如靷、韁、勒等，皆蓋於龍衣之下。每條龍有兩條轡，計六轡。御者頭戴巾，坐於式上，左手持六轡，右手揚鞭。車箱的中心樹着一面大建鼓，建鼓的形制裝飾與第二組的建鼓同，惟羽葆只有一層。兩層幢的上面，還有一節竿子樹着一塊四周垂欄的方板，其前後欄下皆垂流蘇。在方板上，有一個頭上飄着雙帶、身上穿着燕尾狀衣服的小孩子，兩手据板上，頭抬起，身朝上，在翻騰着。在車的前部，立着一長竿，竿的上段下層有用帶繫着的長的流蘇，上層有一小幢，幢上有塊方板，比建鼓上那塊方板還高些，按兩者的距離，那個翻騰的小孩子可以飛躍到這塊木板上來。車箱的後部，又立着一根較短的竿，竿上段下層有一幢，上層有披拂的羽葆。這竿的稍後的兩旁，插着兩根頂上有幢、其下有結帶的長竿，斜出於車箱的後面。在樹建鼓的竿上，鼓的下面，旁出一曲柄，其上安着一面小鼓。車箱內坐着四個高冠的人：前排兩人在吹排簫；後排右一人手持着雙槌，準備擊那面小鼓；左一人在吹長管。車後三個高冠的人立着（圖版 100），皆右手伸向前，左手荷着長梃，足前各放一瓜形的小鼓，揣測這三人是在有節奏地踏鼓，並用長梃擊它。在戲車之上，有兩個玩馬戲的小孩子（圖版 96、97）。馬都帶着鞍轡，腹下繫着纓，作相向奔跑之狀。向右跑的馬上站着一個小孩子，頭上飄着雙帶，上身赤裸，下身繫着垂流蘇的短裙，左手持鞭，右手玩弄着長的曲柄的幢。向左跑的馬上有一個小孩子，頭飾同前一樣，身上穿着燕尾狀的衣服，兩手執戟据馬背上，頭抬起，身騰空，兩足向後翹起。最右一人，頭飾同前，裸上身，下身着帶流蘇的短裙，兩臂及兩腿上均畫着長毛，赤足，兩手向後，右手玩弄一短幢，作向前奔跑之狀。

此幅上邊有一道齒形紋和一道垂幛紋，下邊只一道齒形紋。

第 35 幅（圖版 48）：此幅爲中室南壁上横額的東段。刻着豐收和宴饗的事。畫分兩組，左邊一組是在準備把糧食收藏到屋裏，右邊一組是在準備飯食。左端開始是一座五脊重層的房屋，屋頂前坡有兩個天窗，屋正面上層有兩個帶菱紋格子的窗子。下層有二門，門上有横木穿於門鼻內，緊扛着門，門前有階砌。屋的地板從地上升起來，其間可通空氣。這種構造，顯示出這屋是一糧倉。屋前有一堆糧食，其左有兩隻大鷄、四隻小鷄立着，其右有兩隻大雞相鬥，一隻小雞眼看着糧食。此後下排刻着收糧食的情形。中間兩大堆糧食，兩堆之間，有一個斗，兩個升子，下堆的左旁還有一個斗。有兩個戴尖頂帽子的人對立着，右一人張着口袋，左一人捧着斗把糧食向口袋裏裝。糧食堆的右面，又一戴尖頂帽子的人，雙手拿着掃帚在掃地下散的糧食歸大堆，一人從其背後走來，右手拿着箕，也是爲掃糧食用的。這些人都是地主家裏的僕役。上排屋旁有一大樹，樹上繫着一牛，牛伏於地上，其前有一草筐。樹右有兩個戴高冠的人袖手坐於長席上，席前置兩個鏇，在左鏇上放一斛，在右鏇上放五個耳杯。這是兩個收糧食的地主或地主的管家。在他們之右，有三輛大車，滿載着糧食。車兩轅之間還有牛軛，牛都在車後，兩條立着，一條伏着，一立着一伏着的牛前有草筐。

右邊一組，爲使情節連續起見，我們將上排從左至右、下排從右至左來叙述。上排最左有二人用槓子抬着一口綑着四蹄朝天的猪。兩人一戴尖頂帽，一戴平頂帽，前一人回首向後，像在招呼後一人把猪放在下面的案子上。在案子的旁邊，放着一口大缸，大致是在宰猪時盛血用的。再右有一個戴平頂斜後的帽子的人，左手牽着一頭牛，右手揚着槌子正要宰牛，牛前也放一缸。再右有一架子，下放一缸，這是在牲畜殺死後懸在架上剖割用的。最右有一隻羊側吊着，有一頭上用帶束髮、赤上身、着短裙的人，正拿刀剝着羊皮。現在轉至下排。在羊的下面，是一個用布幔臨時圍成的廚房，圍法是將布幔用繩掛在樹立的柱子上。廚房裏面有兩個廚夫，一戴尖頂帽，一戴平頂帽，兩人均將左手放在几上，右手拿着刀，好像已切菜完畢在商量着做菜，几下放一方盒。在他們的前面，有一鏇、一盂、一碗、一耳杯。在廚房外的左下邊，有一個灶，灶上有一無蓋的甑正蒸着飯，有一人爬在灶前用力吹火，灶的上右方還有一缸。上面有一人，戴着頭巾，赤上身，下身着短裙。這人的前面有一几，几上有兩缸，人手裏團着一團什麼東西，正要放到缸裏去，大致是和的麵。人後有一五層架子，由五個案重叠而成，第一、第三、第五層上各分兩排放着八個兩頭尖、中間圓的東西，大致是麵團成的。放缸的几的上面有一個鏇，鏇上置一斛，稍左有一小口扁壺，是盛酒用的。左下有一戴尖頂帽的人，正端着一盤像麵團似的東西走着，回頭還望着他身後的兩酒壺和一小口有足的圓形器。在這人的前面，放着一個架子，大致是抬牲用的。其下有兩案，一個案上放着兩隻宰殺過的小牲，像是兔子，一個放着三條魚。在案的前面，有一眼井，井上架設着轆轤，轆轤上安着繩子，下垂到井裏，井的一旁還放着兩個缸。此幅上邊有一道垂幛紋，下邊有一道齒形紋。

第 36 幅（圖版 49）：此幅爲中室南壁上橫額的西段。刻着一幅迎接人的陳設和儀仗圖。左端是一所日字形的兩進院子。接後院正房的後面，還顯出一間帶菱形窗格的抱廈，有欄杆圍繞着它。抱廈之上，有五隻小雞立着，一隻大雞正曲着身子把嘴裏銜的東西餵給一隻小雞吃，其餘四隻小雞都望着它。院左前後兩角，各有一座角樓。在兩座角樓之間，長着兩株大樹，樹上有兩隻相背而飛的鳥和一隻停着的鳥。後院的正屋有欄杆，中夾一托着斗栱的楹柱，下有階砌。院子內陳設着一几，一壺，一有足小口圓形器，一方盒，一圓盒。前院正屋也有欄杆，其中有兩扇帶鋪首銜環的門，一扇微開着，門下有階砌。院子內靠左有一眼井，井上架轆轤，繫着繩子，下垂到井中。屋的大門一扇開着，一扇關着，關着的一扇也有鋪首銜環，門兩旁也有欄杆。在右欄杆之外，有一木架，架上懸一圓形鼓，是用繩側懸着。在屋前適當距離處有雙闕。在雙闕與屋之間，上排有兩個戴尖頂帽的人，面向屋坐着。其膝前置一案，是用兩個方形箱子墊在一塊長木板下做成的，箱子半露在外面。兩人左手据在案上，右手拿着刀子，大致切的菜就撥到箱子裏去。案前有兩個小盤，上面都放一耳杯，還有一個筒形小口有足的圓形器，案旁放着一個方形案子。在這兩人的身後，有一個肉架子，上懸一隻去頭的半邊豬和一條牲腿，中間還懸着兩條帶子。架子之下，放着一小口扁壺，一圓盒，一酒壺。在右闕之後，放一個五層的架子。

在兩闕之內當中處，有一個戴着布紋的帽子的人，手捧着盾牌正要走出去。闕前是廣闊的大道，道左有規律地放着三個上下車馬的方形石墩。在左闕的前面，停着一輛施耳軺車，一馬架着，御者正坐在車箱內的前部，雙手拿着轡繩。在右闕的前面，樹着一根十字形的柱子，其上拴着兩匹馬。車馬的前面，有三排人，均捧笏面向前鞠躬而立，每排皆三人。最前還有一排三人，也捧笏，跪伏於地，面前置一几，皆面向前以迎接來的人。這些人的衣冠同第 5 幅。畫邊緣圖案同第 34 幅。這幅所刻的內容大致與第 37 幅相連接着。

第 37 幅（圖版 49）：此幅爲中室西壁上的橫額。整幅刻着出行的車馬儀仗，都是自右而左向前行進的。最左端刻着兩人：一人戴着前低後高的帽子，着長衣，身上佩劍，雙手捧着盾牌；一人戴着尖頂帽，衣稍短，雙手擁着一篲。兩人都鞠躬而立，迎接前面來的車馬。接着是導行於前的車騎儀仗。對着捧盾的和擁篲的人，有兩個右手持管而吹、左手荷幢的人，其衣冠同擁篲的人一樣。兩人之後是兩騎，馬在奔躍前進，騎在馬背上的人，一個戴着高冠，一個戴着有布紋的帽子，均用右手持轡。騎兵之後是斧車，車中御者和乘車的人，都戴着有布紋的帽子，車無蓋，中心樹着一把帶幢的大斧，後部斜插着兩根帶纓的矛，並有帶纓的劍柄露出來。斧車之後，接着是五輛有蓋的軺車，車中御者都戴着尖頂帽子，坐在左面，左手持轡，右手持着長鞭。坐在右面的都是高冠而右手持笏的人，左手都扶着車蓋的柄，大致爲避顛簸的原故。這五輛軺車以及前面的斧車車箱前部都帶有一長方形槽子，是盛草料用的。馬皆奔躍前進，頭上的纓向後飄着，有一纓的，有二纓的。畫上邊是一道齒形紋、一道相鈎連的卷雲紋和一道垂幛紋，下邊只一道齒形紋。這畫大致左端與第 36 幅相連，右端與第 38 幅相連，成爲一個故事。

第 38 幅（圖版 50）：此幅爲中室北壁上橫額的西段。整幅刻着出行的人和他的車馬儀仗，也是從右至左向前行進的。從左起是兩輛軺車，同第 37 幅的軺車一樣，惟前輛乘車的人戴有布紋的冠而不戴高冠。道旁有兩圓桶，桶上均有紋飾，大致是飲馬用的。車後是兩騎並行着，騎馬的人皆右手持轡，左手荷着或脇下夾着有套或帶纓的短的棨戟。馬後並行着兩人：右一人右手携弩弓，左手持箭；左一人左手携弩弓，右手持箭；腰間均帶箭箙。再後並行着兩人，均右手持便面，左手持長梃。前導的儀仗到此爲止。其後有一輛施耳軺車，一馬拉着，車蓋的四角有交絡，車輢外有車耳。車箱內御者戴着高冠，坐在右面；車主也戴高冠，穿着花領的衣服，坐在左面，坐得稍低些。這是所有儀仗的主人。此後爲後擁的儀仗。首先是並行的兩騎：右一人右手持轡，左手荷一長而扁圓狀的器物（註 3）；左一人右手持轡，左手揚鞭。其後又有一輛軺車，同前面的軺車一樣，惟馬頭側帶着障眼，車箱前無槽子。最後並立着兩人，一人拱立着，一人右手扶着長梃。畫邊緣圖案同第 37 幅。這畫同第 37 幅和第 36 幅的內容是相連貫的，從第 36 幅那些出來迎接的人到第 37 幅那些前進的儀仗，直到此幅的施耳軺車與其前導後擁的儀仗爲止，可以看出這位乘車的人在出行時儀從之盛。

第 39 幅（圖版 50）：此幅爲中室北壁上橫額的東段。刻着出行的和迎接的人。最左端有雙闕，表示後面還有建築，闕頂上安着像風車狀的東西。闕前兩人，皆雙手捧笏，鞠躬背闕而立，身前並放着一個几。接着是迎面而來的兩個前導的人，皆左手持刀，右手持便面。其後是一輛軺車，與前同，惟馬腹下還繫有二纓，御者坐在右面。再後是兩騎，騎馬的皆右手持轡。再後是一輜車，有帷，前有垂幃，御者坐在前面，乘車的人看不見，可能是婦女。按輜車多半是婦女乘的，這車內的婦女可能是前面乘施耳軺車的人的妻子。車後又是兩騎，騎馬的均右手持轡，左手持鞭。騎後是一輛大車，有棚蓋着，御者在前面，右手持轡，從車內斜插着兩根長矛，露於棚前，這車載的大致是服用器具。這車駕馬的轅作樹枝狀，馬具特殊清楚，軛上有鸞，馬腹下有鈴。最後爲並行的兩騎：右騎右手持轡，左手持鞭與梃；左騎未刻全。畫邊緣圖案同第 37 幅。

第 40 幅（圖版 51）：此幅爲中室南壁正中的一段，即通前室門當中的支柱。刻着馬廐和馬夫餵馬、備馬的事。上格刻着馬廐。從樑上用帶子和環鍊吊着一塊長方板，板下有一排有鈎的環鍊，鈎上從左到右掛着馬具。最左是一有紋飾的、繫着帶的箭箙，其次是鞍褥，其次是馬的頸套，其次是轡，其次是結馬尾的帶，其次是飾馬的甬，最右是飾馬的纓。在這排馬具之下，左面一個馬夫坐着，右手持着一把鍘刀，左手握着一把草，放在木墩上，在製草料，前面用蓆半圍着，上有一箕，下有一小盆，後有一斗。右面一個馬夫舉着一個有柄的盆子，正向着馬前走去，像要去給馬飲料似的。一匹馬拴在上有橫木的柱子上，草斗子從橫木上繫下來，並繫在柱子上，位置正在馬口下。馬一面在伸着頭吃草，一面在昂着尾巴拉糞，馬長得很肥壯，腰腹繫一寬帶。在草斗子下面，有一羣雞在啄食掉下來的料食。另外在廐的左下角，還放着一個大水桶似的東西。

下格刻着三個戴尖頂帽的馬夫在忙着備馬。左面一個左手持着馬帶，遞給中間一人；中間一個左手拿着馬鞭，右手在接馬帶；右面一個雙手提着鞍子，正向前走。下面是傢具：中間一個大櫃，左面一燈台，右面一個高箱子。畫上邊和兩格之間是一道齒形紋和一道垂幛紋，左右邊是一道齒形紋。

第 41 幅（圖版 52）：此幅爲中室南壁的東段。畫分上下兩格，皆刻人物故事。上格是蒼頡造字的故事。左一人四目，披髮，長鬚，衣獸皮，坐在一塊獸皮上，此獸皮鋪在一株開着花朵的大樹下，下面有榜，題曰「蒼頡」。蒼頡右手持着有柄的、末端帶柔軟物的東西（大致表示筆），左手張開五指，正與對面一人交

註3. 這種器物，也見於孫文青所著南陽漢畫像彙存的 104、105、106、133、140、141、143 各圖中，孫氏稱之爲箭，爲一種舞的樂器。按這器物的形狀，可能爲一盛有樂器的袋子。

談。對面的人也披髮，衣着和坐着的獸皮同蒼頡的一樣，也坐在一株開花的樹下，右手持着一顆小樹，作聽蒼頡說話的姿勢。這人眉骨突起，令人聯想到「中國猿人」的樣子。下有榜，未刻字。這人大概是沮誦（詳第四章）。

下格刻兩人，皆戴着有旒的冕，衣皆花領，拖着末作尖刺狀的長帶。左一人右手持一末作卷枝狀、中段有璏的長劍，左手向前伸，五指併着，像在與對面一人說話。右一人身上也佩一長劍，兩端都作卷枝狀，右手柱着手杖，左手按胸前，似在說話。兩人頭上均有榜，未刻字。右上角用帶懸着一有紋飾的磬，磬兩端懸兩璧，其下懸一幢。畫上邊和左右邊都是一道齒形紋和一道相鈎連的卷雲紋，上邊內層更多一道垂幛紋，兩格之間是一道齒形紋和一道垂幛紋。

第 42 幅（圖版 53）：此幅爲中室南壁的西段。畫分上下兩格，皆刻人物故事。上格左刻一人，頭戴山形冠，頷下飄鬚，穿花領的長衣，華巾垂過膝，足前拖着末作尖刺狀的長帶，身佩長劍，劍末有圓套，左手微伸着，眼看着對面的婦人；頭上有榜，刻「齊桓公」三字。右面爲一俯伏的婦人，頭上髮束四披着，頭後飄雙帶，身着花領和帶華采的衣服，衣帶在背後及胸前飄出。其下有一張釘邊的蓆子；頭上有一屏障，帶花邊，下有兩足，屏上刻「衛姬」二字。衛姬之後，立着一個人，頭戴巾，後有系，着長衣，手中捧一方篋，篋內盛着兩根笄；頭上有榜，刻「御者」二字。按此人當是衛姬的侍女，不當稱爲御者。這裏刻的是齊桓公將伐衛、衛姬請罪的故事（詳第四章）。

下格刻着三人。左面立着一個戴有布紋的帽子的人，身佩長劍，雙手扶住一有纓有套的長矛，上有榜刻「齋侍郎」三字。中間一人和右面一人都是頭上梳髻，髻上戴一下小上大的帽子，兩根長纓飄在後面，都穿長衣，束帶，佩長劍，拱手而立。中間一人頭上有榜，刻「蘇武」二字；右面一人頭上榜刻「管叔」二字。管叔是周初人，蘇武是西漢時人，侍郎是漢代官名，這表示這些榜題是亂刻的。畫邊緣圖案同第 41 幅。

第 43 幅（圖版 54）：此幅爲中室北壁正中的一段，即通後室門的當中支柱。畫分上下兩格，皆刻人物故事。上格左一人戴着有花邊的圓頂帽子，帽的兩翅從左右垂下來，穿着長衣，衣側垂着華巾，拱手立於長蓆之上。這人較矮小，似爲未成年的人。右一人戴着高冠，佩長劍，雙手舉一曲柄的蓋，罩於矮小的人的頭上。蓋圓形，有花瓣形邊，中垂一磬，左右各垂一璧，璧、磬均有紋飾，柄曲處成節狀，每節均有帶束着。兩人頭上均有榜，未刻字。這幅似乎刻的周公輔成王的故事（詳第四章）。

下格左一人戴着下小上大的帽子，佩長劍，右手持笏或簡册一類的東西，左手握一兩頭尖的短桿，似是一枝筆。右一人戴着有布紋的冠，也佩長劍，雙手扶着一有套有纓的棨戟。兩人頭上均有榜，未刻字。兩人中間從上垂下一幢。畫上邊有一道齒形紋，一道垂幛紋和一道相鈎連的中帶卷草的卷雲紋，左右邊各有一道齒形紋和一道相鈎連的卷雲紋，兩格之間是兩道齒形紋夾一道卷雲紋。

第 44 幅（圖版 55）：此幅爲中室北壁的東段。畫分上下兩格，皆刻人物故事。上格兩人頭上都梳着小髻，髻後有直立的帶狀物幾條，高低各異，似是加漆的布或其他有一定硬度的材料做成的頭飾，兩長纓自頷下飄出於頭後。兩人皆穿肥大的衣服，袖皆卷起，腰束帶。左一人佩長劍，右手下伸着，左手舉一繫纓的璧於頭上，其前有榜，刻「令相如」三字。右一人右手伸出，左手橫持一長劍，頭後有榜，刻「孟犇」二字。兩人之間，靠下有一燈台，盤中似有火焰。按令相如應即藺相如，令、藺二字同音而誤。此畫爲藺相如完璧歸趙的故事（詳第四章）。

下格兩人皆戴着布紋的帽子，用帶結於頭後，衣袖皆捲起，腰束帶。左一人加束革帶，從革帶垂下一虎頭紋佩囊，右手持劍橫於腹前，左手張五指擱劍上。右一人橫佩長劍，左手向下，右手向上，皆五指張開。

左一人的劍末與右一人的劍柄錯叠着，其下有一虎頭紋盾，盾旁有榜，刻乚鐵楯㇕二字。兩人頭後均有榜，未刻字。兩人中間上部懸一幢，下垂一有紋飾的璧。畫上邊有一道相鈎連的卷雲紋和一道垂幛紋，左右邊各有一道齒形紋和一道相鈎連的卷雲紋，兩格之間有一道垂幛紋。下邊一龍一虎，龍在左，虎在右，龍咬虎尾，虎回首向後。

第45幅（圖版56）：此幅爲中室北壁的西段。畫分上下兩格，皆刻人物故事。上格左一人髻上戴着似漆布做的頭飾，纓分左右向上飄，身着花領的衣服，胸前垂華巾，兩袖捲起，右手持一劍横於身前，劍中段有大出的套，並垂雙纓，末有小圓套，左手伸出，五指張開，擱於劍上。右一人戴一平頂的帽子，復有一帶自額上横勒而後，結於頭後，帶末飄出，腰束革帶，從革帶垂下一虎頭紋佩囊，身佩長劍，左手向上，右手向後，均五指張開。兩人頭後均有榜，未刻字。

下格左一人，髻上戴着下小上大斜頂的帽子，佩長刀，右手持笏而立。右一人髻上罩一帶纓的小套子，鬚髮皆上舉，上身左半袒露，左手舉一脱鞘的劍，右手向前伸，握一酒壺，足下有一帶翼的虎，右足踏在虎尾上。兩人頭後皆有榜，未刻字。中間有纓帶繫一幢，下垂一璧。畫上邊有一道相鈎連的卷雲紋、一道齒形紋和一道垂幛紋，左右邊各有一道齒形紋和一道相鈎連的卷雲紋，左邊卷雲紋中有一夔龍首，兩格之間有一道齒形紋和一道垂幛紋。

第46幅（圖版57）：此幅爲中室東壁的北段。畫分上下兩格，皆刻人物故事。上格刻兩個大眼睛、翹鼻子、面目猙獰的人相鬥之狀。左一人頷下兩綹長鬚横飄着，頭上梳着小髻，髻上直立着漆布或其他有一定硬度的材料做成的帶狀物三條，頭前後各有帶流蘇的長纓高飄起。身穿肥大的衣服，袖卷起，腰束帶，衣的下襟似提起塞於帶內，雙褲脚露出來，長及足。左肩上翹出一節末如尖刺形的帶，右足下拖出一節同樣的帶，身佩長劍，劍柄部作卷枝狀，右手按着對面一人的劍末。右一人長鬚左右上翹，頭上束着小髻，髻上罩一蓮花瓣狀的小帽子，並有卷曲的長條伸出，頭前後又各有兩束髮翹而向上，頭後兩條長纓高飄起。也穿着肥大的衣服，腰束帶，衣帶從身後繞向前面，飄垂於地。左手持繫長纓的長劍，横於胸前，右手五指張開，擱於劍上。

下格也刻兩個與上兩人同相貌的人。左一人頭飾和上格左面的人一樣，惟兩條長纓皆向前高飄起。衣服亦同，下有兩節末作燕尾狀的衣帶垂出。右足提起作跳舞狀，左手持槌，右手反向上，抓住一長兵器。兵器之柄作劍柄狀，中段較大，似加一套子，末作卷枝狀。左足下有一生翼的虎，反首向後，其後左足及尾與兵器之末相鈎纏。右一人戴着平頂的帽子，有一帶從額上横勒向後，結於頭後，其兩端横飄出。身穿帶三角形紋的衣服，袖亦卷起，腰束帶，身前有兩節燕尾狀的衣帶下垂，足前拖一節末作尖刺狀的卷帶。佩長劍，劍柄朝下，劍尖有一圓形套。左手持一帶纓的長幢，右手伸向前，五指張開，似向其前一人搖手之狀。

此幅上邊有一道相鈎連的卷雲紋，中帶卷草紋，還有一道垂幛紋，左右兩邊各有一道齒形紋和一道相鈎連的卷雲紋，兩格之間有兩道齒形紋和一道垂幛紋。

第47幅（圖版58）：此幅爲中室東壁的南段。畫分上下兩格，皆刻人物故事。上格左一人頭上梳髻，戴着似漆布做的高帽子，身佩長劍，劍的中段有一節大出的套子。此人右手張弓，左手作拉弦之狀，向着右一人。其頭後有榜，刻乚晉靈公㇕三字。右一人戴同樣的帽子，穿同樣的衣服，但兩條長帽纓和兩條末作燕尾狀的衣帶都向後飄。左手持劍，劍柄還向着晉靈公，右手揚袖至頭上，雙足跳起，作驚恐之狀。其頭後亦有一榜，但無字。這人足前有一豹紋、有翼的狗，跳起來，作猛撲並張口咬狀，狗右有一榜，刻乚敖也㇕二字。二人之間的上面，垂着一帶纓的幢。此刻係晉靈公欲殺趙盾的故事（詳第四章）。

下格刻二人。左一人的衣冠和上格趙盾的相同，惟帽纓和衣帶均飄向前。身佩未帶圓套的長劍，右手舉一脫鞘的劍，左手伸向頭後，雙足跳起作舞狀。右一人衣冠亦同，帽纓及衣帶飄而向後，胸前垂一華巾。右手持中間一節有套、末有小圓套的長劍，左手伸出，五指張開，擱於劍上。左一人之下有一高冠的鳳鳥，其尾如魚尾。兩人頭右及鳳鳥之右均有榜，未刻字。兩人之間亦有帶纓的幢，幢下懸一有紋飾的璧。畫邊緣圖案同第 46 幅，惟右邊少一道齒形紋。

第 48 幅（圖版 59）：此幅爲中室西壁的南段。畫分上下兩格，皆刻人物故事。上格左一人頭戴瓣形帽子，雙纓向上飄。右一人頭戴斜頂帽子，雙纓向後飄。皆着長衣，束帶，衣帶垂於身前。左一人佩長劍，似在接待右一人的樣子；右一人佩帶鞘的刀，作拜訪左一人的姿勢。兩人頭上均有榜，未刻字。在左一人身後一個架子上，插着一根長杖，杖頭作鳩形，其下垂着三層纓帶，這就是古時所謂鳩杖。兩人之間，從樑上垂一纓帶，串四顆大珠，下繫一有紋飾的磬，磬下中繫一璧，兩端各繫一幢。在右一人頭後，從樑上以纓帶繫兩顆珠，下繫一幢，並有羽葆垂下來。

下格刻二人。左一人戴着斜頂的帽子，雙纓飄向前，佩長劍，右手反至背後，持一匕首，左手微伸，張五指撥開右一人的劍末。右一人髻上直立着帶狀物，雙纓飄向上，鬚髮畢張，作仰首喑嗚之狀，右手伸出，張五指，左手持繫長纓的長劍，劍末向着左一人。兩人頭上均有榜，未刻字。左一人頭後從樑上垂纓帶，串三顆大珠，下繫一圓形物，其下緣帶流蘇，可能是宮燈一類的東西。頭前有纓帶繫着帶紋飾的璧。畫邊緣圖案同第 46 幅，惟左邊少一道齒形紋。

第 49 幅（圖版 60）：此幅爲中室西壁的北段。畫分上下兩格，皆刻着人物故事。上格刻兩人相鬥之狀。左一人頭上梳着髻，束髻的帶子的兩端曲而向上，又打成結，頭上還有兩長纓飄向前，胸前垂着華巾，左手的衣袖長拖出，赤雙足，一雙鞋子放在提起的右足下，右手持脫鞘的長劍橫於頭上，向右一人作攻刺狀。右一人戴着瓣形帽子，腰帶上還顯出帶鉤，雙足跳起來，雙手張開五指，作抵禦之狀。兩人頭後均有榜，未刻字。

下格刻二人。左一人戴着重疊尖頂的帽子，衣上兩根長帶飄向前，一根被右一人的右足踏着，右手持繫纓的長劍，左手扶着柱子。頭後有榜，未刻字，榜下還繫着流蘇。右一人頭上梳着髻，束髻的帶子在髻前打結，兩端飄出來，又以一帶自額橫勒而後，在頭後打結。此人赤身，着短褲，腰佩一長刀，雙手持一圓棒狀物，右足踏住左一人的衣帶，足下有方盒子，胸前有一帶纓的匕首，橫穿於柱上。頭後有榜，未刻字，榜下繫一幢。兩人中間的柱子爲一斗二升式，斗栱及柱身均有紋飾，兩個散斗中間有榜，未刻字。畫上邊有一道相鉤連的卷雲紋、一道齒形紋和一道垂幛紋，左右邊各有一道齒形紋和一道相鉤連的卷雲紋，兩格之間有兩道齒形紋中夾一道垂幛紋。這幅下格刻的似乎是荊軻刺秦王的故事（詳第四章）。

第 50 幅（圖版 61）：此幅爲中室過樑和八角擎天柱上的散斗、栱與兩旁雙龍的東面。過樑上是兩道齒形紋邊，中間夾一道怪人、怪獸、怪禽相追逐、搏鬥、嬉戲的圖像。從左至右，首先是一神怪，只露半身，左足踏住第二個神怪的右足，左手持鉞，似與第二個神怪搏鬥。第二個神怪屈肢蹲立，兩手張開，左腕上繫纓。第三個爲一有翼的虎，身轉曲而首向下，口中銜纓。第四個爲一獨角神怪，跪左膝，舉左臂，似欲捉虎之尾。第五個爲一有翼的龍，作向前奔躍之狀，首回轉向後。第六個又是一神怪，跪左膝，左手握住龍尾，右手揚一纓帶。第七個又爲一有翼的虎，但馬尾馬蹄，腹下有長毛，捲長舌，作向前奔馳之狀。第八個爲一長毛大豕，爪足，人立，垂長舌，前右足伸向前，前左足持一帶，套住左面虎的後左足。第九個爲一虎面長喙的禿尾鳥，頭上更長出三個鳥首來。第十個爲一鳥首有翼的龍，口中銜一綬帶，作向前奔躍之狀。第十一個爲一有翼的虎，馬首馬尾，口中銜一綬帶，回首向後。其後還有圖像，砌在壁內，只露出雙帶來。

過梁下面向內凹的一條刻着帶花朵的卷草紋。

再下爲柱的兩個散斗。散斗的耳與平的上邊和左右邊，各有一道齒形紋，中間皆刻一獸，左青龍，右白虎，皆有翼，作奔騰狀。散斗的欹部，皆上刻一道齒形紋，下刻卷雲紋。散斗下是栱，栱兩端的上邊、栱左右邊及下邊皆有一道齒形紋，其中刻着一條盤折的夔龍紋，張口而露利齒，龍身與卷雲紋連結爲一。栱兩側各有一半身的龍，龍皆有翼，鱗身，張口露齒，從過梁上倒身而銜栱，雙前爪據栱上，南側的龍有一角，北側的龍有雙角。

第 51 幅（圖版 62）：此幅爲中室過梁和八角擎天柱上的散斗、栱與兩旁雙龍的西面。過梁上是兩道齒形紋邊，中夾一道奇禽、怪獸和羽人的圖像，均是從右向左前進的。最左刻的一物，已砌在壁內，只飄出兩根帶來。其次是一人首鳥身的怪物，頭上帶着帽子，頷下飄着長鬚。第三個是一有翼的虎，尾分三歧。第四個是一九個人頭的龍，尾分兩歧。第五個是一羽人，左足半跪着，右足抬起，左手握住九頭龍的後左足，右手前伸，握一綬帶。第六個是一比翼鳥，雙頭，雙翅，兩足，尾分三歧。第七個是一有翼的馬，偶蹄，作奔躍之狀，回首向後，口銜綬帶。第八個是一比肩獸，兩頭，有翼，四足，雙尾，這獸刻得似乎是兩獸並行而不是身子相連着的。第九個是一有翼而偶蹄的虎，作向前猛撲的形狀。最後是一有翼的獸，虎爪大尾。過梁下面向裏凹的一條，刻着帶花朵的卷草紋。

梁下兩個散斗及栱的紋飾同第 50 幅，惟兩散斗的耳與平中間，各刻一朱雀以代青龍白虎，栱上夔龍的盤折情形與第 50 幅略有不同，夔首稍上，并反倒着。栱兩側各有一半身的龍，即第 50 幅兩龍的另一面。

第 52 幅（圖版 63）：此幅爲中室八角擎天柱南面的龍身，即從過梁的下面到櫨斗的上面倒銜的一角龍的頭部、頸部和背的前段。

第 53 幅（圖版 64）：此幅爲中室八角擎天柱北面的龍身，即從過梁的下面到櫨斗的上面倒銜的雙角龍的頭部、頸部和背的前段。

第 54 幅（圖版 65）：此幅爲中室八角擎天柱的櫨斗和柱身的東面，與第 50 幅相接。櫨斗在栱下，其上邊和左右邊各有一道齒形紋。耳與平的中間，刻一虎首，其兩鬢之側生出兩角，作樹枝狀，復有兩臂曲而向下，兩爪各握一枝卷草。欹部刻卷雲紋。

櫨斗下爲八角柱，柱石剝蝕得很厲害，因此所刻的圖像不大清楚。柱東分三面，皆刻着神人、異獸、奇禽等，上邊皆有一道齒形紋。中間一條最上是一懸着的花瓣形邊、垂兩流蘇的圓蓋，下面坐着東王公。他頭上戴冠，着花領長衣，雙手籠在袖內，膝上橫着一帶有紋飾的像琴一類的東西，坐在一山字形高座上。座有三個瓶狀几，中間一几最高，下部帶山紋，几面頗大，東王公坐其上。其兩旁小几上，各有一羽人，似在搗藥。几下爲一龍，直立着，雙爪持一桿帶纓的棨戟。再下爲一龜，亦直立着，右前爪持一鈎鑲，左前爪舉着一把大鉞。最下是一鳥，背上馱着一個螺螄，螺螄身上繫着帶，並佩着一把長劍。左面一條最上是一俯衝飛着的朱雀，口中銜着綬帶。其下是一羽人，左手握着一棵高的卷草。再下是一虎，前左爪持劍而立。虎下是一隻禿尾鳥，展翅、昂首、張喙而立。最下又是一虎，前右爪持盾，左爪持劍，劍穿於上面鳥的兩足之間。右面一條最上刻一神怪，用右手攀住梁上所懸之帶，左手下伸。其下是一朱雀，展翅而立，用喙銜住神怪之足。雀下爲一虎，其後右足握住一棵長的卷草。虎下有一禿尾鳥，一足立着，喙銜着虎尾。鳥下有一大豕，人立，兩手上舉，右手抓住禿尾鳥的腿毛。最下是一個虎頭銜着一條蛇，蛇曲而向上，張口作噬狀。

第 55 幅（圖版 66）：此幅爲中室八角擎天柱的櫨斗和柱身的西面，與第 51 幅相接。櫨斗上紋飾同第

54 幅。柱西也分三面，上邊也各有一道齒形紋。中間一條最上刻着華蓋，同第 54 幅的一樣。蓋下坐着西王母，她頭戴花冠及笄，所坐的山字形高座及兩旁羽人搗藥，同第 54 幅所刻的東王公的座一樣。座下爲一大龜，用頭及雙前足頂着座。龜下爲一有翼的虎，回首向下，口銜綬帶。最下爲一雙角、有翼、偶蹄、馬尾的獸，可能是一麒麟。左面一條最上刻一有翼的馬。馬下爲一羽人，伸手上握馬尾。羽人之下爲一有翼的犀。犀下爲一有翼的鹿。最下爲一神怪，左手上舉，右手下垂，握一匕首，有長尾。右面一條最上刻一龍，下刻一虎，龍首向下，虎首向上，二者之頸相交繞着。虎下爲一展翅的鳥。鳥下爲一頭生雙角而有翼的虎。最下爲一長冠、長喙的禿尾鳥。

第 56 幅（圖版 67）：此幅爲中室八角擎天柱的櫨斗和柱身的南面，與第 52 幅相接。櫨斗的耳與平中間刻一虎首，張口露齒，頭上生兩角，作卷草狀，兩臂伸出，左爪握一鉞，右爪握一槌。櫨斗的上邊和左右邊皆刻一道齒形紋，欹部皆刻雲紋。下爲八角柱的南面一條，上邊刻一道齒形紋，其下皆刻神人異獸。最上刻一童子，戴露頂的帽子，頂上用帶結髮，繞頭有一圓圈，如佛光之狀，着花領衣，衣下緣作花瓣狀，腰束華巾，巾下還垂流蘇，雙手捧着一條像鮎魚狀的東西端立着。其下爲一雙人頭、鳥身、四足的怪物。再下又是一人，肩生兩翼，端坐着，左手置胸前如持物之狀，右手舉置胸側，手掌朝外，五指張開，頗似佛教雕刻中的手印。再下是一羽人，舉雙手托住其上端坐的人。最下是一獸，狀如犬而有翼，長頸，昂首張口而咬羽人的左足。

第 57 幅（圖版 68）：此幅爲中室八角擎天柱的櫨斗和柱身的北面，與第 53 幅相接。櫨斗上的紋飾同第 56 幅。下爲八角柱的北面一條，上邊刻一道齒形紋，其下皆刻神人異獸。最上刻一童子，頭上用纓束髮成髻，繞頭亦有圓圈，如佛光狀，所着衣及所束巾均同第 56 幅的童子，惟褲脚略長，雙手捧一鳥端立着。其下一人，赤上身，着短裙，佩長刀，赤足，正用力拔一顆高的帶花朶的樹。再下是一有翼的牛，低頭向下面的龍作搏鬥狀。最下是一鳥首、長頸、有翼的龍，正用長喙銜着牛的前右足。

第 58 幅（圖版 69）：此幅爲中室八角擎天柱柱礎的東面，與第 54 幅相接。柱礎的上部覆盆上邊刻一道齒形紋，下爲三條盤折的夔龍紋。礎石的上邊也是一道齒形紋，下爲卷雲紋。

第 59 幅（圖版 69）：此幅爲中室八角擎天柱柱礎的西面，與第 55 幅相接。紋飾同第 58 幅。

第 60 幅（圖版 70）：此幅爲中室八角擎天柱柱礎的南面，與第 56 幅相接。紋飾同第 58 幅。

第 61 幅（圖版 70）：此幅爲中室八角擎天柱柱礎的北面，與第 57 幅相接，紋飾同第 58 幅。

第 62 幅（圖版 71）：此幅爲中室八角擎天柱柱礎的四角上面，即覆盆所餘的部份，都刻着卷草紋。

第 63 幅（圖版 72）：此幅爲中室東間藻井。它成兩個方形：一個方形內刻着一朶四瓣的花朶，每瓣的尖各伸向方形的一角；另一方形內刻着三層相套的方格，爲抹角結構，即小方的四角抵接大方的四邊的中點，逐方凹下，內層最小的一方內刻一圓餅。

第 64 幅（圖版 73）：此幅爲中室西間藻井。已損壞不全，但可看出爲兩個方形：一個方形內刻着抹角結構，內有圓餅；另一個方形只殘存小塊，似刻着一八瓣的花朶。

第 65 幅（圖版 74）：此幅爲中室西側室藻井 。是在一個長方形內刻着菱形格子， 中心有一突起的圓鈕。

四　後室

第 66 幅（圖版 75）：此幅爲後室過樑和樑下斗栱及其兩旁雙龍的東面。過樑的上邊是一道垂幛紋和一道齒形紋，接着是一道奇禽怪獸的圖像，再下又是一道齒形紋。下面中間向內凹下部分刻着一道波浪紋，每一起伏處都帶浪花，其兩旁的未凹下部分刻着卷草紋，最下還是一道齒形紋。過樑上那道奇禽怪獸的圖像，從左面起來看，最左是一有翼的虎，口中銜一綬帶，作向前奔跑之狀。其次是一鷄，頸下垂長毛，回首向後。第三是一鳥首、有翼、虎身的獸，頸上套一華帶。第四是一有翼的虎，回首向後，其後左足與鳥首獸的後右足相交着，前左足上舉。第五是一人首、有翼、虎身的怪物，頸上套一華帶，尾作雙岐，其前右足搭於左面虎的前左足上。第六是一有翼的花鹿，俯首轉至腹下，向後而視，其後右足與人首虎身怪物的後左足相頂着。第七是一人首鳥身的怪物，頸上套一華帶，頭上帽纓還飄到後面。第八是一有翼的鹿，回首向後，前左足舉起。第九是一有翼的虎，也是回首向後，前左足舉起，與鹿相對着。第十是一鈎喙的鳥，展翅而立。第十一是一有翼的鹿，回首向後，前左足舉起，後右足的脛節與鈎喙鳥的翼相頂着。第十二是一鳥首、鈎喙、有翼、虎身的怪物，頭上飄着長纓，尾分兩岐。第十三是一兕首、有翼、虎身的獸，回首向後，前左足舉起，後右足與鳥首怪物的後左足相交着。第十四是一有翼的虎，亦回首向後，前右足舉起，抵住兕首獸的前左足。第十五是一有翼的鹿，亦回首向後，前左足舉起，後右足與有翼虎的尾相交纏着。最後是一朱雀，口銜綬帶，作展翅飛翔之狀。

樑下兩個散斗的紋飾相同，耳與平的四邊和欹的四邊都各有一道齒形紋。耳與平中間刻着兩隻長冠的鳥，展翅對立着。欹的中間是帶浪花的波浪紋。栱作曲形，其上下邊也刻齒形紋，中間是帶浪花的大的波浪紋。栱兩側各有一半身的龍倒銜，同中室的栱一樣，但兩龍皆爲雙角。栱下櫨斗係翻轉的，耳與平在下，欹在上，無紋。其下一條地栿亦無紋。

第 67 幅（圖版 76）：此幅爲後室過樑和樑下斗栱及其兩旁雙龍的西面。過樑的上邊是一道齒形紋和一道垂幛紋，接着是一道奇禽怪獸的圖像，再下又是一道齒形紋。下面中間向內凹下部分刻着一道帶花朵的卷草紋和一道齒形紋，兩旁無紋。那道奇禽怪獸的圖像，從左面起來看，最左是一有翼的花鹿，曲首於腹下。其次是一鷄，一足立着，作張口啄鹿背之狀。第三是一有翼的鹿，亦曲首於腹下。第四是一有翼的虎，回首向後，前左足抬起，後右足與鹿的後左足相抵。第五是一兕首、有翼、虎身的獸，回首向後，前左足抬起，其尾與左面虎的前左足相抵。第六是一人首鳥身的怪物，展翅而立，頸套一華帶。第七是一人首、虎身、有翼的怪物，頸亦套一華帶，與人首鳥身的怪物對立着。第八是一兕首、虎身、有翼的獸，回首向後，其後右足與人首虎身怪物的後左足相抵。第九是一有翼的鹿，曲首至腹下。第十是一有翼的虎，伸頸垂尾而立。第十一是一兕首、鱗身、虎爪、有翼的獸，回首向後，前右足抬起，前左足與有翼虎的後左足相抵。第十二是一有翼的虎，回首向後，後右足與兕首獸的尾相交着。第十三是一有翼的鹿，曲首於腹下，其胸與有翼虎的胸相觸着。第十四是一兕首、鱗身、虎爪、有翼的獸，回首向後，前左足抬起，後右足與有翼鹿的後左足相抵着。最後是一有翼的花鹿，回首向後，前右足抬起。

樑下兩個散斗的紋飾大致相同。兩者耳與平的四邊各有一道齒形紋；左面散斗耳與平中間刻兩隻長尾的鳥，相對展翅曲足立着，共啄一綬帶；右面散斗耳與平中間的兩隻鳥係伏着。左面散斗欹部的左右邊各有一道齒形紋，中間刻着卷雲紋；右面散斗欹部只有卷雲紋，無齒形紋。栱上有齒形紋與波浪紋，同第 66 幅。栱兩側的半身的龍，即第 66 幅的龍的另一面。栱下翻轉的櫨斗及地栿均無紋，同第 66 幅。

第 68 幅（圖版 77）：此幅爲後室靠南壁的承過樑的隔牆的東面。畫分上下兩格。上格刻着日用傢具。最上是一大几，几上放着三個長方形帶紋飾的、似是漆製的篋子，几下放着一個漆製的有紋飾的奩。奩下是一高足大盤；長柄作圓柱狀，其下作柱礎狀，皆有紋飾；頂爲圓盤，其上有蓋；柱中貫一長方形板，板上放着方篋、豆、盤和耳杯等物。柱的兩旁，各放着一個柳條或竹條編成的罩子，一大一小，可能是一種烘衣服的烘籠。高足盤之右，有一大几，几上托着一案，案上放着方篋、量器和酒壺，几上並放着一個方篋和兩個奩。几下有一隻有翼的貓在捕鼠，貓向前撲着，鼠嚇得縮着不動。下格刻着三個女婢忙着去侍候主人梳洗和用餐的情形。女婢頭上都戴着許多的笄，身穿花領衣服，着尖頭鞋。左一人右手持鏡台，左手略伸，作向右一人說話狀。鏡台有圓柱，其下圓座，亦如柱礎狀；柱頂爲卷雲狀板，其下繫一短纓，應是穿鏡紐用的；再下貫一長方形板，應是放脂粉盒用的；板下還繫有帶；鏡台全身均有紋飾。鏡台之下有奩一、方篋一。中一人雙手捧着一奩端立着。右一人右手作持物狀，左手持一幢狀物，但其柄在幢外直達幢頂，可能爲一拂塵。三人之下，左面爲一几，几上放着兩個耳杯在兩個小盤内，耳杯之右有一鏇承着一有尖頂蓋的斛，其右還有一耳杯。几之右，上面有一帶雙環耳的鼎，鼎右有一鏇承一碗，碗内有勺；下面有一案，案上分三排放着十七個耳杯。畫上邊和兩格之間皆有一道齒形紋和一道垂幛紋，左右兩邊都只有一道齒形紋。

第 69 幅（圖版 78）：此幅爲後室靠北壁的承過樑的隔牆的東面。畫分上下兩格。上格右上角刻着四隻鷄，最上一隻飛起來和下一隻相鬥，第三隻是一公雞，第四隻是一母鷄，均立着。其下刻一個神怪，左手似持一槌狀物，其身右與身下有雲朵飄着。下格刻一閣子，五脊式，正面開着菱形格的窗子，三面繞以欄杆，欄杆外有磚鋪的路。閣子前有一頭上帶巾的人，彎着腰，右手拿着一短把掃帚，左手伸向一有柄的圓箕，其面前放着一瓷虎子，背後放着一只大水缸。畫上邊及左右邊均只有一道齒形紋，兩格之間無紋。

第 70 幅（圖版 79）：此幅爲後室靠北壁的承過樑的隔牆的西面。畫分上下兩格。上格左角刻着兩隻鷄，皆延頸展翅而立。其下刻一神怪，右手伸向前，左手反向身後，持一繫纓的鉞，作將劈物的樣子。下格刻着一個架子，其上似搭着衣服；下面刻一几，几上放着四雙式樣不同的鞋子。畫上邊、左右邊及兩格之間各有一道齒形紋。

第 71 幅（圖版 80）：此幅爲後室靠南壁的承過樑的隔牆的西面。畫分上下兩格。上格刻着一個武庫。左上角刻一武器架子，架上擱着五件兵器。最上一件是一把脱鞘的劍。其次是一帶鞘的劍，末有圓套，中段有筒形套。第三第四都是帶鞘的刀，鞘上有璏，刀環上垂纓。第五是兩把脱鞘的短戟並放着。下面是一個較大的武器架子，架上放着五件兵器。最上一件及第二件爲兩桿矛，第三第四件爲兩把戟，第五件爲垂纓的矛。在地上靠着架子，立着兩塊盾牌，架左旁有一繫着帶子的箭箙，斜掛在最下一矛的桿上。此架左面的一個小架子，插着兩桿有纓有套的棨戟，棨戟的兩旁有兩短鋋，棨戟的中間有一兵器，已模糊不清。以上三個武器架子都有花紋。下格刻着兩個僕役。左一人捧着一方形盒子，其下有一酒壺，一帶提梁、小口、小頸、有足的圓形器和一三足、口略小的斛，器上皆有紋飾。這人似乎去送飯給主人吃。右一人右手持便面，左手持着馬頸套，似去備馬的樣子。右下角有一燈台，燈中還有兩道火焰伸出來。左面有一兵器架子，架上插着兩桿長矛，皆有鞘，並帶纓。畫邊緣圖案同第 68 幅。

第 72 幅（圖版 81）：此幅爲後室東間藻井。分爲三個方形：當中一個，刻着一朵肥大的八瓣花，瓣的中間隆起，瓣尖指着方格的四角和四邊的中點；左右兩個，皆刻三層相套的方形，爲抹角結構，最内層的小方内，還刻着菱形格子，形若天窗。

第 73 幅（圖版 81）：此幅爲後室西間藻井。紋飾同第 72 幅。

第四章　畫像石內容的考證

一　論全部畫像石的內容

沂南墓畫像石共 73 幅，分刻於墓門上及前、中、後三室內。從表面看起來，它們是零散的，每幅是各有其主題的；但仔細看起來，它們是有其內在的聯系而成爲整體的。全部畫像石可分爲四組：第一組爲墓門上畫像，第二組爲前室畫像，第三組爲中室畫像，第四組爲後室畫像，每組各有其主體和明確的主題思想。在每組的畫像石中，有些是表現主題思想的，有些是襯托主題思想的，而在前、中、後三室中，還有些是專作補充的裝飾的。第一、二、三組的主體畫是在橫額上，墓門是以橫額上的攻戰圖（第 1 幅）爲主體的，前室是以東、西、南三壁橫額上的祭祀圖（第 5、6、7 幅）爲主體的，中室是以四壁橫額上的出行圖（第 36、37、38、39 幅）、豐收宴享圖（第 35 幅）和樂舞百戲圖（第 34 幅）爲主體的，後室四壁上無畫，所以主體畫在承過樑的隔牆上。

在第一組畫中，主題思想是寫出墓主生前最重要、最値得人乚景仰紀念乛的事蹟——曾率領軍隊打敗異族的人，於是用攻戰圖來表現。而襯托這主題思想的，則是墓門兩側和中間支柱上的伏羲、女媧、東王公、西王母以及羽人異獸等圖，用以表現人類的起源，神仙的靈異，可能含有辟除不祥、保護墓中人的意思在內。

在第二組畫中，主題思想是寫出墓主身後的哀榮，說明他死後有多少人來獻祭，致祭者是如何肅穆虔誠，所以接連用三幅祭祀圖來表現，第 5、6 兩幅畫的是墓主人的從官屬吏向他獻祭的情形，第 7 幅畫的是各地派人攜禮品來獻祭的情形。南壁東西兩段上的伐鼓圖和擁篲圖（第 9、10 幅），還是祭祀儀節中的一部份；正中一段上的武器圖和捧盾圖（第 11 幅），是用來表現死者的身份，和祭祀圖還是間接有聯系的；這都是主體畫的從屬畫。襯托這組的主題思想的，爲室中神話人物、奇禽異獸各圖（第 8、12、13、14、15、16、17、18、19、20、21、22、23、24、25、26、27、28、29、30 幅），也同墓門一樣，含有百靈呵護的意思。此外有專作裝飾用的圖案畫，如棋上（第 19、20 幅）、柱礎上（第 27、28、29、30、31 幅）、藻井上（第 32、33 幅）的畫，在整組畫中，只起附庸的、補充的作用。

在第三組畫中，主題思想是寫出墓主生前的身份和他的富厚逸樂的生活。在這一組的主體畫中，四幅相連接的出行圖是最主要的，畫出墓主的大官僚的身份。其次爲豐收宴享圖，畫出墓主大地主的身份。再次爲樂舞百戲圖，畫出墓主生前的享受。南壁正中一段上的馬廄圖（第 40 幅），仍是畫的墓主生前生活的一部份，爲主體畫的從屬畫。襯托這組的主題思想的，是室中各幅歷史故事圖（第 41、42、43、44、45、46、47、48、49 幅）。這些故事可能是墓主人生前樂道的故事，故事中的聖賢豪傑，可能是墓主人生前景仰的人物，特刻於壽藏中以伴長眠的人（詳本章第四節），這與主體畫仍是相關聯的。此外神話人物、奇禽異獸各圖（第50、51、54、55、56、57幅），也是襯托主題思想的。同前室一樣，棋上（第 50、51 幅）、柱礎上（第 58、59、60、61、62 幅）、藻井上（第 63、64、65 幅）也有作補充裝飾的圖案畫。

第四組畫在後室內，後室是安置棺木的地方，等於人生前的寢室，因此這組畫的主題思想是寫出墓主人夫婦生前閨房內的生活，用僕人滌器圖（第 69 幅）、侍女捧奩圖（第 68 幅）、衣履圖（第 70 幅）和送饌備馬圖（第 71 幅）來表現。同前室和中室一樣，也有襯托主題思想的奇禽異獸的畫（第 66、67 幅）和作補充用的圖案畫（第 66、67、72、73 幅）。

四組畫雖各有其主題思想，但各個主題並不是孤立的而是互相聯系的，它們成爲墓主人的一部「榮哀錄」。它們表現出墓主人生前「偉大的功蹟」，安富尊榮的生活，死後喪祭之儀的隆重，並希望他長眠於這宏麗的墓室中，有山神海靈的護持，千年永固。整個說起來，所有這些畫都是有目的、有意圖地創作的，而不是興之所至、隨便亂刻的。

從這些畫像中，我們可以考證出有關古代的社會經濟狀況、階級矛盾以及風俗人情、典章制度、衣冠文物、宗教哲學思想的許多方面，有些是可以和古代的記載相印證的，有些是可以補典籍上所闕失的。但假若我們對每幅都加以考證，則必定流於繁瑣，所以現在我們只選取畫像的一部份，作以下四題的考證。

二　關於出行圖的考證

這圖是由三幅畫像（第 36、37、38 幅）連接成的。畫的內容是一個大官帶着許多隨從出行、其屬下官吏迎候的情形。首先看迎候的人，除雙闕內捧盾走出的人和最前列一個捧盾、一個擁篲的人而外，有三列捧笏而立的人，一列捧笏伏地的人，還有停在那裏的車子和繫在樹上的馬。其次看前導的車騎儀仗，計有一輛斧車，七輛軺車，攬轡而行的兩騎，帶棨戟的兩騎，步行的有持幢吹管的兩人，攜弓箭的兩人，持便面與長梃的兩人。再其次看後擁的儀仗，有兩騎、一輛軺車和兩個步行的人。在此圖後第 39 幅的輜車，復另有迎候的人和前導後擁的車騎與步行的人。

從這圖可使漢代史書所載當時的一些制度和習俗得到證明。首先是捧盾迎候的制度。瞿中溶武祠前石室畫像攷（註 4）：

> 又第十三石第四層，其榜題賊曹車，前有二騎吏，又前有一人，手奉盾，傴而迎之者，乃亭長也。後漢書逸民逢萌傳云：「家貧，給事縣爲亭長，尉行過亭，萌候迎拜謁。既而擲楯歎曰：『大丈夫安能爲人役哉？』遂去之長安學，通春秋。」章懷注云：「亭長主捕盜賊，故執楯也。」盾作楯，乃後代俗字，此蓋亭長執盾以迎賊曹耳。

瞿氏「執盾以迎賊曹」的說法，恐怕有問題，因賊曹車是導車，其後應有主車，捧盾的人是迎主車的。瞿氏謂捧盾的人是亭長，也說得太肯定，但可說是亭長一類的武職官。大致當時屬官迎接上級時，一般的人都捧笏，低級的武職官有時捧盾，沂南出行圖中捧笏的如此的多、捧盾的只兩人的事實，可證明這個揣測。

其次是擁篲的習俗。史記（卷七十四）孟軻列傳：

> 是以騶子重於齊，……如燕，昭王擁彗先驅。

司馬貞索隱：

註 4．　此文見瞿中溶所著漢武梁祠堂石刻畫像攷一書中。

彗、帚也，謂爲之掃地，以衣袂擁帚而却行，恐塵埃之及長者，所以爲敬也。

又史記（卷八）高祖記：

後高祖朝，太公擁篲迎門却行。

李奇注：

爲恭也，如今卒持帚者也。

從以上所引，知古代習俗，迎接尊貴的人，先用掃帚淸道，以示恭敬。沂南圖中凡擁篲而立的人，都是迎候的人，與紀載相合；篲皆直立，柄向下，表示道路已淸除完畢，專候所迎的人到來。孫文青南陽漢畫象彙存中第98、99、100、101、102、103圖也有這種篲，孫氏說是喪儀中用的翣，是不對的。

關於車騎導從的制度，續漢書輿服志記載得相當詳細，茲選擇有關的幾段錄出來。

大使車，立乘，駕駟，赤帷。持節者重導從：賊曹車，斧車，督車，功曹車，皆兩大車；伍百璅弩十二人，辟車四人，從車四乘。無節，單導從，減半。

小使車，不立乘，有騑，赤屛泥油，重絳帷。導無斧車。

公、卿、中二千石、二千石，郊廟明堂祠陵，法出，皆大車立乘駕駟；他出，皆安車。

公卿以下至縣三百石長，導從，置門下五吏：賊曹、督盜賊、功曹，皆帶劍，三車從導；主簿、主記，兩車爲從。縣令以上，加導斧車。公乘安車，則前後并馬立乘。長安、雒陽令及王國都縣，加前後兵車、亭長，設右騑，駕兩。璅弩車前伍伯：公八人；中二千石、二千石、六百石，皆四人；自四百石以下至二百石，皆二人。

公以下至二千石，騎吏四人；千石以下至三百石縣長，二人；皆帶劍，持棨戟，爲前列，揵弓韣丸鞬。

公、列侯、中二千石、二千石夫人會朝若蠶，各乘其夫之安車，右騑，加交路帷裳，皆皁。非公會，不得乘朝車，得乘漆布輜軿車，銅五末。

在上引第四段「亭長」下有注云：

纂要：「雒陽亭長，車前吹管」。

又漢書（卷七十六）韓延壽傳：

功曹引車，皆駕四馬，載棨戟，五騎爲伍，分左右部軍假司馬，千人持幢旁轂。

將沂南出行圖與上所引對照來看，圖中前導的吹管荷幢的人與「車前吹管」和「持幢旁轂」的記載是相合的。吹管人後面的斧車，卽第一段與第四段所稱的斧車。續漢書輿服志沒有詳記斧車制度，從這圖上可知斧在車中直立，並有矛劍一類兵器同載。軺車之後荷棨戟的兩騎，卽第五段所說「持棨戟爲前列」的騎吏。騎吏之後攜弓箭的人，卽第一段所稱的「伍百璅弩」和第四段所稱的「璅弩車前伍伯」。此後持便面與長梃的兩人，大致是第一段所稱的「辟車」。

關於前導後從的車，除斧車外，第一段所載，前導的有賊曹車、督車、功曹車三種，後從的有車四乘；第四段所載，公卿以下至縣三百石長，前導的有賊曹、督盜賊、功曹三車，後從的有主簿、主記兩車。武氏祠前石室第二石、第三石、第四石、第五石、第六石、第十石及孝堂山第三石、第十石皆有車騎圖，圖中有榜題的，門下功曹車、門下賊曹車均爲前導，主簿車、主記車均爲後從，同續漢書輿服志所記的一樣，但前導的還有門下游徼車一種。沂南出行圖中前導的車七輛，成單行前進，可能是七個不同官職的人所乘的車。假設除前導的功曹、賊曹、游徼車外，把後從的主簿、主記車也提到前面來，還有兩輛，一輛大致是上引第一段所謂督車、第四段所謂督盜賊車，另一輛是何種官職的，還不能知道。

圖中前導後從的人所乘的車，古代稱爲軺車。按史記（卷一百）季布傳：

酒乘軺車之洛陽。

司馬貞索隱：

謂輕車一馬車也。

漢書（卷一）高祖紀五年注如淳曰：

律，……一馬二馬爲軺傳。

據此，知軺車有一馬拉的，也有二馬拉的，圖中所見都是一馬拉的車，武梁祠畫像中所見的導車從車也都是這樣。何以稱爲軺車？按劉熙釋名釋車：

軺車；軺，遙也；遙，遠也；四向遠望之車也。

漢書（卷十二）平帝紀：

三年春，……詔光祿大夫劉歆等雜定婚禮，……親迎，立軺併馬。

服虔注：

軺，音遙，立乘小車也。

因服虔此說，有人便謂軺車皆立乘，乘車的人站在車内，可以四面遙望。這說法是不正確的。看沂南圖中乘軺車的人，按其姿勢，都是坐着的，按其高度，似乎是坐在一個高墊上，這樣坐着，正可四面遙望，不須立乘。又武氏祠的門下功曹、門下賊曹、門下游徼、主簿、主記等車，車内的人也都坐着，正是明證。

沂南圖中主人所乘車，顯然與前後導從的車不同。其不同的地方：第一，車有交絡，即車蓋下的四維，亦即前引續漢書輿服志第六段所謂「加交路帷裳」的「交路」；第二，車輢外加車耳，即車箱兩側外的横板狀物，亦即漢書景帝紀（漢書卷五景帝中元六年）和續漢書輿服志所稱爲「轓」的。在武氏祠畫像中，如武氏祠前石室第四石的令車、第五石的君車、第六石以及後石室第七石兩攻戰圖中在橋上的主車都具備這兩個特點，又武梁祠第二石趙襄子車、第三石齊將軍車、武氏祠前石室第二石丞相車以及第六石尉卿車都只有交絡而無車耳，一些導從的車則交絡車耳均無有，與沂南圖中的車制正相合。又沂南圖中主車前有斧車爲導，按上引續漢書輿服志第一、第二兩段的說法，應爲大使車而非小使車，但乘車的人也是坐着而非站着，可見續漢書輿服志嚴格劃分某種車立乘，某種車不立乘，不是絕對可靠的。按人的生活習慣來說，在車中總是坐着比較舒服。漢畫像石上所畫車中的人，絕大多數坐着，這是當時的眞實情況。

從圖中迎候的人的多（其中有些人伏地迎謁），車騎導從的盛（圖中持棨戟的騎吏以及伍伯、辟車的人數，可能爲着石刻的大小所限，比實有的人數減少些），以及斧車的出現，我們可以斷定這裏乘主車的人至少是朝廷所派出的使者或縣令以上的官吏（註 5）。

輜車是一種四周有屏蔽的車子。古時貴族和官吏家的婦女出來，避免爲人看見，乘這種車子。續漢書輿服志記載得很明白（見上引第六段）。又吳書士燮傳（三國志卷四十九）：

燮兄弟並爲列郡，雄長一州，偏在萬里，威尊無上。出入鳴鐘磬，備具威儀，笳簫鼓吹，車騎滿道。……妻妾乘輜軿，子弟從兵騎。

這段不僅爲古代婦女乘輜車的事，增一證明，其所描寫漢末交阯太守士燮出入的情形，等於爲沂南的出行圖

註 5.　按續漢書百官志：縣萬戶以上爲大縣，置令，千石；不滿萬戶爲小縣，置長，四百石。

作了一段眞實的紀錄。將兩者參照來看，我們更可想見當時官吏們的聲勢煊赫以及人民在他們統治之下過的怎樣一種悲慘的生活了。

三　關於樂舞百戲圖的考證

這幅（第 34 幅）從左到右看，首先是那飛劍跳丸的人。關於飛劍跳丸之戲，漢晉間紀載頗多。漢李尤平樂觀賦（藝文類聚六十三引）：

飛丸跳劍，沸渭回擾。

漢張衡西京賦（文選卷二）：

跳丸劍之揮霍。

晉傅玄正都賦（藝文類聚六十一引）：

跳丸擲堀，飛劍舞輪。

魏書杜夔傳（三國志卷二十九）裴松之注引傅玄序：

使木人跳丸擲劍。

這種游戲見於雕刻的，有孝堂山畫像（註6）、濟寧兩城山畫像（註 7）、嘉祥隋家莊畫像（註 8）、戴氏享堂畫像（註 9）、山東某地畫像（註 10）及成都鳳凰山畫像磚（註 11）等。但這些都是弄丸之戲，即飛數丸於空中，以手遞接遞拋。前中央研究院歷史語言研究所所藏山東畫像石拓片，有飛丸兼飛劍的（註 12）。眞正的飛劍跳丸之戲，當推沂南石刻所圖，圖中人兩手擲劍，五丸在身後，似乎是在跳躍時以兩足迭次受丸而拋擲之。又解放後所發現的安邱畫像石墓的雕刻中，亦有飛劍跳丸的人，計弄三劍八丸，手足並用，爲已見的表現這種游戲的最精采的作品（安邱材料尙未發表）。

關於七盤舞，王仲殊同志在其沂南石刻畫像中的七盤舞一文中（註 13），考證得相當精詳，我們同意他的說法，這裏不再重複，我們所要特別提到的是舞人足旁那個鼓的問題。王仲殊已說明這鼓是舞者用足徐徐蹈擊、爲舞作節的，這在漢代謂之蹋鼓。周禮鞮鞻氏鄭注云：

今時倡蹋鼓，沓行者自有屝。

按魏書楊阜傳（三國志卷二十五）：

洪（指曹洪）置酒大會，令女倡著羅縠之衣蹋鼓，一坐皆笑。

又傅毅舞賦（文選卷十七）：

於是躡節鼓陳，舒意自廣。

李善注：

註 6.　傅惜華：漢代畫象全集初編（1950 年出版）第 5 圖。

註 7.　同上第 29 圖，又傅惜華：漢代畫象全集二編（1951 年出版）第 20 圖。

註 8.　漢代畫象全集初編第 186 圖。

註 9.　同上第 232 圖。

註 10.　同上第 254 圖。

註 11.　聞宥：四川漢代畫象選集（1955 年出版）第 75 圖。

註 12.　趙邦彥：漢畫所見游戲攷第 4 圖，趙氏文見慶祝蔡元培先生六十五歲論文集上册（1953 年出版）。

註 13.　此文見考古通訊 1955 年第二期。

言舞人蹋鼓以爲節。

均指的這種鼓。在安邱畫像石墓的雕刻中，即有一個舞人一足踏在這樣的一個鼓上。武氏祠前石室第七石與左石室第三石所刻樂舞圖、濟寧所出畫像石（註 14）及四川彭縣九尺舖所出畫像磚（註 15）均有舞人踏鼓，惟鼓的形狀略異。

戴竿之戲，晉時稱爲額上緣橦。晉陸翽鄴中記云：

虎（指石虎）正會，殿前作樂，高絙、龍魚、鳳凰、安息、五案之屬，莫不畢備。有額上緣橦，至上鳥飛，左回右轉。又以橦著口齒上，亦如之。

又晉傅玄正都賦：

乃有材童妙伎，都盧迅足，緣脩竿而上下，形旣變而影屬；忽跟挂而倒絕，若將墜而復續；虬縈龍蟠，委隨紓曲；杪竿首而腹旋，承嚴節之繁促。

按鄴中記所述，同沂南石刻中所圖是一樣的，看石刻上那壯健的人，額上頂一長橦，那種穩固的樣子，若移著口齒上，是可能的。至於正都賦寫的也許是普通尋橦之戲，不一定是額上緣橦，但以沂南石刻與之對看，可知道賦辭描寫得多麼眞實。橦上橫木左端倒懸的小孩子，正是「忽跟挂而倒絕」的情形；右端的小孩子，正是「虬縈龍蟠」的情形；橦頂上的小孩子，正是「杪竿首而腹旋」的情形。

額上緣橦之戲，漢代無明文記載，但張衡西京賦有「都盧尋橦」一語。所謂「尋橦」，其橦可能樹在地上，也可能著於額上。

第二組樂隊，無疑地是替幾組游戲伴奏的，這是一個盛大的樂隊。關於樂隊，漢代書籍記載不少。如漢書禮樂志郊祀歌景星十二：

五音六律，依韋饗昭，雜變並會，雅聲遠姚。空桑琴瑟結信成，四興遞代八風生，殷殷鐘石羽籥鳴。

班固東都賦（文選卷一）：

爾乃食舉雍徹，太師奏樂，陳金石，布絲竹，鐘鼓鏗鎗，管絃燁煜。

張衡東京賦（文選卷三）：

崇牙張，鏞鼓設。………撞洪鐘，伐靈鼓。

以上所記的，當然是漢代「天子所用樂」，然而沂南石刻上樂隊的規模，是和以上記載相差無幾的。因此我們了解到桓寬鹽鐵論所說當時富有者奢侈享受的情形，完全是事實。鹽鐵論散不足篇：

今富者鍾鼓五樂，歌兒數曹；中者鳴竽調瑟，鄭儛趙謳。

樂隊中值得特別提出的，是那具大鼓，這在古代謂之建鼓。儀禮大射儀：

建鼓在阼階西，南鼓。

鄭玄注：

建猶樹也，以木貫而載之，樹之跗也。

鄭注所謂跗，即鼓架。漢賦所稱鼗鼓，也指的這種鼓。張衡東京賦：

鼗鼓路鼗，樹羽幢幢。

註 14．漢代畫象全集二編第 43 圖。

註 15．四川漢代畫象選集第 77 圖。

所謂「樹羽幢幢」，指的是鼓上的流蘇羽葆，這種裝飾，古書中屢屢提到。漢書禮樂志安世房中歌：

芬樹羽林，雲景杳冥。

顏師古注：

言所樹羽葆，其盛若林，芬然衆多，仰視高遠，如雲日之杳冥也。

安世房中歌又云：

金支秀華，庶旄翠旌。

臣瓚注：

樂上衆飾，有流淜（即流蘇）羽葆，以黃金爲支，其首敷散，若草木之秀華也。

漢書韓延壽傳：

建幢棨，植羽葆。

顏師古注：

羽葆，聚翟尾爲之。

張衡西京賦：

垂翟葆，建羽旗。

續漢書輿服志：

鸞旗者，編羽旄，列繫幢旁。

劉熙釋名釋兵：

幢，童也，其貌童童然也。

根據以上記載，所謂羽葆，是以翟尾（即野雞尾毛）做成的。看沂南石刻上的圖，每一長羽，分段加結，可能是用綵帛纏繞而成。羽的披拂的形狀，令人體會到顏師古所說的「所樹羽葆、其盛若林」和臣瓚所說的「其首敷散，若草木之秀華」描寫的眞實。圖中顯出作爲披拂的長羽的枝幹的，似爲許多節兩頭尖的管子連續而成，每兩節的中間，有綵帛製成的纓結，這些管子可能就是漢書禮樂志所說的「金支」、臣瓚釋爲「以黃金爲支」的，意即銅所製成的枝榦。羽葆中間兩層幢的流蘇，大致以絲帛製成，所以上層一幢顯出隨風飄揚的樣子，從此圖又可以體會到續漢書輿服志所記「編羽旄、列繫幢旁」和釋名所稱「幢、其貌童童然也」敍寫的準確。頂上站的一鳥，用何種質料製成，還不能肯定。晉顧愷之洛神圖中有建鼓，形狀和此圖極相似（註16）。宋聶崇義三禮圖中所畫建鼓圖，與此圖比較，雖然幢和羽葆的形狀顯然有異，但整個結構層次是對的，羽葆的枝榦也成纓結狀，可能聶氏也是根據存世的石刻或圖畫畫成的。

第三組的繩技，古代謂之履索或高絙之戲。漢李尤平樂觀賦：

陵高履索，踊躍旋舞。

張衡西京賦：

走索上而相逢。

晉書樂志：

後漢正旦，天子臨德陽殿受朝賀。………以兩大絲繩繫兩柱頭，相去數丈，兩倡女對舞行於繩上，相逢切肩而不傾。

註16．見鄭振鐸：域外所藏中國古畫集之二——漢魏六朝畫，1948年出版。

鄴中記稱石虎正會有高絙之戲，魏志杜夔傳裴松之注引傅玄序稱馬鈞使木人緣絙倒立。看沂南石刻上的繩技圖，同以上記載，差不多完全符合，所不同的，圖上繩下立有刀劍，顯得更爲驚險。

魚龍曼衍之戲，見於漢晉史籍的，不在少數。漢書（卷九十六）西域傳贊：

作巴俞、都盧、海中、碭極、漫衍、魚龍、角抵之戲，以觀視之。

魏書明帝記（三國志卷三）裴松之注引魏略：

歲首建巨獸、魚龍、曼延、弄馬、倒騎，備如漢西京之制。

後漢書（卷五）安帝紀：

罷魚龍曼延百戲。

李賢注引漢官典儀：

作九賓樂，舍利之獸，從西方來，戲於庭，入前殿，激水化成比目魚，嗽水作霧，化成黃龍，長八丈，出水遊戲於庭，炫耀日光。

漢書西域傳贊顏師古注及晉書樂志均有同樣一段紀載。又張衡西京賦：

海鱗變而成龍，狀蜿蜿以蝹蝹。

指的也是這個游戲。鄴中記記石虎殿前作樂，有龍魚之戲。曼延卽曼衍，獸名。張衡西京賦：

巨獸百尋，是爲曼延。

沂南石刻上沒有曼延巨獸而有魚龍之戲，但魚龍同時並出，不是魚化爲龍，並且將馬裝扮成龍，在背上安瓶，人立瓶上玩弄長幢，這是馬戲與龍戲的混合產物。作魚龍之戲的人皆手搖鼗鼓，大致以引導魚龍前進的。

豹戲見於張衡西京賦，賦辭云：

總會僊倡，戲豹舞羆。

武氏祠後石室第三石第三層似有戲豹舞羆之圖，一獸首、獸爪的人頭頂一弓，手足均持兵器，其形狀與沂南石刻上的豹相類。又有一小孩一手據地，一手撐住一舞羆的足，與沂南石刻上有一小孩對着豹雙手據地作游戲亦相類，可能當時戲豹舞羆之戲，都有小孩參加的。

大雀之戲，亦見於張衡西京賦，賦辭云：

怪獸陸梁，大雀踆踆。

按漢代所謂大雀，卽駝鳥（註 17），但沂南圖中的大雀，尾有長羽，似乎裝的是孔雀，鄴中記所謂鳳凰，大致就是這個樣子。

第四組的戲車，漢賦中有較詳的描寫。李尤平樂觀賦：

戲車高橦，馳騁百馬；連翩九仞，離合上下；或以馳騁，覆車顚倒。

張衡西京賦：

爾乃建戲車，樹脩旃；侲僮程材，上下翩翻，突倒投而跟絓，譬隕絕而復聯。百馬同轡，騁足並馳；橦末之伎，態不可彌，彎弓射乎西羌，又顧發乎鮮卑。

看沂南石刻上的戲車圖，和兩賦所描寫的，幾乎完全一樣，只是在橦末彎弓而射的技藝，沒有在圖中表現出

註 17．後漢書卷八十八西域傳：「條支國，……出師子、犀牛、封牛、孔雀、大雀，大雀其卵如甕。」後漢書卷四和帝紀：「十三年，……冬十一月，安息國遣使獻師子及條枝大爵。」李賢注引郭義恭廣志曰：「大爵頸及身、膺、蹄，都似橐駝，舉頭高八九尺，張翅丈餘，食大麥，其卵如甕，卽今之駝鳥也。」

來，而賦中所稱「馳騁百馬」或「百馬同轡」，無疑是賦家誇大之辭。又鄴中記記石虎正會事云：

設馬車，立木橦其車上，長二丈；橦頭安橫木，兩伎兒各坐一頭，或鳥飛，或倒掛。

亦是此戲。

沂南石刻戲車中帶羽葆的建鼓，與樂隊裏的建鼓同制，唯其下出一小鼓，這在古代叫做鼙鼓。儀禮大射儀：

應鼙在其東，南鼓。

鄭玄注：

鼙，小鼓也。

釋名釋樂器：

鼙，裨也，裨助鼓節也。

設這種鼓於車中，大概是以幫助建鼓使橦上獻技的人表演合節的。所以前引傅玄正都賦一段有云：「承嚴節之繁促」；而上引李尤平樂觀賦中「戲車高橦」之上有四句云：

方曲既設，秘戲連敘，逌遙俯仰，節以鞀鼓。

由此，我們認爲戲車後三人用長梴所擊的三鼓，可能也是爲節奏用的。

戲車後部立的和斜插的幢，是車的裝飾。漢書韓延壽傳所稱的「建幢棨，植羽葆」，卽是這些東西。

我國雜技，起源於何時，還不知道，但至遲在春秋時已有。國語晉語：「侏儒扶盧」。韋昭注：「扶，緣也；盧，矛戟之柲，緣之以爲戲。」王國維在其宋元戲曲考中，謂「此卽漢尋橦之戲所由起」。至戰國時，齊國臨淄似爲一技戲娛樂的中心，故蘇秦說齊宣王曰（見戰國策齊策）：

臨淄甚富而實，其民無不吹竽鼓瑟、擊筑彈琴、鬥雞走犬、六博蹹踘者。

可想見當時情形。到了漢代，由於幾十年的安定，生產的恢復和發展，人民生活有些提高；加以漢武帝通西域與西南夷，爲招待外國賓客，對各種游戲，大事提倡，不僅中國原有的加以發揚精進，卽西域所傳來的奇技也爲加工。於是樂舞百戲，到此時推陳出新，蔚爲異彩，社會好尙，成爲風俗。在漢代書籍中，我們找到不少這類的記載。如史記（卷一百二十三）大宛傳：

是時上方數巡狩海上，乃悉從外國客，大都多人則過之，散財帛以賞賜，厚具以饒給之，以覽示漢富厚焉。於是大觳抵，出奇戲諸怪物，多聚觀者，行賞賜，酒池肉林，令外國客徧觀各倉庫府藏之積，見漢之廣大，傾駭之。及加其眩者之工，而觳抵奇戲歲增變，甚盛益興自此始。

這裏所說「加其眩者之工」，是指將安息所獻黎軒善眩人之技加以改進發展。又漢書西域傳贊：

遭值文景玄默，養民五世，天下殷富，財力有餘，士馬強盛。故能睹犀布瑇瑁，則建珠崖七郡；感枸醬竹杖，則開牂柯越巂；聞天馬蒲桃，則通大宛安息。自是之後，明珠、文甲、通犀、翠羽之珍，盈於後宮；蒲梢、龍文、魚目、汗血之馬，充於黃門；鉅象、師子、猛犬、大雀之羣，食於外囿；殊方異物，四面而至。於是廣開上林，穿昆明池，營千門萬戶之宮，立神明通天之臺，興造甲乙之帳，落以隨珠和璧。天子負黼依，襲翠被，馮玉几，而處其中。設酒池肉林以饗四夷之客，作巴俞、都盧、海中、碭極、漫衍、魚龍、角抵之戲，以觀視之。

又桓寬鹽鐵論崇禮篇：

今萬方絕國之君奉贄獻者，懷天子之盛德，而欲觀中國之禮儀，故設明堂辟雍以示之，揚干戚、昭雅頌以風之。今乃玩好不用之器，奇蟲不畜之獸，角抵諸戲，炫耀之物陳夸之，殆與周公之待遠方殊。

記的都是同樣的事。至於記載民間情況的，如鹽鐵論散不足篇：

今民間雕琢不中之物，刻畫無用之器，玩好玄黃，雜青五色，繡衣戲弄，蒲人雜婦，百獸，馬戲，鬥虎，唐銻，追人，奇蟲，胡妲。

又鹽鐵論崇禮篇：

夫家人有客，尚有倡優奇變之樂，而況縣官乎。

又散不足篇：

今富者祈名嶽，望山川，椎牛擊鼓，戲倡儛像。

嚴重的至人家有喪事，也要設伎戲以娛賓客，如散不足篇所說：

今俗因人之喪，以求酒肉，幸與小坐，而責辨（辦）歌舞俳優，連笑伎戲。

張衡西京賦，可說是將漢代樂舞百戲作了綜合的描寫。我們將它與沂南石刻相參照來看，對於當時百戲雜陳的盛況，不僅可以想像，而且可以有相當具體的了解了（註 18）。

四　關於歷史故事畫的考證

沂南畫像中的歷史故事，有的有榜題，有的雖無榜題而其內容可揣測而知，有的只能揣測可能為某種故事。茲按故事時代先後，為作考證如下：

第 41 幅上格刻的蒼頡造字的故事，蒼頡有四目。按王充論衡（卷三）骨相篇云：

蒼頡四目，為黃帝史。

與蒼頡對坐的人，當是沮誦。晉書（卷三十六）衛恒傳載恒所著四體書勢云：

昔在黃帝，創制造物，有沮誦蒼頡者，始作書契，以代結繩，蓋覩鳥跡以興思也。

又云：

黃帝之史沮誦蒼頡，眺彼鳥跡，始作書契，紀綱萬事，垂法立制。

此幅下格刻戴冕旒的二人，可能是堯舜禪讓的故事。武梁祠刻的黃帝、顓頊、帝佶、堯、舜五帝，均戴這種冕旒。

第 43 幅上格刻的頭上有華蓋的小孩子，當是周成王，持蓋的人當是成王的左右執事。武氏祠左石室第八石及嘉祥劉村洪福院畫像石所刻周公輔成王圖中的成王，正作此狀。下格刻的持簡策與筆的人，當是一史官，不知指的何人。

第 42 幅上格刻的齊桓公與衛姬的故事。按劉向列女傳賢明傳：

衛姬者，衛侯之女，齊桓公之夫人也。桓公好淫樂，衛姬為之不聽鄭衛之音。桓公用管仲、寧戚，行霸道，諸侯皆朝，而獨衛不至。桓公與管仲謀伐衛，罷朝入閨。衛姬望見桓公，脫簪珥，解環佩，下堂再拜，曰：「願請衛之罪」。桓公曰：「吾與衛無故，姬何請耶？」對曰：「妾聞之，人君有三色：顯然喜樂、容貌淫樂者，鐘鼓酒食之色；寂然清靜、意氣沉抑者，喪禍之色；忿然充滿、手足矜動者，攻伐之色。今妾望君，舉趾高，色厲，音揚，意在衛也，是以請之。」桓公許諾。明日臨朝，管仲趨進曰：「君之蒞朝也，恭而氣下，言則徐，無伐國之志，是釋衛也。」桓公曰：「善」。乃立衛姬為夫人，號管仲為仲父，曰：「夫人治內，管仲治外，寡人雖愚，足以立於世矣。」

註 18．本節中有許多採用趙邦彥所著漢畫所見游戲考中的說法，特記於此。

這段事也見於呂氏春秋審應覽精諭篇。此幅下格刻的可能仍是齊國的故事。侍郎本係漢代官名，但武梁祠專諸刺吳王畫像中，以長鈹夾專諸的二人，其上榜題爲「二侍郎」。鄭業斆云（註 19）：

蓋漢時王國，王之近侍謂之侍郎。漢人習見漢制如此，故亦目吳王左右爲侍郎耳。

這裏刻的「齊侍郎」，可能指的齊侯的近侍，至於「管叔」、「蘇武」，則是亂刻的。

第 47 幅上格刻的是晉靈公欲殺趙盾的故事。按左傳宣公二年云：

秋九月，晉侯飲趙盾酒，伏甲將攻之。其右提彌明知之，趨登曰：「臣侍君宴，過三爵，非禮也。」遂扶以下。公嗾夫獒焉，明搏而殺之。盾曰：「弃人用犬，雖猛何爲！」鬥且出，提彌明死之。初，宣子田於首山，舍於翳桑，見靈輒餓，問其病。曰：「不食三日矣。」食之，舍其半。問之，曰：「宦三年矣，未知母之存否，今近焉，請以遺之。」使盡之，而爲之簞食與肉，實諸橐以與之。既而與爲公介，倒戟以禦公徒而免之。問何故，對曰：「翳桑之餓人也。」問其名居，不告而退，遂自亡也。

公羊傳宣公六年云：

靈公……於是伏甲於宮中，召趙盾而食之。趙盾之車右祁彌明者，國之力士也，仡然從乎趙盾而入，放乎堂下而立。趙盾已食，靈公謂盾曰：「吾聞子之劍，蓋利劍也，子以示我，吾將觀焉。」趙盾起，將進劍。祁彌明自下呼之曰：「盾，食飽則出，何故拔劍於君所？」趙盾知之，躇階而走。靈公有周狗，謂之獒，呼獒而屬之，獒亦躇階而從之。祁彌明逆而踆之，絕其頷。趙盾顧曰：「君之獒不若臣之獒也。」然而宮中甲鼓而起。有起於甲中者，抱趙盾而乘之。趙盾顧曰：「吾何以得此於子？」曰：「子某時所食活我於暴桑下者也。」趙盾曰：「子名爲誰？」曰：「吾君孰爲介？子之乘矣，何問吾名？」趙盾驅而出，衆無留之者。

圖中晉靈公彎弓向着趙盾，獒猛撲趙盾，趙盾手中還橫持着原擬進與靈公的劍，驚恐之狀完全表現出來。此幅下格刻的可能仍是趙盾故事。右一人可能是趙盾，正問左一人姓名；左一人可能是靈輒，一方面回首與趙盾說話，一方面舉劍反擊靈公的甲士。武氏祠亦有趙盾故事刻石。

第 48 幅上格刻的似爲孔子見老子故事，身後有鳩杖的似爲老子，高冠揖讓的似爲孔子。按孔子見老子事，見史記（卷四十七）孔子世家。武梁祠亦有孔子見老子畫像，老子手中曳一曲杖，此幅後有鳩杖，意義相近。

第 44 幅上格刻藺相如完璧歸趙的故事，事見史記（卷八十一）藺相如傳。武梁祠亦有此故事的畫像，藺相如持璧高舉過頭，與此幅所刻相似。但此幅有孟奔一人，按孟奔即孟賁，始見於孟子公孫丑章，公孫丑曰：

若是，則夫子過孟賁遠矣。

宋孫奭疏引帝王世說：

秦武王好多力之人，齊孟賁之徒並歸焉，孟賁生拔牛角，是爲之勇士也。

史記（卷五）秦本紀：

武王有力好戲，力士任鄙、烏獲、孟說皆至大官。王與孟說舉鼎絕臏。八月，武王死，族孟說。

孟說與孟賁當是一人。據以上紀載，孟賁是秦武王時的力士，而藺相如完璧歸趙事發生在秦昭王時，其時孟賁已死。沂南畫像上刻孟賁與藺相如相對，大致傳說當藺相如持璧却立倚柱、怒髮衝冠時，秦庭有力士試去

註 19．見獨笑齋金石文考，1914 年出版。

奪璽，畫家聯想到孟賁爲秦國的力士，便不考據史實而將其名字題上了。

第 49 幅下格刻的大致是荆軻刺秦王的故事，事見史記（卷八十六）刺客列傳。武梁祠第一石及前石室第十一石均有荆軻刺秦王畫像，內容較此幅完整。此幅中匕首穿柱，與武氏祠二石同；足下方盒，似武氏祠二石上所刻的盛樊於期頭的函；惟荆軻赤身佩刀，手中持梃，與史書記載和武氏祠刻石都是不相符合的。此幅上格刻的可能是聶政刺韓相俠累的故事。按史記刺客列傳：

聶政乃辭，獨行仗劍至韓，韓相俠累方坐府上，持兵戟而衛侍者甚衆。聶政直入上階，刺殺俠累。

這幅中舉劍而刺的可能是聶政，雙手張開、驚跳起來的可能是俠累，畫出俠累猝不及防、驚恐萬狀的情形。

第 45 幅刻的可能是「鴻門宴」的故事。上格兩人持劍對舞，可能畫的項莊拔劍起舞、項伯亦拔劍起舞的事。下格可能畫的范增拔劍撞破玉斗的事，一手執壺、一手舉劍的是范增，對面恭立的是張良。這些事均見史記（卷七）項羽本紀。

按刻畫歷史故事於牆壁上的風俗，至遲起於戰國時。據王逸楚辭章句，屈原放逐，於楚先王之廟及公卿祠堂見古聖賢行事的圖畫。此風氣自漢而後，更爲盛行，故王延壽魯靈光殿賦（文選卷十一）云：

圖畫天地，品彙羣生，雜物奇怪，山神海靈。寫載其狀，託之丹青。千變萬化，事各繆形，隨色象類，曲得其情。上紀開闢，遂古之初，五龍比翼，人皇九頭，伏羲鱗身，女媧蛇軀，鴻荒朴略，厥狀睢盱。煥炳可觀，黃帝唐虞，軒冕以庸，衣裳有殊。上及三后，婬妃亂生。忠臣孝子，烈士貞女，賢愚成敗，靡不載敘。惡以誡世，善以示後。

魏何晏景福殿賦（文選第十一）云：

命共工使作績，明五彩之彰施。圖象古昔，以當箴規，椒房之列，是準是儀。觀虞姬之容止，知治國之佞臣。見姜后之解佩，寤前世之所遵。賢鍾離之讜言，懿楚樊之退身，嘉班妾之辭輦，偉孟母之擇鄰。

此記載歷史故事畫於宮殿上的。至於畫於墓室壁上的，則有水經注（卷八黃水條）所記漢荆州刺史李剛墓及漢司隸校尉魯恭墓的畫像。水經注稱李剛墓：

有石闕祠堂，石室三間。……四壁隱起雕刻，爲君臣官屬、龜龍鱗鳳之文，飛禽走獸之像。

又稱魯恭墓：

冢前有石祠石廟，四壁皆青石隱起，自書契以來，忠臣、孝子、貞婦、孔子及弟子七十二人形像，像邊皆刻石記之，文字分明。

宋洪适隸續（卷十八）載李剛石室殘畫像一幅，上有列女傳中樊姬、無鹽、梁高行三故事的圖畫。又（卷十七）載魯峻石壁殘畫像二石，上有孔門弟子畫像。洪氏所錄是否與水經注所記爲一事，還是問題，但同爲墓室雕刻，則無疑義的（註 20）。

按兩漢至晉，營生壙的風氣極爲盛行（註 21），壙室中畫像，有時由墓主人自選題材，如後漢書（卷六十四）趙岐傳云：

先自爲壽藏，圖季札、子產、晏嬰、叔向四像居賓位，又自畫其像居主位，皆爲讚頌。勑其子曰：

註 20. 關於古代壁上畫像，可參看容庚：漢武梁祠畫象彔（1936 年出版）。

註 21. 見漢書卷六十八霍光傳、漢書卷八十一張禹傳、後漢書卷五十八下馮衍傳、後漢書卷一百八侯覽傳、晉書卷四十二王濬傳等。

「我死之日，墓中聚沙爲牀，布簟白衣，散髮其上，覆以單被，即日便下，下訖便掩。」
趙岐是一通達的人，主張薄葬，尚且先營壽藏，於其中圖畫自己所崇拜的古人的形像，則一般世俗好厚葬的人，不言可知。像沂南這樣大規模的墓，以建造所需的時日計算，說是墓主死後其子孫從頭設計建造，不甚可能，大致亦係預作的壽冢。既如此，則其中部份畫像，係墓主選擇自己生平最得意的事蹟與生平最熟悉、最喜愛的歷史故事以爲題材，是很可能的。

還有一事應予注意的。壁上刻畫歷史故事，今日有實物可見的，武梁祠畫像是最典型、最突出的例子。沂南畫像中人物故事，與武梁祠的大致相同，但其畫法有顯著的差異。武梁祠畫是寫實的，而沂南畫表現人物的狀貌姿勢，多作誇張之筆，例如人面貌猙獰、鬚髯畢張、冠纓上舉、手指張開、衣帶飄起各種狀態，顯然非日常生活中所常有的，似乎是一種戲劇性的表情或作勢， 特別手指伸張的形狀， 與成都鳳凰山畫像磚（見註 11）的舞人極相似。因此，我們認爲沂南墓所刻的，有一部份可能是「戲倡舞像」的形像，即歷史人物故事借歌舞俳優以表演出來。西京賦云：

女娥坐而長歌，聲清暢而委蛇；洪厓立而指揮，被毛羽之襳襹；度曲未終，雲起雪飛。

東海黄公，赤刀粤祝，冀厭白虎，卒不能救。

這明說漢代的歌舞伎戲中有古代人物故事的扮演。這裏對沂南石刻不過作一揣測，證據還不够，留以待學術界的共同討論。

五　關於神話人物奇禽異獸的考證

沂南畫像石中有神話人物、奇禽異獸的計有三十一幅，其編號爲 2、3、4、8、12、13、14、15、16、17、18、19、20、21、22、23、24、25、26、27、28、29、30、50、51、54、55、56、57、66、67，其中 8、19、20、56、57、66、67 各幅畫的是奇異的動物羣，顯得特別豐富。茲將各幅中較突出的圖像，爲作簡略的考證。按自上古以至魏晉，紀錄神話人物禽獸的書，以山海經最爲完備（註 22）。此經原亦有圖。郝懿行山海經箋疏叙云：

郭注此經，而云「圖作牛形」，又云「在畏獸畫中」；陶徵士讀此經詩，亦云「流觀山海圖」；是晉代尚有圖也。……然郭所見圖，即已非古，古圖當有山川道里。今攷郭所標出，但有畏獸仙人，而於山川脈絡，即不能案圖會意，是知郭亦未見古圖也。

我們揣測山海經原圖，有一部份亦爲大幅圖畫或雕刻，有類於今日所見畫像石，故經文常云：某某國在某某國東，某某國在某某國北，某人方作某事，似專爲紀述圖畫而成文者。由於山海經具備這些特點，我們今日

註 22. 西漢劉歆上山海經表，謂山海經出於唐虞之際，當然不可信。但司馬遷史記大宛列傳叙稱「至禹本紀、山海經所有怪物，余不敢言之也」，證明此書出現在司馬遷之前。大抵此書的著作時期，從戰國時起，以後陸續增益。據郝懿行山海經箋疏叙，山海經凡十八篇，計自南山經至中山經五篇，海外南經至海内東經八篇，共十三篇，即漢書藝文志所著錄的十三篇，大荒東經以下五篇爲釋經的外篇，古本不與經文放在一起。大致前十三篇時代較早，部份出於戰國時，最晚的也出於西漢。後五篇可能時代晚些，但它們同其他十三篇一樣，也經晉郭璞作注及圖讚，大致仍是漢代的著作。劉歆上表，言校定爲十八篇，如包括此五篇在内，則此五篇亦仍是西漢著作。至於其他神話小說，如神異經、十洲記等，皆晉或晉以後人僞託漢人仿山海經而作的（見魯迅中國小說史略），頗多文人誇誕之辭，不似山海經集民間傳說而成書。

以之與沂南石刻相比證，是很適宜的。因此本節內所引書，以山海經爲多。

沂南畫像第 2 幅有伏羲女媧像。關於伏羲女媧，翟中溶在其漢武梁祠堂石刻畫像攷中已考訂得很多，容庚在其漢武梁祠畫象彔中又加補充，這裏不再複述。我們要特別提到的，是這幅伏羲女媧像中間，有一個人用强壯的雙臂，擁抱着伏羲女媧的身體。這似乎代表着當時人一種對人類起源的想法，認爲另有一個强有力的人，將人類最初的祖先，半神半人的男女，結合在一起。類似這種的表現伏羲女媧的方法，在其他畫像石上也見過。漢代畫象全集初編第 211 、212 圖山東費縣南武陽東闕畫像畫一戴華冠的人端坐着，伏羲女媧在其兩旁，此人一手挽伏羲的蛇軀，一手挽女媧的蛇軀，使相結合。

畫像第 51 幅有一條九個人頭的龍。按楚辭天問有「雄虺九首」之句，魯靈光殿賦有「人皇九頭」之句，兩者當是一種圖像。人皇九頭之說出於漢代緯書。宋羅泌著路史，有九頭紀，羅苹作註云：「人面龍身九頭」。翟中溶漢武梁祠堂石刻畫像攷引雒書靈准聽，亦言「人皇龍身九頭」。據此，這裏刻的九頭龍當是人皇的圖像。

畫像第 2 幅和第 54 幅有東王公像，第 3 幅和第 55 幅有西王母像。東王公、西王母是漢代流傳最普遍的神話人物，這裏不必多加考證，但有幾點應在這裏提到的：（一）第 2 幅的東王公和第 3 幅的西王母頭上均戴一横笄，兩頭有方勝，此即所謂「勝杖」。山海經中的西山經和大荒西經均謂西王母戴勝，惟海內北經稱「西王母梯几而戴勝杖」。漢書（卷五十七）司馬相如傳大人賦有「吾乃今日覩西王母、暠然白首戴勝而穴處兮、亦幸有三足烏爲之使」三句，如湻注引山海經文作「西王母梯几而戴勝」，無「杖」字，前人因疑海內北經的「杖」字爲衍文。看這圖後，可知海內北經所紀是對的。（二）海內北經所稱「梯几」，几的形狀，也從圖中看出來。（三）第 54 幅的東王公和 55 幅的西王母頭上均罩着華蓋，這使人想到傅玄正都賦中「東父翳青盖而遐望」一句描寫的正確。

畫像第 2、3、54、55 幅東王公、西王母之旁，均有兩羽人搗藥，第 3 幅的兩羽人並具有兎首，又第 4、18、20、23、24、25、26 、51 、54 、55 、56 等幅均有羽人。關於羽人，徐中舒在其古代狩獵圖象考一文中（註 23）有一段考證。至於羽人搗藥，大致由西王母有不死之藥的傳說聯想而來（註 24）；而兎首羽人，則與月中有玉兎搗藥的傳說相聯系。玉兎搗藥的傳說，在漢代似乎相當普遍，石索中嘉祥焦城村畫像石與孝堂山第三石及南陽漢畫象彙存中第 134 圖均有玉兎搗藥圖像。

第 23、24 兩幅有遍體生毛的人。按山海經海外東經云：

毛民之國，……爲人身生毛。

此圖與之相合。

第 8 幅有人首一臂的怪物。按山海經海外西經云：

一臂國，……一臂，一目，一鼻孔。

此圖與之相合。

畫像中最常見的一種怪物，是一虎首、人身、四肢有豹紋、腕下胯下均有長毛的神怪，見於第 8、17、20、21、22、50 等幅中。這種神怪，也見於六朝陵墓石刻上，如南京附近蕭景墓的神道柱上及蕭宏墓碑的碑側上均有（註 25）。第 14 幅有一神怪，頭上頂着弩弓和箭，四肢均持兵器，和武氏祠後石室第三石所見我

註 23．此文見慶祝蔡元培先生六十五歲論文集下册（1935 年出版）。

註 24．淮南子覽冥訓：「羿請不死之藥於西王母，姮娥竊以奔月。」

們前認爲是裝豹戲的很相似。第 15 幅有一神怪，拖着長尾。按山海經中山經云:

吉神泰逢司之，其狀如人而虎尾。

與此相類。

畫像第 8 幅有龍首的神怪。按山海經東山經云:

自樕螽之山以至於竹山，……其神狀皆人身龍首。

又中山經云:

神計蒙處之，其狀人身而龍首。

兩種神的形狀，可能和圖上這種神怪相似。

第 23、24、25、26 幅均有虎首，兩臂下伸，與吉林輯安高句麗時代的四神塚中所見虎首相似(註 26)。

畫像中大多數的獸皆有翼。除常見的有翼虎、有翼龍、有翼鹿、有翼兕、有翼馬外，還有有翼牛（第 57 幅）、有翼犀（第 8、55 幅）等，連貓（第 68 幅）和狗（第 47 幅）也有翼。似乎當時畫家在畫動物時，可隨意爲加上一對翅膀似的。

畫像中亦常見人首獸身、人首鳥身或人首魚身的怪物。如第 23、66、67 幅有獸，人首虎身而有翼；第 24 幅有獸，具三個人首，鱗身而有翼；第 8 幅有雙人首的蛇；第 8 和第 56 幅有雙人首的鳥；第 8、23、51、66、67 等幅有人首鳥；第 23 幅有身軀如魚的人。關於這類奇異動物，山海經上紀載甚多，爲舉數例如下:

神陸吾司之，其神狀虎身而九尾，人面而虎爪。（西山經）

有獸焉，其名曰馬腹，其狀如人面虎身。（中山經）

有大山，名曰昆崙之丘，有神，人面虎身，有文，有尾皆白，處之。（大荒西經）

自鹿蹄之山至于玄扈之山，……其神狀皆人面獸身。（中山經）

自單狐之山至于隄山，……其神皆人面蛇身。（北山經）

有神焉，人首蛇身，長如轅，左右有首，衣紫衣，冠旃冠，名曰延維。（海內經）

自輝諸之山至于蔓渠之山，……其神皆人面而鳥身。（中山經）

陵魚，人面手足，魚身。（海內北經）

孝堂山第五石有三人首的鳥，雙人首的狗，雙人首的馬，它們和沂南畫像也是相似的。

畫像中還有鳥首的龍（第 50、57 幅），三首的鳥（第 8、50 幅）。這類奇異的動物，在山海經中也往往有紀載，例如:

自柜山至于漆吳之山，……其神狀皆龍身而鳥首。（南山經）

有鳥焉，其狀如雞，而三首、六目、六足、三翼，其名曰鵸鵂。（南山經）

有鳥焉，其狀如烏，三首、六尾而善笑，名曰鵸鵌（西山經）。

第 51 幅有比翼鳥及比肩獸，武氏石室祥瑞圖中亦有此圖像。

畫像第 23、24、25、26、54、55、56、57 幅都是從上到下、人獸相重叠着的。按東漢馬第伯封禪儀記（見續古文苑卷十）:

兩從者扶挾，前人相牽，後人見前人履底，前人見後人頂，如畫重累人矣。

註 25．蕭景石柱見朱希祖等所著六朝陵墓調查報告書(1935年出版)圖版 33、第 59 圖，蕭宏碑側見同書 90 頁後附圖。

註 26．輯安塚虎首見梅原末治等所著通溝下卷（1940年出版）圖版 85、86。

重累人指人相重叠之狀。馬第伯引畫爲譬，可見這種畫在當時是常見的。

按神話的發生，遠在上古時代。魯迅在其中國小說史略中說：

昔者初民，見天地萬物，變異不常，其諸現象，又出於人力所能以上，則自造衆說以解釋之；凡所解釋，今謂之神話。

至於將神話故事圖畫於牆壁上的，則至遲起於戰國之時。王逸叙楚辭天問云：

屈原放逐，憂心憔悴，彷徨山澤，經歷陵陸，嗟號旻昊，仰天嘆息。見楚有先王之廟及公卿祠堂，圖畫天地山川神靈，琦瑋僪佹，及古賢聖怪物行事。周流罷倦，休息其下，仰見圖畫，因書其壁，呵而問之。

屈原所見祠廟中的畫，其時代必在屈原以前。此種風氣，到西漢繼續流傳。前節所引王延壽魯靈光殿賦紀殿壁上畫有雜物奇怪、山神海靈的形狀，靈光殿爲魯恭王所造，成於西漢景帝時。至東漢而此風大盛。後漢書（卷八十六）南蠻西南夷列傳中莋都夷傳：

永平中，益州刺史梁國朱輔，好立功名。……是時，郡尉府舍皆有雕飾，畫山神海靈、奇禽異獸，以炫燿之。

朱輔在益州刺史任上對郡尉府舍如此大事雕飾，必定是當其到益州以前在其他地方建築物的牆壁上曾見過這類圖像。今日存世的漢代遺物，如石刻，如墓磚，如銅鏡，往往有此類奇異圖像出現，可見這類神話傳說，在漢代流行於各地，也普遍地在各種藝術品上表現出來。

另一可注意的事實，即楚辭天問中許多神話，也見於淮南子、山海經一類的書中。如天問云：

崑崙縣圃，其尻安在？增城九重，其高幾里？

關於崑崙縣圃的傳說，亦見於淮南子墜形訓和山海經的西山經、海內西經與大荒西經以及穆天子傳。天問又云：

日安不到？燭龍何照？羲和之未揚，若華何光？

羿焉彃日？烏焉解羽？

關於燭龍的傳說，亦見於淮南子墜形訓及山海經大荒北經，海外北經稱爲「燭陰」。關於若木出日的傳說，亦見於墜形訓及海外東經與大荒東經。關於十日並出、羿射九日落的傳說，亦見於淮南子本經訓，山海經海外西經及大荒南經亦有關於十日之說。天問又云：

康回馮怒，地何故以東南傾？

此共工怒觸不周山的傳說，亦見於淮南子的原道訓與天文訓及山海經的大荒西經。天問又云：

啓棘賓商，九辯九歌。

關於啓得九辯九歌於天的傳說，亦見於大荒西經。天問又云：

何所不死？長人何守？

關於不死民的傳說，亦見於墜形訓及海外南經。天問又云：

應龍何畫，河海何歷？

關於應龍的傳說，亦見於大荒東經及大荒北經。天問又云：

雄虺九首，儵忽焉在？

關於九首蛇的傳說，亦見於海外北經及大荒北經。天問又云：

靈蛇吞象，厥大何如？

海外南經亦有巴蛇食象的傳說。天問又云：

鯪魚何所？鬿堆焉處？

海外北經有關於陵魚的傳說，東山經有關於鬿雀的傳說。

根據以上所述，可以下一斷語，淮南子、山海經等書，同楚辭有密切的關係。這些書上的神話傳說，其來源有跡可尋的有二，一是由於楚人的好巫尙鬼而產生的，一是由於燕齊神仙方士之說而產生的，前者比後者似佔成份更多。王逸敍楚辭九歌云：

昔楚南郢之邑，沅湘之間，其俗信鬼而好祀，其祀必使巫覡作樂歌舞以娛神。

可見巫覡之風在楚國的盛行。魯迅著中國小說史略，謂山海經「所載祠神之物多用糈（精米），與巫術合，蓋古之巫書」。所謂巫書，魯迅雖未說明是何地的巫，但看山海經與楚辭的關係，則最初的山海經有一部份爲楚國的巫書，是很可能的。淮南子的著者淮南王劉安的封地，在今安徽中部淮河以南，其國都在今壽縣。壽縣即古壽春，戰國末年楚國曾遷都到這裏，歷考烈王、幽王、哀王及負芻四主，爲楚國政治、經濟、文化的中心。以淮南王安的好方略，在其著書時，採取楚人舊有的神話傳說，是很自然的事。我們再看近年來長沙、壽縣等地所出戰國期楚國器物，往往有奇異的圖案（註27），與楚祠廟中圖畫似不無聯系。在戰國後期，魯南地帶（齊長城以南地）幾全被楚國佔領，可能受到楚文化影響。畫有許多神怪圖像的魯靈光殿，正在魯南的曲阜；而山東出土的畫像石，出於魯南的帶神怪圖像的特多，出於魯中及魯東北、魯西北的則甚少。這些事實，都是値得我們深切注意的。

註27．可參考楚文物展覽會所編楚文物展覽圖錄，1954年出版。

第五章 沂南畫像石墓在藝術上的價值

沂南畫像石墓是古代（大致是東漢末年）許多民間藝術家集體創造的作品，是將兩漢建築藝術、雕刻藝術、繪畫藝術綜合起來而去粗存精、推陳出新的作品。它的藝術價值是很高的，要詳加闡發，非集許多專門家來作仔細的研究不可，我們這裏只提出較顯著的幾點來談談。

首先，我們從建築藝術上來看。整個說起來，這墓是一個適用與美觀相結合的建築。

從平面佈局上來看，它是佈置得很成功的。這墓有前、中、後三主室，前、中兩室又各附有東西側室，這是一種對稱的佈局法。但中室比前室面積要大些，幾間側室的面積也不完全一致，使人感覺整個佈局有變化，不單調。東北角又築一長條形的側室，側室的後面安一廁所，通到這側室去不從後室而從中室的東側室。這種佈局法，使人一下就感到生活的氣息。

從結構來看，整個結構是整齊規矩的，一絲不苟的。看地上的鋪石，牆壁的轉角，室頂的叠澀和抹角結構，都很規矩，沒有絲毫走樣（只鋪地石有幾塊不成正方形或正長方形，因此縫相接處成斜線，但也是緊嵌密接的）。前室和中室的西側室牆的西南角與西壁和頂正交處的轉角結構，中室的叠澀室頂每級的轉角交接處所有的上下左右互相銜接的榫頭，其作用都是一方面增加建築結構的堅固性和穩定性，一方面在外表顯得更整齊美觀。整個墓的線條，除斗栱、倒卿的雙龍與柱礎的覆盆外，全是由直線組成的，連斗栱與雙龍，也在曲線中含有直線意味，因此全墓更顯出一種整齊劃一的風格。

由於室頂都採用叠澀或抹角結構的做法，爲着使叠澀或抹角的層次不至太多以造成材料上的浪費，室頂便不能太大。因此前、中、後三個主室都分成兩間，造兩個室頂。要將一室分成兩間，最簡單的辦法是砌道隔牆。但假如這樣做，將會破壞了整個建築宏敞開朗的氣氛。於是天才的匠師們想出辦法來。他們巧妙地在前室和中室的正中各加一根八角擎天柱，前室擎天柱上有一中帶蜀柱、跨度相當長的斗栱，中室擎天柱上有一跨度較短、但旁有倒卿雙龍的斗栱，斗栱上都承着過梁，這樣便把前室和中室的頂分成兩半。至於室的下部，除中間一根八角柱外，是沒有任何阻隔的，這樣便保存着可能達到的最大的空間。後室較低，不能用這個辦法，匠師們又巧妙地在室的中線上的南北兩端造兩段短的隔牆，中間置一個旁有雙龍的斗栱，斗栱的兩個散斗之間、斗栱與雙龍之間和雙龍與地栿之間都是鏤空的，室雖分爲二而相通着，這樣也會符合準備埋在這兩間內的人（無疑地這墓是準備爲夫婦合葬之用的）「死則同穴」的願望的。

斗栱旁所加的雙龍，本以幫助斗栱載承過梁的重量的，它們和栱起着同樣的作用，可說是栱外再加一栱。假設當時也把它們做成兩個散斗、一個栱的形狀，那將會顯得如何拙笨！現在把它們巧妙地刻成雙龍，它們的曲度是和栱相適應的，但具有鱗角羽翼，栩栩欲生，儼然有這種神物從梁上垂首下來，倒卿着栱的向上轉折的地方。這樣將有高度實用價值與有高度藝術價值的東西結合爲一，實在是天才的創作。

總說起來，這個墓是具有高度的智慧和純熟的技術的工匠們創造出來的優秀的作品。

其次，我們從雕刻藝術來看。這墓的畫像石的刻法，簡略地說，只有陰陽兩種；細分起來，計有五種：第一種是先從平面上刻出要刻的東西的輪廓，在輪廓內的平面上施陰刻線紋，然後將輪廓的周圍不需要的地方剔去，其剔除的部份很淺，不過 2 公厘左右。此種淺浮雕，實際上同壁畫差不多。墓中四壁的畫像多屬此種。因此，佔的數量最多。第二種刻法近第一種，先刻出輪廓，在其上用深刻或淺刻顯出其立體感，然後再補充陰刻線紋，其周圍剔去的部份，深度約 1 公分。墓門（第 1 至第 4 幅）和前室八角擎天柱（第 23 至第 26 幅）就是這樣刻成的，尤其墓門上的雕刻，立體感特殊顯著。第三種是陰刻線紋，主要的用在八角柱的栱和礎以及畫像石的邊緣上，佔數較少。第四種是半立體的浮雕，起伏最大，其周圍剔去部份，最深的達 11 公分。各室的藻井中間的花朵屬於這一種。第五種是立體的浮雕，其上加陰刻線紋。這種最少，只中室和後室栱旁的半身龍是。在畫像石中，有一石只有一種刻法的，有一石而兼兩種的。

當時雕刻家們處理這墓的幾十幅雕刻，是有其一定的原則的。他們在墓門上的橫額和門的支柱上都施以較凸起的浮雕，目的在將幾幅主題畫特別顯出，並以增加墓的雄偉氣概。但對室內的雕刻，則儘量保持牆壁的平面感，用淺浮雕和陰刻線紋來顯出事物的形象，使雕刻服從於建築物，這是符合於建築原理的。

將沂南墓的雕刻和一些出於山東的已知年代或大致可知年代的漢代石刻來比較，可以看出它們的相同之點和不同之點。存世的漢代畫像石最早的，當推沂水鮑家山的元鳳時（公元前 80—75 年）鳳凰畫像，其次爲汶上縣的天鳳三年（公元 16 年）路公食堂畫像，下至金鄉縣的朱鮪石室畫像（時代約在公元一世紀中期），費縣平邑集的元和三年（公元 86 年）至章和元年（公元 87 年）南武陽皇聖卿闕畫像、南武陽功曹闕畫像和南武陽東闕畫像，都是一個系統的，全用陰線紋刻成。這是比較原始的、簡樸的刻法，是早期石刻的主要特徵之一。至肥城的永建四年（公元 129 年）以前的孝堂山畫像，還是陰刻，不過由陰刻線條進爲陰鑿平面，基本上還是屬於這一個系統的。至如出土縣名不詳的永初七年（公元 113 年）戴氏享堂畫像，濟寧兩城山的永建五年（公元 130 年）永建食堂畫像，魚台縣的建康元年（公元 144 年）文叔陽食堂畫像，嘉祥的建和元年（公元 147 年）約至靈帝中期（公元 180 年左右）的武氏祠畫像，全係淺浮雕，大多數淺浮雕上加陰刻線紋。此外年代不詳的兩城山畫像，也係浮雕，但其圖像周圍比較刻得深一點，因此雕出的圖像多少有些立體感，但基本上還是屬於淺浮雕這一系統的（註 28）。這一系統比起前一系統來，要進步得多，無疑地是晚期石刻的主要特徵之一。沂南石刻和它們比起來，沂南是屬於後一系統的。沂南的第一種刻法，同武氏祠最相似，還沒有脫離「線」的構成基礎，但線條更爲純熟流美。第二種刻法，同兩城山相近，但刀法似更爲明快乾淨，因此更顯得陰陽界限截然分明。第三種刻法——陰刻線紋，同第一系統的刻法是一致的，武氏祠畫像中也偶爾見類似這種的刻紋（如武氏祠的卷雲紋），但沂南的線刻要比較繁複得多，熟鍊得多，線條皆纖勁流麗，如畫像石邊緣上的卷雲紋、卷草紋等，可與漢漆器上的彩繪紋飾並美。因此，整個說來，沂南墓的雕刻技術，比起第一系統的石刻來，固然進步得很多，就比起武氏祠和兩城山來，也要進步些。

以上單就雕刻技術來看。如果從畫像的風格來看，我們認爲沂南畫像基本上是屬於武氏祠類型的。它比武氏祠更活潑生動，但也還保持一些幼稚古拙的風味。例如刻畫人物的形像，就是如此的，絕大多數人物的面貌，千篇一律，看不出個性來。畫幅的空間感還相當弱。這是一般漢畫的水平，沂南畫像還是沒有超過的。

註 28．以上所舉山東石刻，全見於漢代畫象全集初編及二編中。

再次，我們從畫像石的內容來看。無疑地沂南墓中畫像有好些是極優秀的現實主義作品。例如第 35 幅豐收宴享圖，畫出那樣多的人在勞動着，量穀子的，掃穀子的，殺豬的，宰牛的，剖羊的，燒火的，做菜的，和麵的，傳遞飲食的，只有兩個監收糧食的袖手坐在席上，席前還放着酒器。糧倉的大門深閉着，門外羣雞在爭啄糧食，我們可以想像到這糧倉的主人是怎樣逍遙自得地在享受着豐收的快樂，等候着糧食儲滿自己的倉廩。這幅畫使人一見而感到剝削者與被剝削者生活上一種鮮明的對比。當然繪製這幅畫的藝術家當時只是忠實地畫出地主階級爲慶祝豐收而大設筵宴的情況，並不是有意識地激起人們的階級仇恨，但他本身就是一勞動人民（當時繪畫者與雕刻者大致就是一人，說詳後），當他體驗到農民們、僱工們或奴隸們工作的勤苦、生活的艱難而寫出此幅時，恐怕也會有「誰知盤中飧、粒粒皆辛苦」的感覺吧!

第 1 幅攻戰圖是所有畫中的主題畫，表現墓主人生前「功績」的。畫中漢人與胡人面貌、衣冠和所用兵器的不同，漢人主將乘車督戰的情形，胡人躍馬彎弓的情形，完全是寫實的。從這幅畫也可看出當時畫家在命題以後如何善於選材與佈局。這幅畫是橫幅狀的，而戰鬥是一個非常錯綜複雜的場面，如何就限定的篇幅將這個大的場面表現出來，是不容易的事。但畫家巧妙地安置一道兩端有高柱的長橋在畫幅中間。這長橋的作用有三點：（一）如果是在原野上的戰爭，雙方的軍隊應漫山遍野而來，這幅畫是很難表現的。設一道長橋，兵士從橋上成單行或雙行前進，這樣不僅看出軍容的整肅，而且從這漫長的行列，可以立時想像到後面有千軍萬馬隨之而來。（二）讓兩軍交戰的地方就在橋頭上，可利用很小一片地方顯出「兩軍鏖兮生死決」的激烈戰鬥場面；讓一方的軍隊佔領着整座橋，顯出這方在兵力上和地理上均佔優勢，因而獲得勝利。(三)這座墓的整個結構，是直線條的，對稱的，富有整齊規矩的美。這幅畫在墓門上，佔全墓最重要的位置，設一道長橋於正中，兩端植高柱，也顯出一種對稱的格式來，這和整個墓的風格是一致的。在激烈戰鬥的場面中安上這樣一座屹立不動的建築物，使動靜相輔，這在藝術上也是相當高明的手法。

第 5、6、7 三幅祭祀圖和第 36、37、38 三幅連成的出行圖，是善於處理大羣人像和多樣事物的圖畫。祭祀圖顯出所有獻祭的人都懷着一個共同的目的——向死者致自已的虔誠，所以都面向着廟門，儘管有不同的姿勢——有鞠躬而立的，有長跪的，有俯伏的，但面部都顯出非常恭敬肅穆的表情，使人一見而感到這祭祀儀節的隆重。第 7 幅致祭的人車馬的多，祭品的多樣化和它們位置的適宜，使人一見而感到受祭的人生前的威勢，如王符潛夫論浮侈篇所說的：「寵臣貴戚，州郡世家，每有喪葬，都官屬縣，各當遣吏齎奉車馬帷帳，貸假待客之具，競爲華觀。」這幾幅畫成功地把主題表現出來了。出行圖也是這樣。在這圖中，房屋是靜止的，屋前迎候的人是那樣恭敬，那樣嚴肅，顯出屏氣斂息等候的樣子，使人一見而感到這裏空氣雖然緊張，但是是凝止的。接着是一個非常喧嚣熱鬧的場面。樂器在吹奏着，馬在奔躍，車輪在滾動，我們彷彿聽到長管嘹亮的聲音夾在馬蹄得得和車輪着地隆隆的聲音中，我們也淸楚地看到馬頭上雙纓飄動的情形，看到人在馬背上和車箱中搖動的姿勢。最後全畫的主要人物出現了，他安閑地坐在車中，這輛車，這個人，用不着什麼特殊的方法，例如誇張的手法，來表現，而自然顯出其重要性。這畫可說是在大幅畫中一幅表現主題很明確的成功的作品。

以上所舉的幾幅畫，豐收宴享圖、攻戰圖、祭祀圖和出行圖，都具有較爲突出的共同的特色，即大場面的處理，旣包羅了必須登場的人物，又生動地、有機地突出了主題。另一幅畫，第 34 幅樂舞百戲圖，也具有這特色，但和前幾幅不同，它的效果更超出前幾幅之上。前幾幅圖中都有個中心，豐收宴享圖和祭祀圖以建築物爲中心，攻戰圖以橋爲中心，出行圖以主車爲中心，一切活動圍繞着中心進行，空間的問題是不大的。樂舞百戲圖沒有任何東西作爲空間的據點，一切活動是在廣闊的地面上進行的。作者對於這幅構圖的方法，是在看來幾乎是平列的各組技戲中，分出主次來。在這幅中，作戴竿之戲的、伐鼓的、列坐的樂隊、作魚龍大雀之戲的和戲車，是作者認爲應該突出表現的，也是百戲中的主要節目；而飛劍跳丸的、作七盤舞的、撞鐘的、擊磬的、走繩的、作豹戲的、跑馬的則極其有機地活動在恰到好處的位置，此外再以小隊奏樂的和送酒漿的人穿插其間。這種構圖，眞是∟匠心獨運┐，看了它我們彷彿置身於一座高台上、臨着前面的廣場、看見場內百戲雜陳、聽到衆音齊奏的樣子。畫面的構圖是體現作者的藝術水平的最重要的標誌，像這幅畫收到這樣的客觀效果，可以證明其構圖達到怎樣高的成就了。

有幾幅小畫是特別動人的，它們充滿了生活的氣息。例如第 40 幅馬廐圖，一匹馬拴在柱上吃草，糞便從身後落下來，下面三個馬夫拿着馬具，商量着舉步前進，這是一幅多麼逼眞、多麼細緻的圖畫！又如第 68 幅中貓捉老鼠的畫，老鼠才從放食物的台上跑下來，貓從几下擄出來捕它，老鼠驚怖的情形，貓的輕捷、注意力集中、向前猛撲的形狀，在畫上躍然欲出。再如第 36 幅中左上角那幅母雞哺雛圖，母雞銜食物哺一小雛，其餘四隻小雞立而熱切地望着它；這一小幅畫把母雞對幼雛們的愛和雛雞對母雞的依賴的心情，都表現出來了。這些日常生活中常見的小事，被畫家以生動的筆調寫出來，使人特別感到親切可愛。

畫沂南石刻的畫家對於自然界的觀察和體認是十分深刻的。畫像石邊沿上的卷雲紋和卷草紋都已納入長帶中，成爲裝飾邊框的圖案畫，但雲的舒卷變幻，草的纖柔，都在簡潔的線條中表現出來。最寫實的是第 66、67 兩幅上的波紋，它似從古代陶器上的篦紋發展而來，也是用簡潔的線條將起伏的波濤、激盪而成的浪花，寫得唯妙唯肖，這是多麼成熟的技巧！

沂南畫中最成功的是對動物的描繪，它們的各種姿勢都被表現出來。有正立的，有側立的，有兩足直立的，有奔跑的，有飛翔的，有俯銜的，正立的和側立的中有俯身向下的，有回首向後的，都畫得活潑生動而又眞實。如第 14 幅中那個正立的展翅的朱雀，顯得那樣莊嚴，使人一見而想到孔雀開屛的樣子；又如第 17 幅中那個背向外而直立的老虎，脊骨一節節、肋骨一條條淸楚地畫出來，純全是一幅寫實的作品；而第 8 幅中那兩個鴻雁交頸而鳴的形狀，我們簡直好像聽到了它們淸脆的聲音。

當時畫家們對動物的處理，是奇妙的。他們把好些動物人性化了。分明是一條龍或一隻老虎，而讓它持着兵器立着，揮舞着，儼然同人一樣（如第 54 幅有持戟的龍和持劍的虎，第 8 幅有持盾荷戟的龍和持鈎鑲荷戟的虎）。分明是一隻烏龜，而讓它舉着一把大鉞（第 54 幅）。連最卑微的蠑螈，也讓它繫着帶，佩着長劍（第 54 幅）。這是多麼大胆的、奇特的創造！在其他石刻中，只有武氏祠後石室第一石所畫海神龍魚出戰圖可以比擬。他們又將人和動物身上各部份隨便配合。分明是一條龍、一條蛇、一隻獸、一隻鳥或一條魚，而安上一個或一個以上的人頭；分明是一條龍，而安上一個鳥頭；分明是一隻老虎，而安上一個牛頭或四個馬蹄；分明是一條魚，而安上一個虎頭和六隻脚。這種例子多不勝舉。這些圖像，當然是從以前和當時的神話傳說產生的，即魯靈光殿賦和後漢書西南夷傳所謂∟山神海靈┐之像。但看東漢末年畫像石上這類圖像花樣的繁多，似乎當時的畫師們並不拘泥於已有的傳說，而自己在隨意創作。他們把人和動物的各部份自由配合起來，而且配合得十分調和，十分自然。看沂南畫像第 8 幅中那條雙人頭的蛇，似乎在凌空飛行，上舉的長毛迎風飄着，蜿蜒的身軀夭矯空際。又如第 51 幅中那條九個人頭的龍，頭是那樣巧妙地分排着，好像一頂華冠戴在龍的頭上，龍在大跨步前進着，而我們不感覺它頭上負荷的重。從這些畫以及那些人性化的動物畫，我們可以看出當時人對宇宙除具有一種原始的、神祕的信仰而外，還發生了一些美麗的幻想，也可說是理想吧？他們似乎認爲宇宙中萬物都是可以由人類來改變其原來形狀的。這種幼稚的、但是大胆的∟人類可以征服自然┐的想法，是應獲得適當的重視的。

在絕大多數含有動物羣的畫中，畫家對它們的安排，也是很有趣的。它們互相追逐着，嬉戲着，承托着，抵接着，鈎連着，也有少數搏鬥着。這表現當時一部份人，也許就是這些繪畫兼雕刻的藝術家們，一種世界觀，認爲大自然界是和諧的，是成統一體的，一切生物是互相密切聯系着的，依賴着的，而不是各自孤立着的，互相排斥着的，有時它們也相矛盾着，相爭鬥着，但這不是主要的。從這和協與聯系中，人們充分感到生命的歡樂，世界的美好。這是多麼一種健康的思想感情！

總說起來，沂南畫像是現實主義的傑出作品，也是樂觀主義的、對世界充滿美的理想願望的優秀作品。

按從上古到漢代，各類美術品，絕大多數是民間藝人的創作，漢以後，繪畫藝術才逐漸轉到士大夫手裏；因此，漢代製造畫像石，在繪畫和雕刻上，是大致沒有什麼嚴格的分工的。武梁碑文（見宋洪适隸釋卷六）云：

良匠衛改，雕文刻畫，羅列成行。攄騁技巧，委蛇有章。

據此來推，似可斷言漢代畫像石全係良匠們攄騁技巧所製成，而沂南畫像自然也不會例外。這些一千七百年前民間藝術家所創造出來的有高度藝術水平的作品，是特別可貴的。

第六章　沂南畫像石墓年代的商榷

沂南畫像石墓內沒有發現任何可以肯定其年代的東西（例如銘刻、錢幣之類），因此要推斷這墓的年代，只能從墓本身及墓內出土遺物各方面來考證。

首先，我們從墓的結構來看。

（一）這墓規模相當的大，全部是由石板、石條及石材雕成的墓的某部份（如栱、柱等）構成的。這種墓在山東、河南發現的相當多，凡有銘刻的，其時代多屬東漢。石室墓漢以後也有。例如在四川的宜賓（註29）和南溪（註30），在貴州的遵義和湄潭（註31），就都曾發現宋代的內有雕刻的石室墓，但這些墓規模都小得多，以上所舉的幾座墓，最大的長不過5.63公尺，像沂南這樣大石室墓，在後代是少見的。

（二）沂南墓的平面佈局，有前、中、後三主室，前、中兩室各有左右對稱的側室，這和河北望都漢壁畫墓的佈局相似（註32）；後室分爲兩半，又和遼陽三道壕窰業第四現場的古壁畫墓（大致是東漢晚期墓）相似（註33）。一般說來，漢及魏晉南北朝的石室與磚室墓的平面佈局，是多種多樣的，但有前後二室或前、中、後三室的不在少數，有側室的也不少。像沂南墓這種佈局，是比較規則的，大致由模仿住宅建築而來。

（三）沂南墓室頂的結構有兩種：一爲抹角結構藻井，一爲叠澀而成的藻井，兩者皆爲平頂。藻井一詞，在漢魏文獻中曾見過。西京賦：

蔕倒茄於藻井。

薛綜注：

藻井當棟中，交木方爲之，如井幹也。

魯靈光殿賦：

圓淵方井，反植荷蕖。

所謂方井，指的也是藻井。景福殿賦：

註29. 莫宗江：宜賓舊州壩白塔宋墓，見中國營造學社彙刊第七卷第一期，1944年出版。

註30. 王世襄：四川南溪李莊宋墓，見中國營造學社彙刊第七卷第一期。

劉致平：乾道辛邜墓，見中國營造學社彙刊第七卷第二期，1945年出版。

註31. 貴州省博物館籌備處：貴州遵義專區的兩座宋墓簡介，見文物參考資料1955年第九期。

註32. 姚鑒：河北望都縣漢墓的墓室結構和壁畫，見文物參考資料1954年第十二期。

註33. 李文信：遼陽發現的三座壁畫古墓，見文物參考資料1955年第五期。

繚以藻井，編以綷疏。

水經注稱漢荆州刺史李剛墓：

屋施平天，造方井，側荷梁柱。

這明明是一種平頂藻井。至於存世的實物，屬於漢代的，有洛陽東漢墓葬中兩土壙上所刻的斜方格紋藻井（註34），是屬於抹角結構一類的。濟南大觀園古墓，亦有藻井（註35），但僅一層，無抹角或叠澀結構；徐州茅村畫像石墓有叠澀而成的藻井（註36）；對於這些墓，王獻唐先生根據出土遺物和畫像作風，定爲東漢時代的墓葬，我們認爲是可信的。在東北及朝鮮民主主義人民共和國境内所發現的高句麗時代的石室墓中，如吉林輯安的舞踊塚、角抵塚、三室塚、四神塚、牟頭婁塚（註37），平壤附近的漢坪洞漢王墓、梅山裏狩塚、花上里星塚、肝城里蓮花塚、眞池洞雙楹塚、遇賢里小墓、湖南里四神塚（註38）以及安岳的冬壽墓（註39），都有叠澀而兼抹角結構的藻井（即二者合見於一個藻井上），這是一種比較複雜的室頂結構。

（四）沂南墓前室和中室都有帶斗栱的八角擎天柱，這在四川東漢崖墓中是常見的，孝堂山石室（註40）和冬壽墓均有八角柱，但柱上無栱。這種柱子只在石室中發現，是爲建築材料所限制的原故。因爲擎天柱獨立於室中，要在直立的柱身上面加向兩旁延伸的斗栱以負荷樑棟的重量，只有用大塊石料雕成，用磚砌是十分困難的，土築更不可能。在四川崖墓出土的明器中，常見房屋明間中線上有一根帶斗栱的獨立的柱子，沂南畫像第11幅和第36幅也有這樣一根柱子，它和擎天柱的作用是一樣的。

（五）沂南墓中室八角擎天柱上的斗栱及後室的斗栱，栱上都只有兩個散斗，這是漢代最流行的形式，東漢馮煥石闕與趙氏石闕均有這種斗栱（註41）。前室八角柱上的斗栱，兩個散斗之間有一蜀柱，東漢高頤石闕及沈府君石闕均有這種式樣（註42）。中室與後室斗栱的兩旁有倒啣的雙龍，這是前所未見的。但栱本由古代利用天然彎曲木材所做成的原始形曲栱發展而來，沈府君闕的栱即作成曲線的形狀（註43），而漢代建築，又往往就曲線部份刻成龍形。如班固西都賦（文選卷一）云：

因瓌材而究奇，抗應龍之虹梁，列棼橑以布翼，荷棟桴而高驤。

這是說就稍曲的樑而刻成龍形，西都賦賦的是西漢都城長安的事，可見這種辦法在西漢時已有了。沂南斗栱旁的雙龍，可能由此引伸而來，論其實用，不過是在小栱之外所加的一繁飾的大栱而已。

從以上所述，我們可以看出沂南墓的結構和許多東漢以及魏晉南北朝時代的墓有許多相似的地方。整個說起來，它比一般東漢墓要複雜些，而比東晉永和十三年（公元357年）的冬壽墓以及其他高句麗時代的墓

註34．安志敏：論沂南畫像石墓的年代問題，見考古通訊1955年第二期。

註35．山東省文物管理委員會：濟南大觀園的一個漢墓，見考古通訊1955年第四期。

註36．王獻唐：徐州市區的茅村漢墓羣，見文物參考資料1953年第一期。

註37．池內宏、梅原末治：通溝（1940年出版）卷下第2、5、8、13、18圖。

註38．關野貞：平壤附近に於ける高句麗時代の墳墓及繪畫，見朝鮮の建築と藝術（1941年出版）第375、379、389、393、400、408、415頁。

註39．都宥浩著、李啓烈譯：在朝鮮安岳發現的一些高句麗古墳，見文物參考資料1952年第一期。

註40．鮑鼎、劉敦楨、梁思成：漢代的建築式樣與裝飾，見中國營造學社彙刊第五卷第二期，1934年出版。

註41．同註40。

註42．同註40。

註43．同註40。

要簡單些。

其次，我們從畫像石的內容來看。

（一）沂南畫像中所見的建築式樣及建築的細部結構，有許多是在其他石刻、磚刻、明器中曾見的，也有從未見過的東西（參看圖版103、104、105及漢代的建築式樣與裝飾一文）。例如：(1) 畫像第5幅所見的曲尺形房屋，漢明器中有過；第36幅所見日字形廊院，則是前所未見的。(2) 第7幅所見重層廟宇，與畫像石中所刻漢函谷關東門最爲近似。(3)第36及38幅所見的雙闕，在漢石刻和磚刻中常見。(4)第35幅所見糧倉，漢明器中有類似的東西。(5)第5、7、35、69幅所見的五脊式屋頂，在漢石刻、磚刻、明器中常見。(6)第6及36幅所見有鋪首啣環的門，亦見於函谷關東門畫像，武氏祠東闕亦有鋪首啣環的圖。(7) 第6、7、35、69幅所見斜方格窗櫺，亦見於函谷關東門畫像及漢明器中。(8)第5、36、69幅所見欄杆，亦見於函谷關東門畫像、兩城山畫像及漢明器中。(9)第5幅所見斷砌，是前所未見的。

（二）沂南畫像中第41、42、44、45、47、48幅顯出室內懸璧爲飾，第48幅懸磬的綬上還有四顆大珠爲飾。按以珠璧爲室內裝飾的制度，盛行於兩漢及魏晉時。前引的漢書西域傳贊有「落以隨珠和璧」之句。西都賦：

屋不呈材，牆不露形；……隨侯明月，錯落其間；……懸黎垂棘，夜光生焉。

隨侯明月指的是明珠，懸黎垂棘指的是玉璧。又景福殿賦：

墉垣碭基，其光昭昭；……明珠翠羽，往往而在。

又鄴中記：

石虎於魏武故台立太武殿，……擬秦之阿房，魯之靈光。

石虎太武殿懸大綬於梁柱，綴玉璧於綬。

這些紀載，和畫像的內容是相符合的。

（三）關於沂南畫像中所見以生活（如庖厨、祭祀、車騎、技戲等）或戰爭爲題材的畫以及畫中所見的文物制度：(1)庖厨圖見於武氏祠和遼陽三座壁畫古墓，亦見於冬壽墓。(2)祭祀圖見於漢不其令董君闕（註44）及旅順營城子第二號墓（註45）。(3)車騎圖漢畫像中見得最多，沂南圖中所見各種車制（圖版102）：軺車、施耳軺車、輜車、大車，武氏祠畫像中均有，斧車則見於遼陽棒台子屯壁畫古墓（註46）。至於執笏捧盾迎候的制度以及騎吏、伍伯、辟車等攜帶棨戟、弓箭、便面等器物前後導從的制度，亦多見於武氏祠，與遼陽墓壁畫最爲接近。又冬壽墓也有車騎行列圖，揣其內容，同遼陽壁畫不會相差很遠。(4) 技戲圖已詳第四章第三節的考證。(5) 攻戰圖橋上戰鬥，橋下有人捉魚，其佈局與風格和武氏祠後石室第七石最爲近似。

（四）關於沂南畫像中所見的衣冠制度：(1) 畫像中男子頭上所戴的冠幘，有平頂的，有斜頂的，有尖頂的，有圓頂的，有作布紋的，皆見武氏祠畫像；又有作直立的帶狀，如第45及46幅所見的，亦見於營城子第二號墓壁畫上（註47）。其身上所服悉爲寬衣博帶，有的垂華巾，與武氏祠畫像一樣，不過衣帶拖出

註44．洪适：隸續卷五。

註45．森修、內籐寬：營城子，1934年出版，圖版36。

註46．同註33。

註47．同註45。

或飄起的形狀，是武氏祠所沒有的。(2) 女子皆高擁髻鬟，與武氏祠相似，也都寬衣博帶，像晉顧愷之女史箴圖上所畫女子服飾——後傾的髻，曳地的長裙，飄拂的衣帶（註 48），這裏是沒有的。與安岳發現的第二號墓南壁上的仙女圖相比，安岳仙女身材婀娜，衣帶飄拂（註 49），接近於女史箴圖，而沂南畫的女子像，則顯然古拙得多。

（五）關於沂南畫像石邊緣上常見的幾種花紋圖案（註 50）：(1) 齒形紋或三角紋，在漢代空心磚的邊緣上常見。(2) 垂幛紋，見於漢代嵩山太室闕，武氏祠李善畫及文王畫上均有垂幛，輯安高句麗墓壁畫亦常在人物之上加畫垂幛（註 51）。(3)卷雲紋，特別是中含盤折的夔龍紋的，與樂浪彩篋塚所出彩畫漆篋上的花紋最爲近似（插圖 21、22，註 52），高句麗墓壁畫上亦有卷雲紋（插圖 22，註 53）。(4) 卷草紋，在戰國及漢代銅鏡上已有其類似的圖案，在所謂先漢式的蟠螭紋鏡中，有好些是卷草的圖案而加以螭首（插圖23，註54）；又漢式鏡上的草紋，亦多作卷草形狀（註 55）。高句麗墓壁畫上所見的唐草紋，與此相似（插圖 23，註 56）。

（六）沂南墓藻井上有浮雕的八瓣紋，大致是

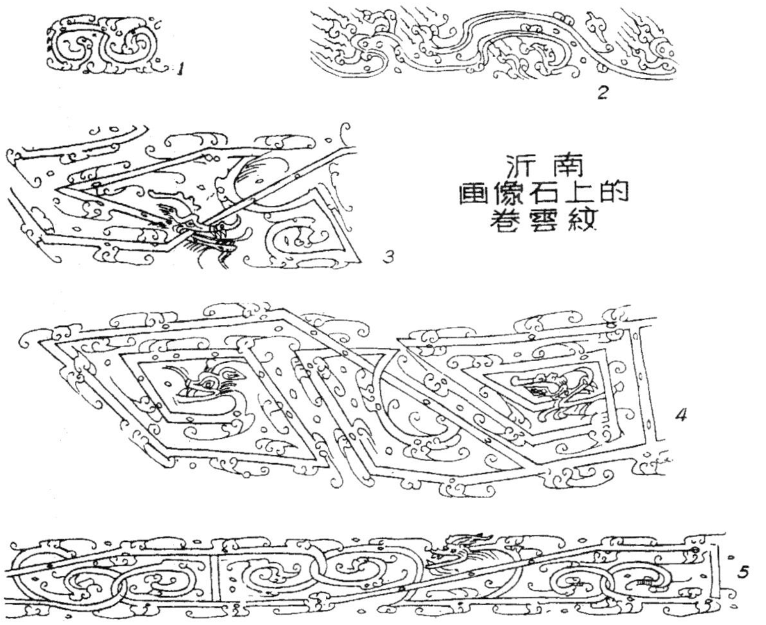

插圖 21

插圖 22　(1)樂浪彩篋上的卷雲紋
(2)輯安三室塚壁畫上的卷雲紋

插圖 23　(1)沂南畫像石上的卷草紋
(2)戰國時銅鏡上的卷草紋
(3)輯安四神塚壁畫上的唐草紋

註 48．女史箴圖有影印本，亦見鄭振鐸：域外所藏中國古畫集之二。

註 49．同註 39。

註 50．此段中有許多採用安志敏同志的說法。

註 51．通溝卷下圖版 3 、 4 、38、50、51。

註 52．小泉顯夫等：樂浪彩篋塚，1934 年出版，圖版 51——55。

註 53．通溝卷下第 14 圖及圖版 55、60、62。

註 54．梁上椿：巖窟藏鏡，1940 年出版，第一集概說第八頁後附圖。

蓮花，這在漢魏建築上是通行的紋飾。西京賦：

帶倒茄於藻井，披紅葩之狎獵。

薛綜注：

茄，藕莖也，以其莖倒植於藻井，其華下向反披；狎獵，重接貌。

魯靈光殿賦：

圓淵方井，反植荷蕖，發秀吐榮，菡萏披敷，綠房紫菂，窋咤垂珠。

景福殿賦：

茄蔤倒植，吐彼芙蕖，繚以藻井，編以綷疏；紅葩韡韡，丹綺離婁，菡萏赩翕，纖縟紛敷。

沂南畫像第 33、64、72、73 幅所刻的，與以上所引三賦所描寫的幾乎完全一樣， 所不同的，靈光殿有倒植的蓮蓬，沂南無有。至於實物，則有濟南大觀園墓的藻井，亦刻蓮花(註 57)。又四川彭山崖墓所出明器池塘中有蓮花，花蕊花瓣非常顯明，與沂南畫像第 8 幅所刻的俯視的蓮花近似。沂南同幅又刻有側視的蓮花，花瓣下披，花蕊直立，長短不一(插圖 24)，純係寫實作品。側視蓮花，亦見於武氏祠祥瑞圖中。在高句麗墓中壁畫上，俯視及側視的蓮花均有，但若以安岳第二號墓仙女圖仙女手中所持蓮花及輯安諸塚中的蓮花(註 58)同沂南的蓮花來比，沂南的顯得稍爲呆滯，不如其餘的生趣盎然。沂南藻井又有四瓣花紋及菱形格編環紋，均是漢代常見的紋樣。漢銅鏡鈕常作四瓣花狀，收藏家稱爲覆蕚鈕的(註 59)，雖花瓣的形狀長短往往不同，但基本上是由四個帶尖的瓣所構成。又漢漆木器上銅件也有作四瓣花狀的，前人稱爲杏葉狀片，它們和沂南畫像第 63 幅的四瓣花紋最爲相似(註 60)。菱形格編環紋亦見於安漢里畫像(註 61)，孝堂山畫像有菱形格編錢文，與此相似。

插圖 24　沂南畫像石上的蓮花紋

(七)沂南畫像中神話人物、奇禽異獸的圖像，大部份在漢代文獻中或實物上見過，已詳第四章第五節的考證，但有少數也見於漢以後的壁畫或石刻上(註 62)。例如：(1) 虎首、人身、四肢有豹紋、腕下胯下均有長毛的神怪，與營城子第二號墓壁畫上的虎首人身動物相類似(註 63)，但與南京附近六朝陵墓石刻上的神怪更相似(見第四章註 25)。(2)有足魚形動物，山海經曾有紀載(註 64)，但亦見於安岳第一號墓壁畫上(註 65)。(3)帶翼的飛獸，戰國時銅器上就有，但亦見於安岳第一號墓中。(4) 青龍、白虎、朱雀、

註 55．巖窟藏鏡第二集中第 34、35 圖。

註 56．通溝卷下第 14 圖。

註 57．同註 35。

註 58．通溝卷下圖版 6 、 9 、18、19、20、21、22、23、24、55。

註 59．巖窟藏鏡第二集上、中兩卷。

註 60．小場恆吉等：樂浪王光墓，1935 年出版，圖版 62、63。

註 61．漢代畫象全集初編第 63、64、67、68 圖。

註 62．此段亦多採用安志敏同志的說法。

註 63．營城子圖版 44、45。

註 64．西山經：「冉遺之魚，魚身，蛇首，六足。」

註 65．同註 39。

玄武四神，是漢代銅鏡上與石刻上常見的圖形，但青龍及朱雀亦見於高句麗墓壁畫上（註 66 ）。(5)伏羲女媧，在新疆吐魯番唐墓中絹畫上還發現過（註 67 ）。

（八）沂南畫像中所有歷史故事，有榜題的或可以揣測出來的，多春秋戰國時事，最晚的不過西漢。但有一值得特殊注意的事實，即畫像中有幾個圖像，似乎受佛教影響。如第 18 幅的羽人，騰空而飛，衣裾飄揚（插圖 25），頗似後世佛畫中的飛天。又如第 56 幅肩生雙翼的人所作手勢，似佛教的「施無畏印」；第56、57 幅的童子，繞頭有圓圈，似佛頭上的圓光。這種圖形，在有銘文證明其屬於漢代的石刻、壁畫或器物上是沒有見過的。

插圖 25　沂南畫像中騰空的羽人

（九）最後要提到的，是沂南畫像中書法風格問題。據胡小石、王獻唐兩位先生的意見，畫像中的榜題（圖版 101），皆東漢末季的八分書，與魏晉八分書不同。魏晉分書，結體方整，用筆亦以方整之故而受局限，筆畫芒角開展，波磔分明；東漢一般分書不如此，它結體比較自由，用筆比較含蓄安詳，還存隸意。曹魏書體，大致導源於東漢的熹平石經，至魏晉愈益規整，幾成分書的「館閣體」。沂南畫石榜題，純爲東漢一般分書，絕未受「館閣體」影響。翁方綱跋朱君長題名云：「書勢自定時代」（註 68），將沂南榜題同各時代分書稍一比對，先後自然可見。

從以上所述，我們可以知道沂南畫像石的內容，大部份是在漢代石刻、壁畫、磚刻或器物中見過的，或在漢代文獻中紀載過的，這其中有一部份也見於兩晉南北朝時代的高句麗墓壁畫上或六朝石刻上，或紀載於魏晉文獻中。還有極少數的圖形，是前所見漢畫或漢代器物中所未有的。如將畫像中一些東西和漢及魏晉南北朝同樣的東西來比較，則得以下結論：一些主要的東西，如衣冠制度和書法，是相同或接近於漢代的；個別的圖像紋飾，則有的接近於漢代，有的接近於漢以後。

再其次，我們從墓中出土物來看。

沂南墓被盜掘過（墓頂石部份被砸毀及墓中淤土的多證明這點），遺物所餘甚少，今存的僅有以下各物：

（一）陶器類：

(1) 小盤一件，灰陶製，內外塗硃，似爲當時繪畫的顏色盤（圖版 21:1，插圖 26）。

(2) 耳杯殘片三件，灰陶製，內部有塗硃殘跡（圖版 21:2—4，插圖 27）。

(3) 殘豆柄三件，皆灰陶製；兩件中空，外有高凸起絃紋；一件中實，無弦紋（圖版 21:5—7，插圖 28—30）。

(4) 器蓋殘片二片，灰陶製；一片外有塗硃殘跡，並有小孔；一片亦有小孔，但未穿透。兩片均手製，蓋內轉折處有附加的泥條（圖版 21:8、9，插圖 31、32）。

(5) 平底器殘底一件，灰黃色陶製（圖版 21:10，插圖 33）。

註 66．通溝卷下圖版 31、55、58。

註 67．黃文弼：吐魯番考古記（1954 年出版）圖版 59。

註 68．馮雲鵬、馮雲鵷：石索四

(6) 平底器殘底一件，灰陶製，內有塗硃痕迹（圖版 21:11）。

(7) 三足盤殘片一件，灰陶製，底甚厚，餘一足（圖版 21:12，插圖 34）。

(8) 鼎足殘片一件，灰陶製（圖版 21:13）。

(9) 帶繩紋的器殘片一件，灰黃色陶製（圖版 21:14）。

(10)粗繩紋陶片一片，灰色（圖版 21:15）。

(11)大器腹片三片，灰白色陶製（圖版 22:1—3）。

(12)器腹片一片，夾砂紅陶製，似各地所出新石器時代的陶片（圖版 22:4）。

(13)案殘片二片，灰陶製，內有塗硃痕迹（圖版 22:5、6，插圖 35）。

(14)屋宇明器殘片二片，灰陶製（圖版 22:7、8）。

(15)屋宇明器殘片四片，灰黃色陶製，皆有塗硃痕迹（圖版 22:9—12，插圖 36）。

(16)屋宇明器殘件一件，灰黃色陶製，中空，有塗硃痕迹（圖版 22:13，插圖 37）。

（二）磚類——只一殘件，上有凸起花紋（圖版 22:14，插圖 38）。

（三）銅器類——只有銅鏃一件，三角形（圖版 22:15，插圖 39）。

以上遺物，除夾砂紅陶片大致是夾在淤土中墜入的而外，其餘當全是隨葬物。它們差不多全是漢代墓葬中常見的東西，特別是帶繩紋的陶器、陶案、陶製屋宇明器以及三角形銅鏃，顯出漢代特徵。有些東西漢代以後還有，例如耳杯及三足盤曾出於西晉周處墓中。但周處墓中有大量瓷器出土，而這墓未見一瓷片，這一事實，也相對地證明這墓的時代比較早些。

從以上三方面——墓的結構、畫像石的內容、墓中出土物——以及第五章所討論的藝術風格方面來看，我們得出以下概念：這墓的結構基本上是屬於漢墓類型的，出土物表現着漢墓的特徵，繪畫藝術也還沒有超過漢畫的水平，不過結構的個別部份以及畫像石的部份內容和雕刻技術顯示着這墓比一般東漢晚年的祠墓要複雜些，進步些，而比兩晉南北朝時代的高句麗墓要簡單些，古拙些。

安志敏同志在其論沂南畫像石墓的年代問題一文中，認爲沂南墓比起孝堂山石室、武梁祠以及其他若干有紀年的漢畫像石來，要進步些，而與高句麗石墓比較接近，特別是和公元 357 年的冬壽墓最爲接近，因

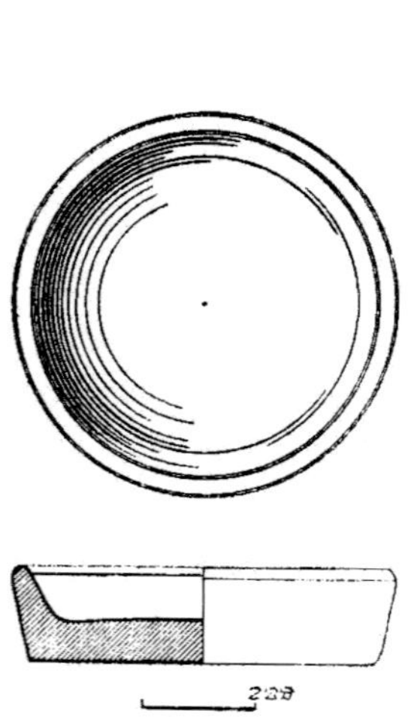

插圖　26　小陶盤

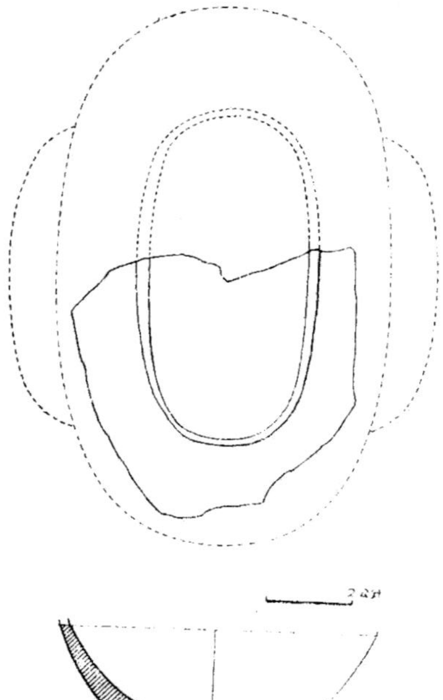

27　陶耳杯殘片

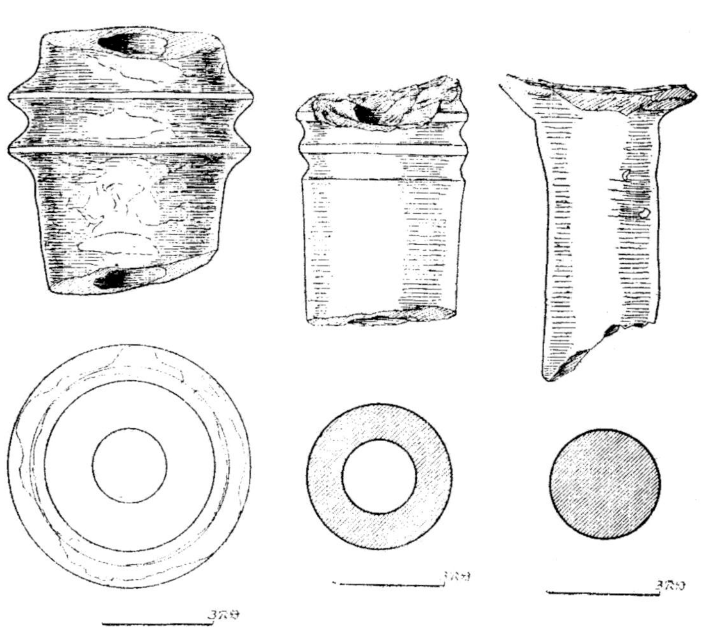

28—30　殘陶豆柄

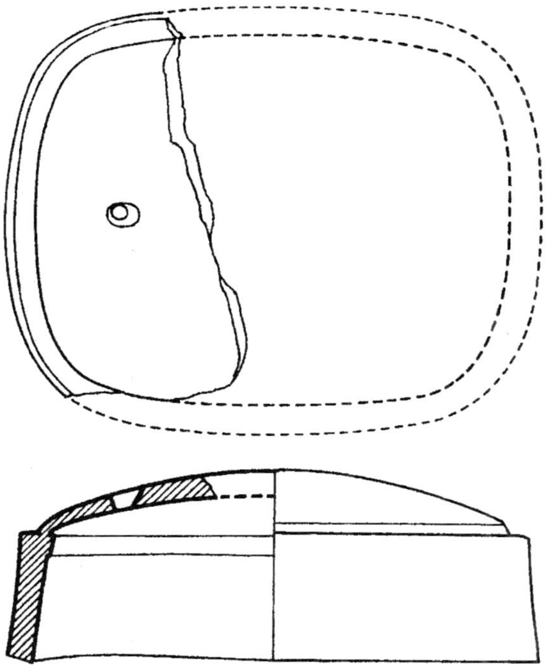

31

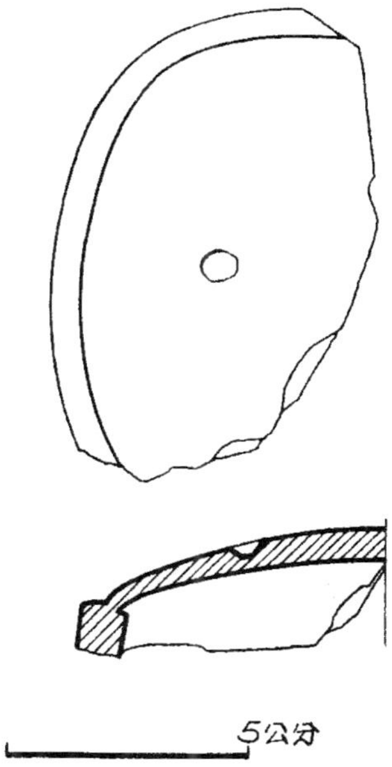

32

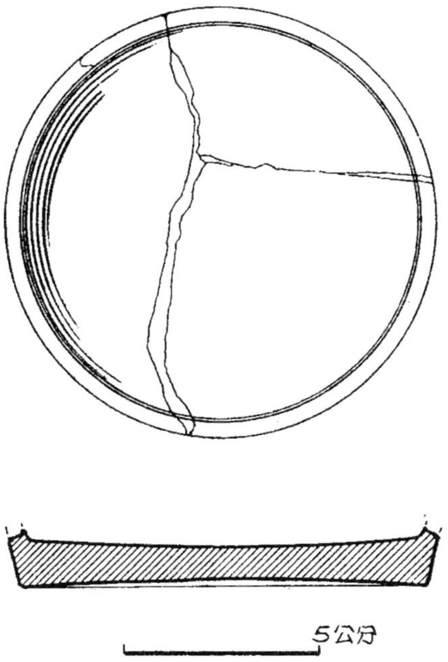

33

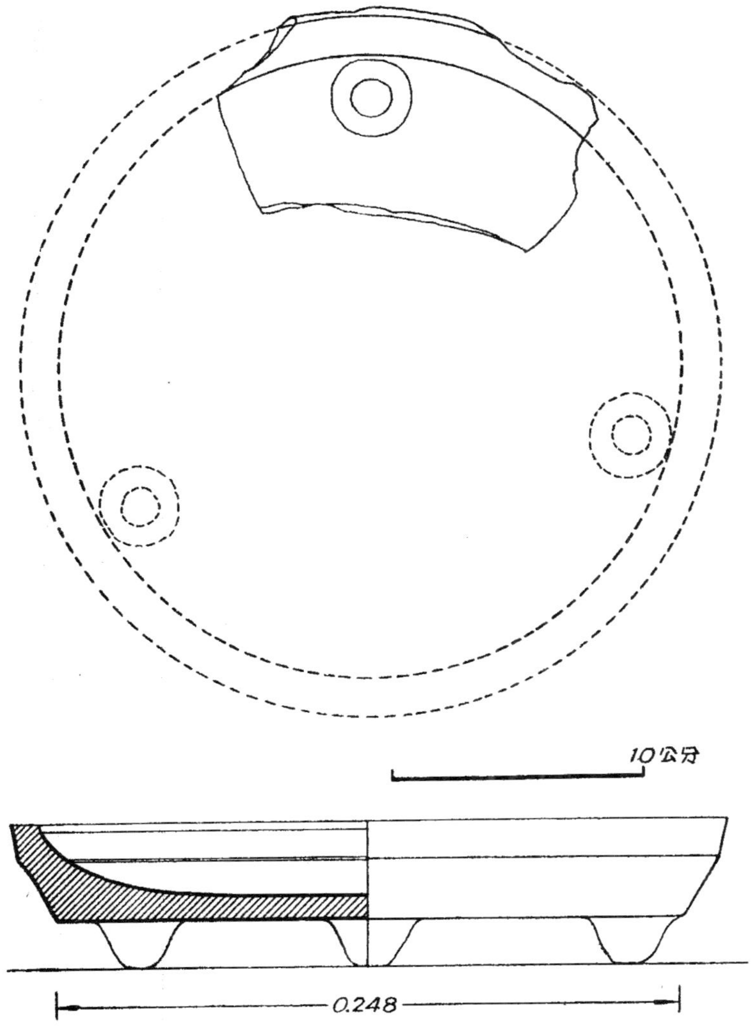

34

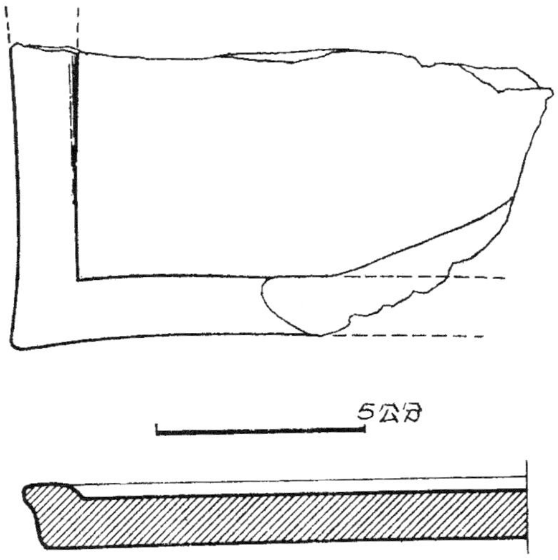

35

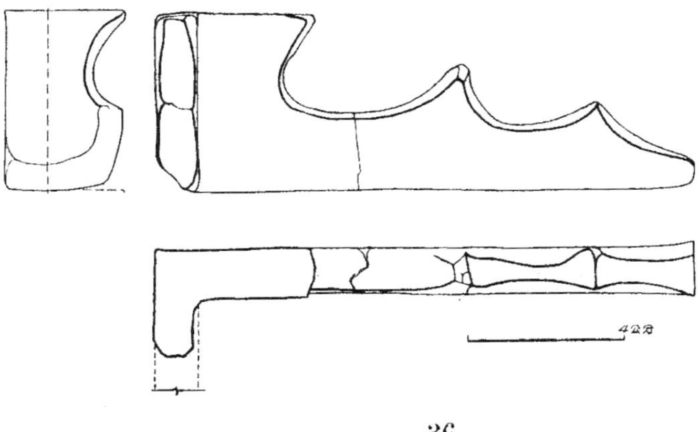

36

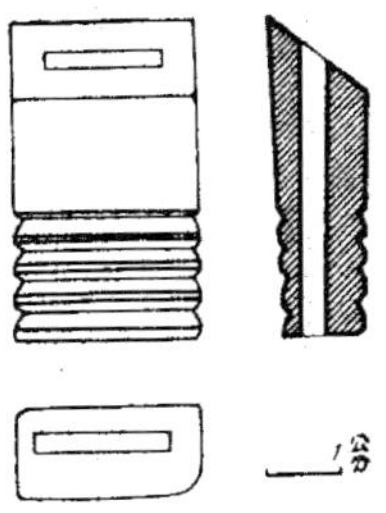

37

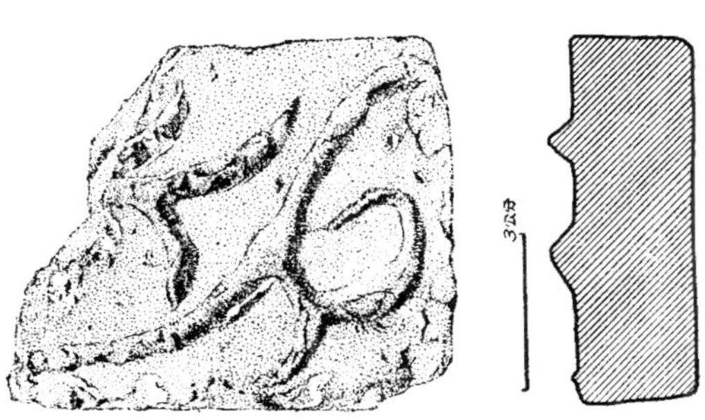

38

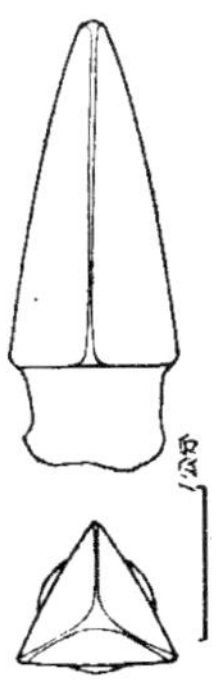

39

插圖

31、32　陶器蓋殘片　33　陶平底器殘底
34　陶三足盤殘片　35　陶案殘片
36　陶屋宇明器殘片　37　陶屋宇明器殘件
38　殘磚　39　銅鏃

此，斷定這墓晚於漢而早於北魏，當在魏晉時期。我們認爲這種說法是還待商推的，我們對它有以下幾點的看法：

第一，從時間來說，我們要注意上限下限的問題。有些圖像、花紋和器物，早可至戰國或西漢，晚可至魏晉。我們在推斷它們的時代的時候，一方面想到它們晚的可能性，另一方面也應想到它們早的可能性。即是說，我們既要承認藝術有其殘存時期，也要承認它有其開始時期。所以藝術中某些內容前所未見的，忽然在某個地方顯現出來，這可能是事物發展到一定程度時所產生的從量變到質變的飛躍，並非什麼不可思議的事。我們應當探求這些內容產生的客觀條件，細溯其來源，這樣我們有時會發現含有新的內容的東西不一定比那些純然是古老形式的東西晚些。例如我們以前總說中國到戰國時才有銅鏡，但安陽發掘中，忽然在殷商文化層內發現一面雛形的銅鏡（註 69），如我們不問它出土的情形，而主觀地認爲商代不會有銅鏡，便斷定它是後世滲入的東西，那就會把一個重要的發現埋沒了。

第二，藝術的發展，是由簡單到複雜，由低級到高級，這個規律是不變的。但是我們也應注意到，發展往往不是單線條的，而是錯綜複雜的。研究中國藝術，我們尤應特別注意它們錯綜複雜的關系。因爲以中國地域的廣大，人材的衆多，文化遺產的豐富，這一地區的藝術可能比那一地區進步些，即在同一區域內，這一個藝術家的水準可能比那一個高些，創造力比較豐富些，技巧比較純熟些。而且古人創作的東西是很多的，傳世的却很少，隨着考古學的發展，新的東西隨時可能被發現。我們無論研究那種藝術，似不應僅根據已發現的少數幾件東西作爲絕對標準來衡量新出的東西。根據這個理由，我們研究漢代石刻，從總的發展來看，認爲沂南畫像較孝堂山、武梁祠進步些，時代大致晚一些，是可以的。認爲是單線條的發展，沂南一定晚得很多，則不一定是對的。

第三，從地域來看，我們應注意中原與邊遠地方的關係。凡政治、經濟、文化中心所在，藝術總是比較前進的，它一方面吸收四周的東西來豐富自己，一方面向四周傳播。從傳播上說，在交通還不發達的時代，一種藝術從中心傳到邊遠的地方或外國，總需相當長的時日，而當它在那些地方盛行的時候，在中原地區它可能已向前發展而改變其原來的面貌了。顯著地受了中國影響的高句麗藝術中的一些內容，如建築結構、人物圖像、花紋圖案等，從中國傳入以至通行，必需相當時日，故高句麗墓雖與沂南墓在許多方面有相似之處，但前者可能晚於後者一兩百年之久。

從以上所舉的材料和所討論的，我們只能得出一結論，即沂南墓時代，上可到漢，下可到魏晉。如果我們希望把這墓的年代更確定一些，我們不妨試試從更多的方面來看問題，特別是從可能建造這墓時那一段歷史上的社會政治經濟狀況來看。

從墓的規模、結構和畫像石的內容來看，一般地說，我們可以肯定幾點：第一，造墓時的沂南及其有關的地方經濟是比較繁榮的，生活是比較安定的；第二，當時有大批建築、繪畫、雕刻的工匠集中在此地，並費了相當長的時間才把墓造起來；第三，畫像中的攻戰圖、出行圖、豐收宴享圖、祭祀圖等，是表現墓主人生活事蹟的圖畫，從它們可以看出來，墓主人是個大地主、大官僚而且曾對胡人作過戰、並把後者打敗過的。

現在我們查沂南地方的歷史。沂南設縣是解放以後的事，縣人民委員會所在地原名界湖鎮，屬沂水縣。據大清一統志（卷一百零九），沂水在漢代爲東莞縣，屬琅邪郡（續漢書郡國志稱爲琅邪國）。在漢末建安

註 69．這面銅鏡是在抗日戰爭以前發掘出來的，材料始終沒有發表過，被蔣介石[redacted]集團劫運到台灣去了。

的時候，在這裏置東莞郡。西晉太康十年（公元289）將郡移到莒縣去，以東莞縣爲郡的屬縣。劉宋泰始三年（公元 467），置東徐州，北魏太和二十二年（公元 498），改名南青州，北齊又移東安郡於此地，北周改爲莒州。隋開皇初年，廢郡，改名東安縣，十六年（公元 596）改沂水縣，沂水縣之名從此時起。

又據續漢書郡國志，後漢除兩京所在的洛陽、長安及其周圍地屬司隸校尉外，全國分爲十二州：豫、冀、兗、徐、青、荆、揚、益、涼、并、幽、交。徐州當現在魯南、蘇北及皖北部份地方（註 70），有郡國五：東海郡、琅邪國、彭城國、廣陵郡、下邳國（插圖 40）。

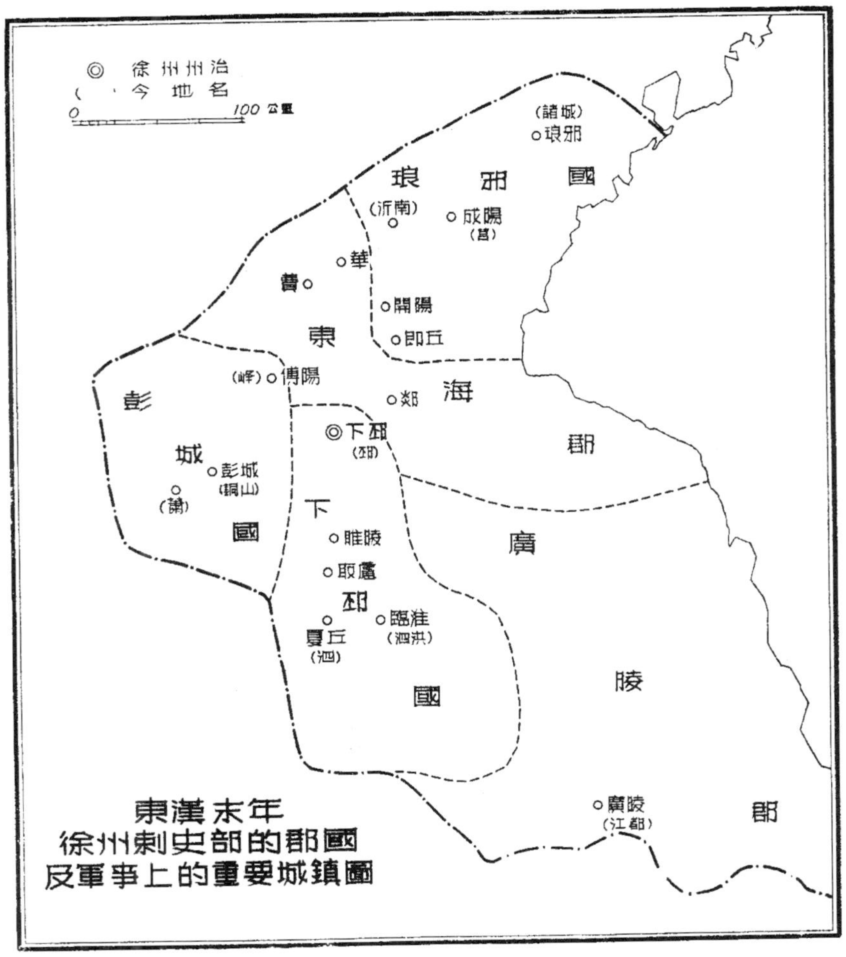

插圖 40

琅邪國在東漢初年爲光武子琅邪孝王京封地。京傳六代：夷王宇，恭王壽，貞王尊，安王據，順王容，容子熙。熙於建安十一年立，在位十一年，以事被殺，琅邪國遂不復存在（註 71）。

根據史書記載，琅邪從孝王京在建武十五年（公元 39）受封時起，直到質帝時（公元 146），沒有經過什麼大的戰爭。在這百多年中，中國境內，由於犂耕的普遍推行，農具的大量製造，耕作法的進步，灌溉業的發達，促成了農業經濟的發展。鹽鐵生產技術的改進，紡織業的普遍發達，更給社會帶來榮繁（註 72）。琅邪國當現在魯南地方，土地肥饒，宜於耕種，又產鐵（註 73），無疑是一般富區域。但由於貴族、官僚、地主對人民殘酷的剝削，到桓帝時，農民不斷起義（註 74），靈帝時，更有黃巾大起義（註 75）。不過農民起義，只是到處焚燒官府，殺戮貪官污吏，對於農業生產不會破壞的。地主統治階級軍隊對農民的鎮壓和屠殺，無疑地會破壞生產。但在徐州區域內，起初戰爭不是大規模的；鎮壓黃巾的戰爭，規模雖然較大，時間似乎很短，因此可以想像到造成的破壞是不大的。到漢末董卓、李傕、郭汜之亂，關中「二百里內，室屋蕩盡，無復鷄犬，」陳留、穎川二郡人民幾盡，袁紹與田楷連戰，青州野無青草。而鎮壓黃巾起義的徐州刺史（後爲徐州牧）陶謙，一方面擁着「百姓殷盛、穀實甚豐」的徐州，過着奢侈的生活，一方面接納四方避難的人，利用他們來鞏固自已的統治。這時曹操的父親曹嵩就避難到徐州東海國的琅邪縣，爲陶謙的別將的兵士所殺。曹操以報父仇爲名，

註 70．以後稱徐州，皆指這一區域。

註 71．見後漢書卷四十二琅邪孝王京傳。

註 72．見尙鉞：中國歷史綱要，1954 年出版，第 54、55 頁。

註 73．見續漢書郡國志。

註 74．見後漢書卷七孝桓帝紀永壽元年、延熹三年。

註 75．見資治通鑑卷五十八、五十九。

其實是垂涎徐州這塊殷富的區域，在獻帝初平四年(公元 193)，舉兵攻陶謙，破彭城、傅陽，陶謙退保郯城，曹操攻他，沒有把城攻下，回兵攻拔取慮、睢陵、夏丘三縣(插圖 40)，所拔五縣，⌊皆屠之，凡殺男女數十萬人，雞犬無餘，泗水爲之不流，五縣城保，無復行迹，⌉流徙到陶謙這裏來的人都被殺死。這次被破壞的慘，不亞於關中、陳留、潁川、青州各地。到獻帝興平元年(公元 194)，曹操又舉兵攻陶謙，略定琅邪東海諸縣，也是⌊所過殘滅⌉。陶謙懼怕曹操，想逃往丹陽，因呂布據兗州，曹操回兵攻布而止，在這一年，陶謙就病死了(註 76)。陶謙臨死時，以徐州讓給劉備。自此以後，徐州成爲羣雄角逐的地方。袁術、呂布、楊奉、韓暹前後舉兵攻劉備，劉備經過幾次戰爭而失敗後，不得不走歸曹操。後來劉備又殺曹操所置的徐州刺史車冑而自據其地。到建安五年(公元 200)，曹操攻破劉備，劉備逃往青州(註 77)。

徐州歸於曹魏後，爭奪戰的狀態才告一結束。但是經過喪亂之後，人口大減，加以三國鼎峙，戰爭不息，徐州雖不是戰地，但供給壯丁服兵役，供給穀物充軍糧。在這種情形之下，希望經濟有多大的恢復，是不可能的。所以晉書食貨志(晉書卷二十六)云:

于時天下未并，戎車歲動。……于時三方之人，志相吞滅，戰勝攻取，耕夫釋耒，江淮之鄉，尤缺儲峙。

西晉在太康元年(公元 280)平吳以後，有了二十年的安定，農村經濟略爲恢復，但至永康元年(公元 300)而八王之亂起。這時在徐州區域內，流民暴動的甚多。例如太安二年(303)臨淮人封雲舉兵自阜陵攻徐州(註 78)，永嘉元年至四年(公元 307—310)東海人王彌起兵，攻青、徐、兗、豫四州(註 79)，永嘉五年(公元 311)王桑、冷道破徐州，殺刺史裴盾(註 80)。自元帝渡江後(公元 317)，徐州只有一半爲晉所有，淮北居民隨着渡江的很多，於是在江南設僑郡，東海、琅邪都有僑郡(註 81)。自是徐州區域成爲拉鋸戰的地方。起初是東晉與後趙、東晉與前燕、東晉與前秦、東晉與南燕、東晉與北魏的戰爭，後來是劉宋與北魏的戰爭，至泰始三年(公元 467)而徐州淮北區域全爲魏有(註 82)。經過這一百六十多年的混戰而後，這地方土地荒蕪、城市丘墟、人煙斷絕的情形可以想而見了。

自漢至晉代，經濟繁榮或衰落的狀況，也在馬匹增減的情形上表現出來。漢書食貨志:

漢興，接秦之敝，諸侯並起。民失作業，而大飢饉，凡米石五千，人相食，死者過半，高祖乃令民得賣子，就食蜀漢。天下既定，民亡蓋臧，自天子不能具醇駟，而將相或乘牛車。……至武帝之初，七十年間，國家亡事。非遇水旱，則民人給家足，都鄙廩庾盡滿，而府庫餘財。京師之錢，累百鉅萬，貫朽而不可校。太倉之粟，陳陳相因，充溢露積於外，腐敗不可食。衆庶街巷有馬，仟伯之間成羣，乘牸牝者擯而不得會聚。

晉書食貨志:

顯宗即位，天下安寧，民無橫徭，歲比登稔。永平五年，作常滿倉，立粟市於城東，粟斛直錢三十。草樹殷阜，牛羊彌望，作貢尤輕，府廩還積，姦回不用，禮義專行。于時東方既明，百官詣闕，戚里侯

註 76. 以上事實，均見後漢書陶謙傳及資治通鑑卷六十、六十一。

註 77. 見蜀書先主傳(三國志卷三十三)。

註 78—80. 見晉書懷帝紀。

註 81. 見晉書地理志。

註 82. 見同治徐州府志卷第五上。

家，自相馳鶩，車如流水，馬若龍飛，照映軒廡，光華前載。

這兩段描寫西漢自武帝以後、東漢自明帝以後經濟繁榮、馬匹衆多的情形。當然所寫「太平盛世」光景，是有些誇張的，在貴族、官僚、地主殘酷剝削之下，絕大多數農民的生活還是非常貧苦的，不可能「人給家足」。但所寫當時表面上的繁榮以及統治階級耀武揚威的情形，則是實況。這種情形，經漢末喪亂及三國紛爭，便改變了。晉書輿服志云：

古之貴者不乘牛車。漢武帝推恩之末，諸侯寡弱，貧者至乘牛車，其後稍見貴之。自靈獻以來，天子至士，遂以爲常乘。

所謂天子至士以牛車爲常乘，並非因牛車可貴，乃是由於戰禍連年、經濟衰落、馬匹數大減所致。晉書輿服志載法駕屬車、戟鼓車、王公所乘雲母車、皁輪車、通幰車，皆駕牛，這是續漢書輿服志所沒有的。晉書武帝紀云：

承魏氏奢侈刻獘之後，百姓思古之遺風，乃厲以恭儉，敦以寡慾。有司嘗奏御牛青絲紖斷，詔以青麻代之。

「御牛青絲紖斷」，正證明其爲常乘。同時這段也說明由於承魏氏刻獘之後，晉武帝才如此節儉的。

晉書食貨志又載武帝令「以中左典牧種草馬賜縣令、長、相及郡國丞各一匹」。按晉書職官志，太僕下有左、右、中典牧都尉，所謂「中左典牧種草馬」，指中典牧都尉及左典牧都尉所養的做種的母馬。朝廷設專官來養做種的馬，用來賞賜縣令等，人不過一匹，可見當時馬的稀少可貴。食貨志又說到養牛要調習，使可駕用，這也是補馬的不足。至元帝渡江以後，將相乘牛車，更是常事。晉書（卷三十五）王導傳稱王導妻得知導有處衆妾的別館，準備前往，「導恐妾被辱，遽令命駕，猶恐遲之，以所執麈尾柄驅牛而進。」王導有如此急事，而仍乘牛車，其家中無馬可知。王導爲東晉渡江第一功臣，位至太傅，官爲丞相，尚且如此，其餘的人可知了。

根據以上歷史材料，可以大致推斷沂南墓的比較確切的時代。沂南墓的建造，必在比較承平之世而不在干戈擾攘之時，這是可以斷言的。我們現在從最晚的時候推起，假設這墓造於北魏之時，即徐州淮北區域爲北魏所併以後。這是不可能的。且不說藝術風格諸多問題，單就畫像石內容而言，其中一幅主要雕刻，爲墓門上的攻戰圖，所畫爲墓主人生前重要事蹟，畫中漢人與胡人戰，漢人勝而胡人敗。這幅畫在拓跋氏統治的區域內，决不可能被允許畫出的，同樣這位率領漢人打敗胡人的「英雄」，也决不可能在這區域內造這樣一座宏大的墓的。

我們再往上推，假設這墓造於西晉初年。驟看起來，這是可能的。因爲晉初有二十年比較安定的時間，一般所謂「開國功臣」，財力還比較充裕。而且武帝在廢曹奐而稱帝以後，即大封宗室，叔父伷被封爲東莞王，東莞即沂水縣（註 83）。伷受封後，出爲鎭東大將軍，假節徐州諸軍事，鎭下邳。後又改封琅邪王，以東莞屬琅邪國。在晉滅吳的戰爭中，伷領兵數萬參加，立有大功，孫皓以璽綬送伷請降，於是武帝進拜伷大將軍開府儀同三司，并督青州諸軍事（註 84）。看司馬伷的歷史，再據大清一統志「琅邪王伷墓在沂州東二里」的說法（註 85），我們幾乎認爲這墓即是琅邪王伷的墓。但細讀晉書武帝紀及伷傳，伷並未長住封國內，

註 83．見晉書武帝紀。

註 84．見晉書卷三十八琅邪武王伷傳。

註 85．見大清一統志卷一百零九沂州府陵墓條，原文伷誤作「佃」。

滅吳以後，似同齊王攸等同住洛陽，故當太康四年（公元 283）病重時，武帝派侍中問病，並賜床帳等物，伷臨終，上表求葬太妃陵次，武帝許之。按太妃爲司馬懿妾，伷母，墓當在洛陽，伷就封琅邪時，晉和吳的戰爭還在進行，即使伷母還在，也不會隨伷住到琅邪去而葬在那裏。而且一統志說墓在沂州東二里，沂州即今臨沂縣，在沂南的南面六十公里以上，顯然指的是另一座墓。伷子琅邪王覲，似亦居洛陽（西晉諸王都不願就國），三十五歲而死，史書除記他的官而外，未載他生平任何事蹟（註 86），覲子琅邪王睿，即渡江的元帝，因此這墓也不可能是覲或睿所造。我們又揣測這墓是西晉初年另一武臣的墓，但考之史實，也不大符合。因晉承三國紛爭之後，國家疲弊，晉武帝不得不提倡節儉，當時功臣，如石苞、杜預，均遺言薄葬（註 87）。只有王濬自以爲有平吳大功而賞太輕，心存怨望，遂縱情享樂，大營塋域（註 88）。這種特殊情形，史書特爲紀錄，似並非當時通行的習俗。而且晉代因馬匹缺乏，皇帝將相均乘牛車。證以實物，則有安岳冬壽墓的壁畫，畫的內容和形式同一般漢畫像差不多，但主人翁乘牛車，可見當時乘牛車的習慣，遠及遼東。再看沂南畫，無論主車、導從車、婦女所乘的輜車、致弔祭的賓客所乘的或載祭品的車子，一律用馬，這和晉代的情形是不符合的。因此，說這墓是西晉初年所造，可能性是很小的。

我們再往上推，假設這墓造於曹魏時代。驟看起來，這也是可能的。因三國戰爭不在徐州區域內，這區域經過四十多年（公元 220—265）安定的時期，經濟情形總要好一些。而且曹魏時代任徐州都督或徐州刺史的人不少，其中有任期頗長的，如呂虔即是（註 89）；還有任東莞太守的，如尹禮即是（註 90）。但細讀三國史書，魏承漢末軍閥混戰之後，關洛數百里無人煙，「天下戶口減耗，十裁一在」（註 91），曹操曹丕兩代，不得不力崇節儉，特別提倡薄葬。曹操自作陵墓，「因高爲基，不封不樹」，臨死時，遺令「斂以時服，無藏金玉珍寶」（註 92）。曹丕立送終制度，亦規定「無爲封樹，無立寢殿、造園邑；……無藏金銀銅鐵，一以瓦器；……飯含無以珠玉，無施珠襦玉匣」（註 93）。曹叡較爲奢侈，在洛陽營建宮殿，但營陵墓時，仍依曹丕的遺制（註 94）。而且曹魏對於臣下，素來是嚴刑峻法，稍有過失，則誅滅隨之。當皇帝們極力提倡節儉之時，如果任何人敢像沂南墓的主人一樣，出行時有那樣多的車騎，還營建這樣大的墳墓，恐不等他身死就早已被誅戮，而史書也會大書特書了。我們又揣測這是一位在漢末做過大官、在曹魏時代仍留居鄉里的人、追懷往日的尊榮而造這墓的，這也不大可能。按歷史紀載，經漢末喪亂，魯南人士，紛紛外避。故吳書張昭傳（三國志卷五十二）云：「漢末大亂，徐方士民，多避難揚土」。再則王粲以西京擾亂，情願往荆州依劉表，而不肯歸山陽故里（註 95）。當時曹操用兵略定魯南，殺戮的慘，名士們也不得不外逃，而謂本地的豪家鉅族能安然無恙待下去，到曹魏時還有財力造這樣一座閎偉的墓，於理是說不大通的。因此，說這

註 86．覲傳附於伷傳後。

註 87．見晉書卷三十三石苞傳及卷三十四杜預傳。

註 88．見晉書卷四十二王濬傳。

註 89．見魏書呂虔傳（三國志卷十八）。

註 90．見魏書臧霸傳（三國志卷十八）。

註 91．見魏書張繡傳（三國志卷八）。

註 92．見魏書武帝紀（三國志卷一）。

註 93．見魏書文帝紀（三國志卷二）。

註 94．見魏書明帝紀（三國志卷三）。

註 95．見魏書王粲傳（三國志卷二十一）。

墓是曹魏時所造，可能性也是很小的。

我們再往上推，假設這墓造於漢代，由於從建築結構、畫像內容、藝術風格各方面來看，這墓應晚於武氏祠，因此我們假定這墓造於靈帝末年、獻帝初年、曹操攻陶謙以前。這個可能性最大。

第一，東漢自明帝以後經濟恢復的情形，已見前引的晉書食貨志。到獻帝初年，儘管關洛大亂，而「徐方百姓殷盛，穀食甚豐」。魯南一帶，在後漢時本出有很多大官僚，他們在此時是有足够的財力來建造這樣一座墓的。墓中畫像所表現墓主人的生活，土地收入的多，祭祀儀節的隆重，出行時前後導從車騎的盛，迎候的人的恭敬，都顯示出墓主人的身份。特別是車輛馬匹的多，與晉書食貨志所稱後漢時「車如流水、馬若龍飛」的情形相合，也與吳書士燮傳所載士燮在漢末爲交阯太守時出入車騎滿道的情形相合，這是三國及晉代所沒有的。

第二，魯南在東漢時期文化特盛，出有許多經師，長於建築、繪畫、雕刻的藝術家們大約也以這地區爲集中地之一。以存世的作品而論，畫像石出於魯南的特多，今已知的曾出畫像石的有汶上、曲阜、滋陽、泗水、嘉祥、濟寧、鄒縣、沂水、莒縣、鉅野、金鄉、滕縣、費縣、城武、魚台、臨沂、郯城等縣。而沂南一地，除這墓外，北寨村及其附近的神墩村都還另有畫像石基（神墩村墓門橫額上畫像見圖版 19），可見這種墓在這一帶地方密集到怎樣的程度。這些地方所出的畫像石，凡有文字紀載年號的皆屬漢代，特別是東漢，從未見有魏晉年號者。這一事實，也證明這一地區的畫像石墓絕大部份（若不是全部的話）造於漢代，以理來推，沂南墓大致也不會例外的。再則沂南畫像中有許多榜是空白的，未曾刻字，其他魯南畫石中亦常見這種情形。這似乎表現一種草草完工的迹象，是否與漢末的戰亂有關，也是值得注意的。

第三，由於經濟情形的允許及商周以來傳統習慣的存留，厚葬的風俗，在東漢時仍極盛（註 96）。故王符潛夫論浮侈篇云：

> 今京師貴戚，郡縣豪家，生不極養，死乃崇喪。或至刻金鏤玉，檽梓楩柟，良田造塋，黃壤致藏，多埋珍寶、偶人、車馬，造起大冢，廣種松柏，廬舍祠堂、崇侈上僭。

今計算已發現的冢墓，規模宏大、結構嚴密的，如東北、河北的壁畫墓，山東、河南的畫像石墓，河南、四川的畫像磚或花磚墓，四川的崖墓，凡有銘刻或其他可靠證據可定時代的，多屬東漢，可見當時大營冢墓的風氣遍於各地。顯然漢亡以後，這種風氣便驟然衰退，但成爲許多人士避亂的遼東地區，則仍繼續，故今日東北所發現的壁畫墓，有屬於曹魏時的，遼陽三道壕令支令張君墓即其一例（註 97），由此發展而爲高句麗石墓。知此，則高句麗墓在結構上和壁畫的內容上與山東漢畫像石墓接近，是不足爲怪的。

到此，我們應特別討論一下沂南畫像中佛教影響問題。當我們看畫像第 18 幅那個像飛天的羽人、第 56 幅那個作手印的肩生雙翼的人和第 56、57 幅兩個頭上有圓光的童子時，我們很容易聯想到南北朝時的佛刻，不過仔細研究，兩者是有相當大的距離的。

那個騰空而飛的羽人，不一定是摹倣飛天的形狀。當時畫這些圖畫的藝術家們，用他們生動的筆調，將人和動物的各種姿勢畫出來，有正立的，有側立的，有倒立的，有反身向後的，在畫羽人的時候，當然會想像到他飛騰的形狀而儘量求其逼真地表現出來。因此，我們認爲這幅羽人，只是姿勢活潑，神態生動，與後世佛畫中的飛天巧合，而不是摹倣後者。這種姿勢，在南陽畫像石上曾見過。南陽漢畫象彙存第 140 圖及第

註 96． 關於漢代厚葬的風俗，參考楊樹達：漢代婚喪禮俗考（1933 年出版）第二章。

註 97． 見註 33。

143 圖中各有一作技戲的人，左手據一圓几上，全身騰空而起，衣裾飄揚，其姿態正和沂南畫的羽人相似。

至於手印和佛光爲受佛教影響的產物，大致沒有什麽疑義。但漢代藝術受佛教影響，並非奇事。因佛教於後漢明帝時傳入中國，佛像亦一併傳來。後漢書(卷四十二)楚王英傳李賢注引袁宏漢記云:

初，明帝夢見金人，長大，項有日月光，以問羣臣。或曰:「西方有神，其名曰佛，陛下所夢，得無是乎?」於是遣使天竺，問其道術而圖其形像焉。

後漢書(卷八十八)西域傳有同樣紀載。自此以後，佛教在中國傳播，到漢末而轉盛。故西域傳又云:

楚王英始信其術，中國因此頗有奉其道者。後桓帝好神，數祀浮屠老子，百姓稍有奉者，後遂轉盛。

又後漢書(卷七十三)陶謙傳:

初，同郡人笮融，聚衆數百，往依於謙。謙使督廣陵、下邳、彭城運糧，遂斷三郡委輸，大起浮屠寺。上累金盤，下爲重樓，又堂閣周回，可容三千餘人。作黃金塗像，衣以錦綵。每浴佛，輒多設飲飯，布席於路，其有就食及觀者，且萬餘人。

笮融所建浮屠寺，當在當時徐州州治所在的下邳(插圖40，註98)。當時在蘇北這樣大興佛教，山東南部受其影響，乃是極自然的事。可注意的，這裏作手印的人，並非佛像，而是肩生雙翼的人，像東王公、西王母的樣子；頭繞佛光的人，也非佛像，而是着普通衣服的童子。這些都表示當時畫家對於佛教藝術，只是一知半解，偶有所見，便採入自己的作品中，這是佛教傳到中國不久、其藝術在中土開始萌芽的現象，當達到相當成熟時期以後，這種現象便不存在了。我們看沂南畫像，奇禽異獸，種類繁多，麒麟、獅子、龍、虎、犀、豹，無一不備，獨佛教藝術中常見的白象從未見過；藻井及畫像石上均有蓮花紋，但南北朝石刻上所常見的蓮座又從未見過。這些事實，正可證明我們以上論點的不誤。

四川樂山麻浩享堂樑上刻有一端坐的人，繞頭有佛光，右手作「施無畏印」(插圖41，註99)。又四川彭山崖墓內出有一陶座，座下部塑雙龍啣璧，上塑一端坐的人，頭上有肉髻，右手似作「施無畏印」，身

插圖 41　四川樂山麻浩享堂的佛刻

插圖 42　四川彭山崖墓出土的陶佛座

註 98. 見王先謙後漢書集解郡國志下邳國條，以前謂徐州州治在彭城，非是。

註 99. 見聞宥:四川漢代畫象選集(1955 年出版)第59圖。

上衣褶分明，兩旁有二人侍立（插圖 42）。兩者均是眞正的佛像，比沂南所畫的又進一步。它們均無文字可定時代，但麻浩享堂內其他雕刻與四川許多漢代石刻並無兩樣，而與彭山陶佛座同出的遺物，如陶俑、陶動物以及陶屋宇等，均具有漢代明器特徵。這些都是可以爲沂南墓的斷代問題作佐證的。

此外，從沂南墓整個畫像內容來說，其中關於動物界的神話傳說特別豐富，這是漢代的特點。自魏晉而後，佛教昌盛，特別小乘佛教的盛行，因果輪迴之說，深入人心，受着殘酷的階級壓迫、又經過長期戰爭、苦難深重的人民，迷惘於前世今生的說法，夢想着來生的幸福，篤信確有「國土莊嚴」的西方極樂世界，也相信一切衆生皆同人一樣經歷輪迴，於是原始的、認爲宇宙是神祕不可知的神話傳說，乃漸衰滅。故在近年來發現大批的北朝墓葬以及隋唐墓葬中，只有少數作爲鎮墓用的陶製或石製的神話中的人或動物，從未見在壁上大量刻畫。這些事實，又爲沂南墓斷代問題供給一些旁證了。

最後，我們應當提到，我們所推測的，只是一般情形而不是特殊情形。也可能在曹魏時或西晉初年，有什麼武臣特別得皇帝的寵愛，在他退居鄉里以後，知道皇帝不會找他的麻煩，便同王濬一樣，大起墳墓，找着經戰亂後而倖存的工匠，雕成這許多畫像石，雖然他沒有這樣多的車騎，但他故意倣古，刻成這樣。這種可能性雖然極小，然而我們也不應完全抹殺它。因此，我們推定這墓造於東漢晚年、公元 193 年以前，只是相對的、一般的說法，而不是絕對的、肯定的斷語。我們期待更多的新的發現來判斷這種說法，也希望學術界的同志們共同討論。

結　束　語

兩漢時代，貴族地主們承襲着商周厚葬的習俗，建造了大量的堅固閎麗的墳墓，沂南畫像石墓就是在這種風氣下造成的。這墓的建造年代，大致在東漢末年靈獻之際，但當在獻帝初平四年（公元 193 年）魯南地方還未遭受曹操攻陶謙的兵禍以前。

沂南墓的建築，以氣魄雄偉、結構謹嚴見長，但在雄偉之中見精麗，在謹嚴之中見生趣，表現出漢代建築藝術達到了相當高的水準。

沂南墓畫像內容的豐富，可比武氏祠，但雕刻技術比起武氏祠來有顯著的發展。全部畫幅都是有機地聯系着的，排列在適當的位置上。它們的主要部份是優秀的現實主義作品。它們代表着當時繪畫和雕刻藝術極高的成就，也代表着我國造型藝術發展的一個重要階段，即古代優秀傳統到此而集大成，並且進一步地有了新的創造性的風格。

最可注意的是我們在這裏已開始感覺到從印度傳來的佛教藝術的最早的影響。這種佛教因素揉合於中土原有的圖像之中，代表着佛教藝術在中國萌芽時期的一種特有的色彩。

沂南墓是漢代民間傑出的藝術家們創造性的作品。他們沒有留下自己的姓名，但我們可以想像得出當時的民間雕刻家、建築師們在爲着維持自己最低的生活而辛勤勞動的當中，怎樣集體地發揮他們卓越的天才，創造出這件完整的、驚人的藝術品來。

沂南北寨村全景

圖版 2

（1）北寨村西汶河上的長橋

（2）北寨村西汶河河沿上的沙灘

(1) 1953年調查時所見露出地面上的墓門

(2) 1953年調查時的情形，揭開墓室頂到室內探視

圖版 4

(1) 清理墓頂和墓門前的填土—向南看

(2) 清理墓頂和墓門前的填土—向北看

墓門遠景

圖版 6

墓門石刻近景

剔除墓門石刻上的泥土

圖版 8

在墓室頂上工作

(1) 墓室頂的全貌—向北看

(2) 墓室頂的全貌—向南看

圖版 10

（1）前室室頂結構和八角擎天柱上的斗栱

（2）前室的八角擎天柱

（1）前室八角擎天柱上的斗栱

（2）前室八角擎天柱柱身的一部分

圖版 12

中室八角擎天柱的全貌

（1）中室八角擎天柱斗栱的東面

（2）中室八角擎天柱斗栱的西面

（1）中室八角擎天柱斗栱東面的北半部及倒仰的龍

（2）中室室頂的叠澀部分

（1）中室的東北角

（2）中室的西北角

圖版 16

從中室看後室的情形

（1）後室西間北部

（2）後室東間北部

圖版 18

(1)

(4)

(2)

(3)

(1) 前室西間藻井雕刻
(2) 中室東間藻井雕刻
(3) 中室西側室藻井雕刻
(4) 後室東間藻井雕刻

北寨村附近神墩村內另一古墓墓門橫額上的石刻

圖版 20

後室藻井上的彩繪

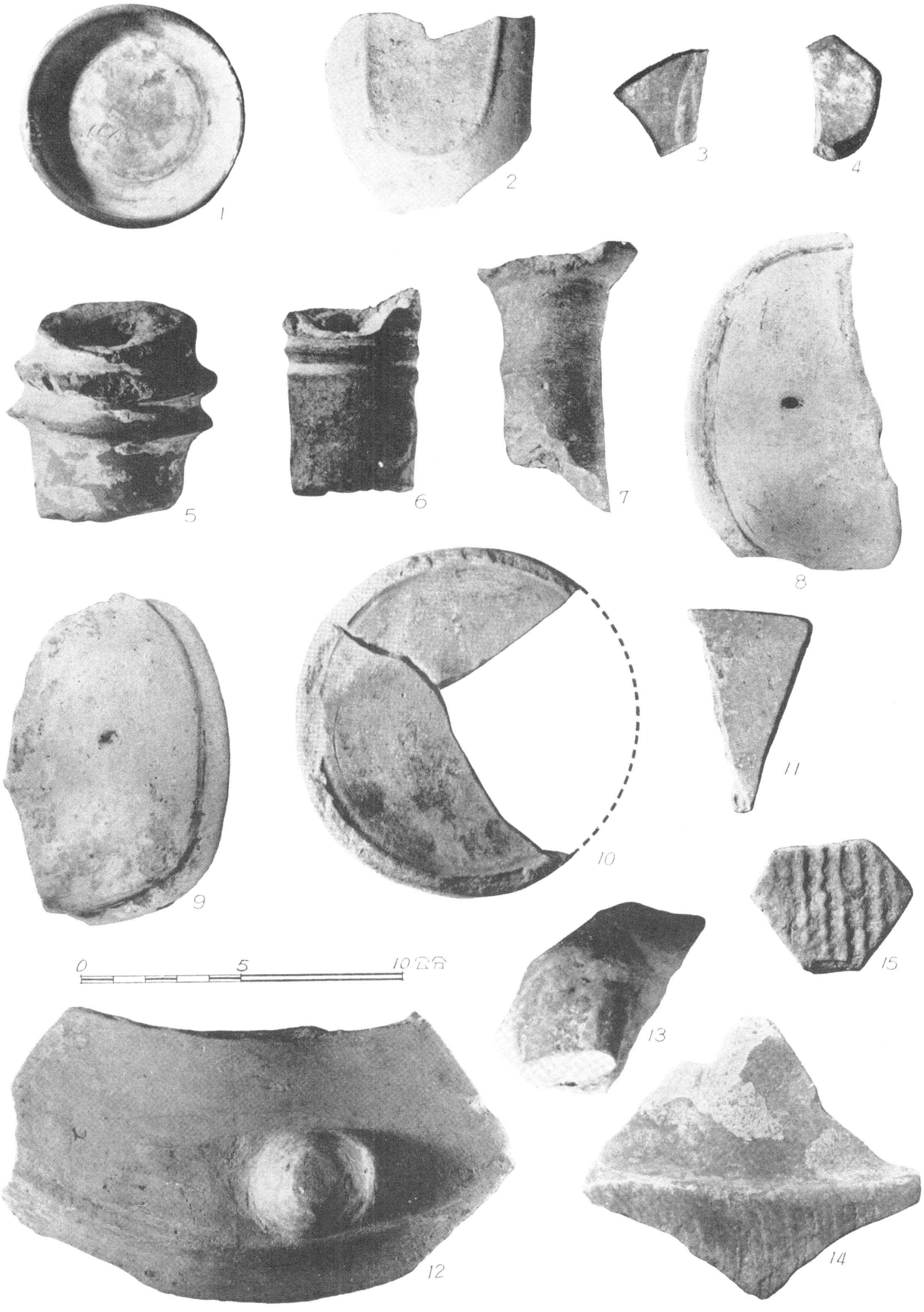

墓中所出遺物

(1) 小灰陶盞
(2)—(4) 陶耳杯殘片
(5)—(7) 殘陶豆柄
(8)—(9) 陶器蓋殘片
(10) 陶平底器殘底
(11) 陶平底器殘底
(12) 陶三足盞殘片
(13) 陶鼎足殘片
(14) 帶繩紋的陶器殘片
(15) 粗繩紋陶片

圖版 22

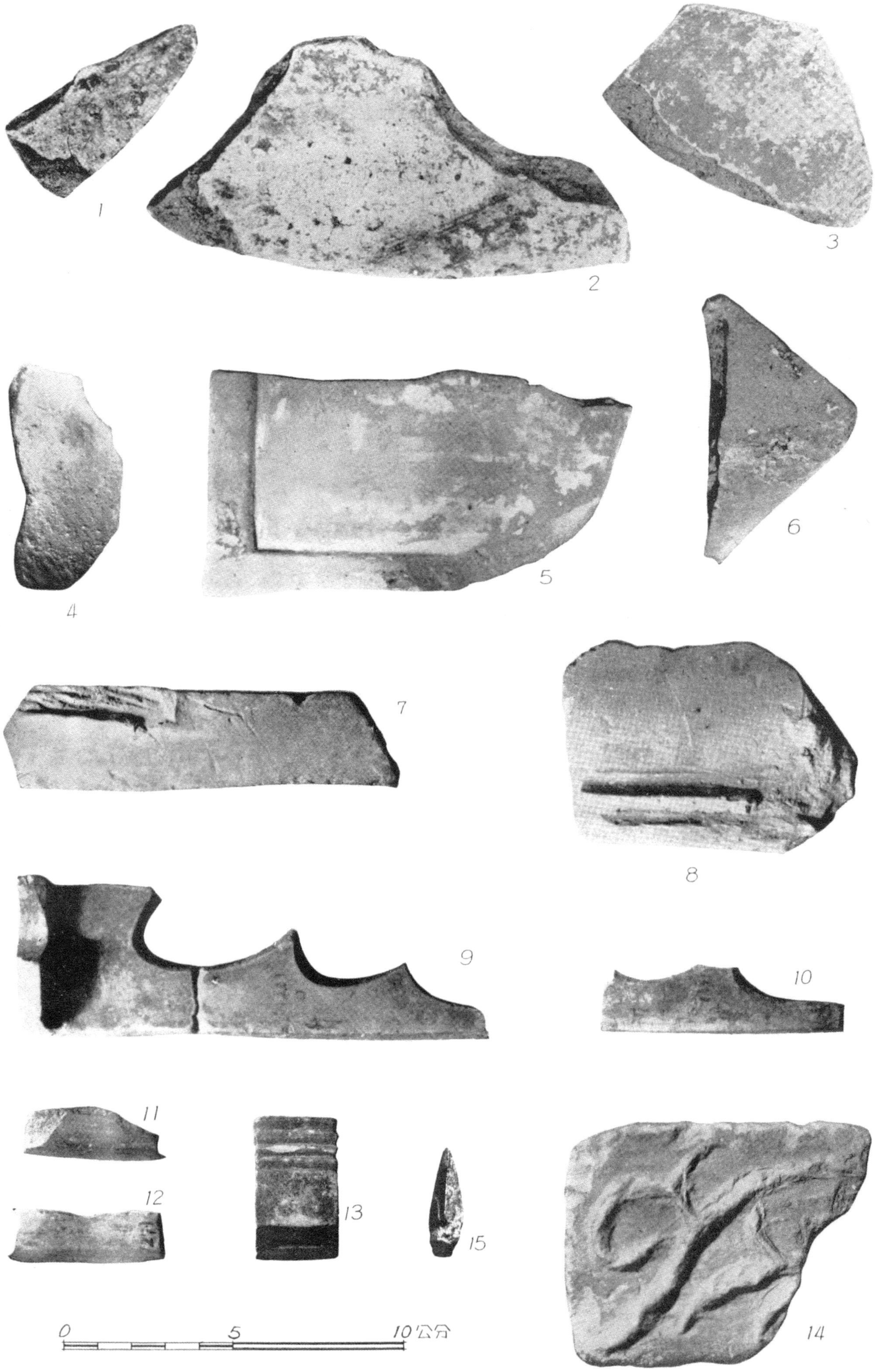

墓中所出遺物

(1)—(3) 大陶器腹片　(4) 陶器腹片　(5)—(6) 陶案殘片
(7)—(8) 陶屋宇明器殘片　(9)—(12) 陶屋宇明器殘片　(13) 陶屋宇明器殘件
(14) 花磚殘件　(15) 銅鏃

圖版 23—81
沂南画像石拓片1—73幅
（原拓片縮小1/4即原面積的1/16）

圖版 23

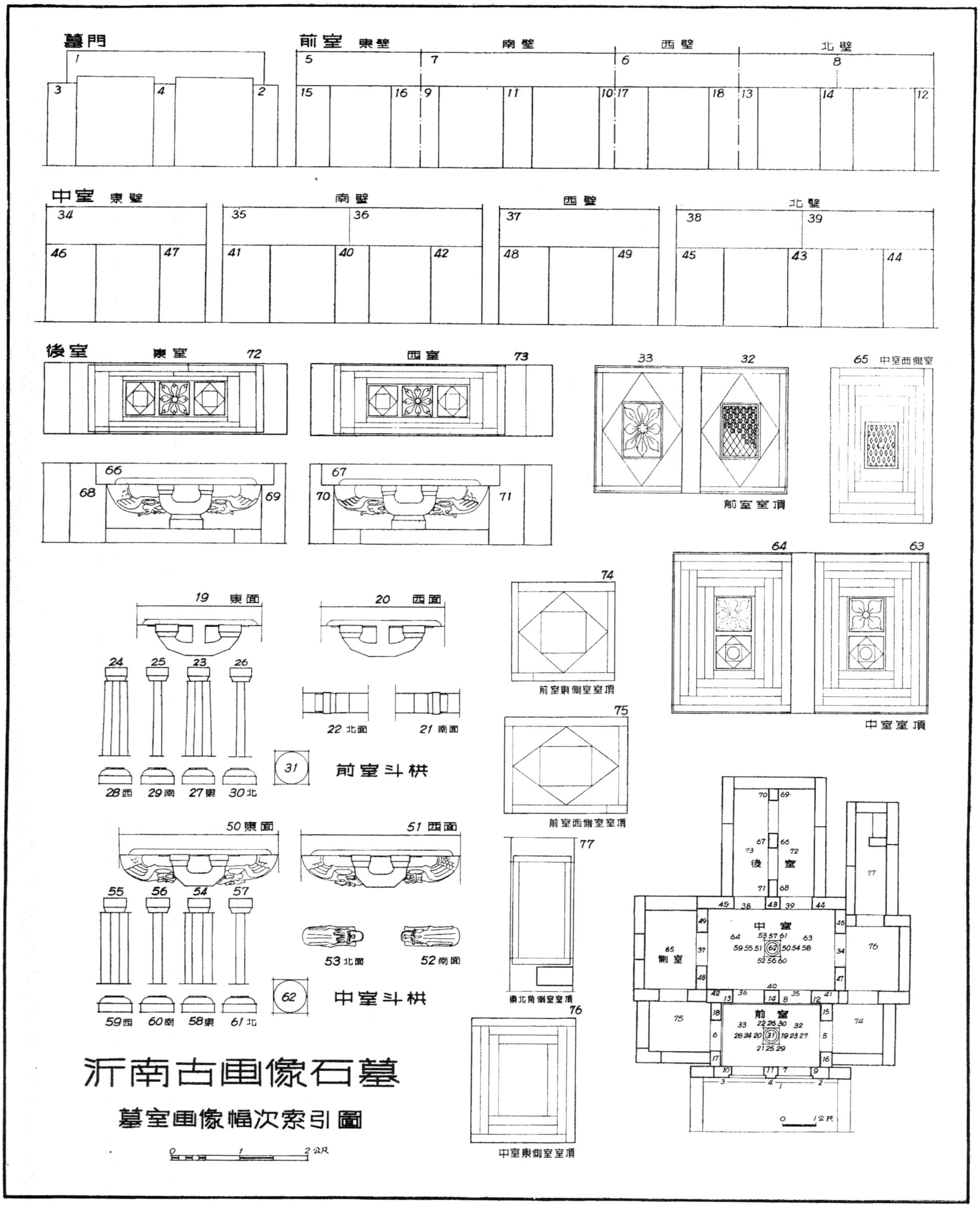
墓門
前室 東壁
南壁
西壁
北壁
中室 東壁
南壁
西壁
北壁
後室 東室
西室
前室室頂
中室西側室
前室東側室室頂
中室室頂
前室西側室室頂
東北角側室室頂
中室東側室室頂
前室斗栱
中室斗栱
19 東面
20 西面
22 北面
21 南面
28西 29南 27東 30北
50東面
51 西面
53 北面
52 南面
59西 60南 58東 61北
沂南古畫像石墓
墓室畫像幅次索引圖
0 1 2公尺
中室
前室
後室
側室
0 1公尺

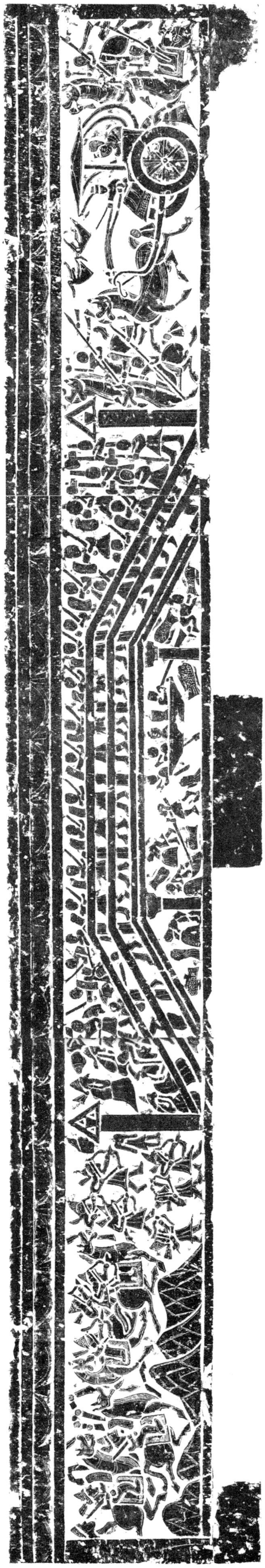

拓片第1幅　墓門上楣額

圖版 25

拓片第2幅　墓門東側支柱

拓片第３幅　墓門西側支柱

圖版 27

拓片第4幅　墓門當中支柱

圖版 28

拓片第5幅　前室東壁上横額

拓片第6幅　前室西壁上横額

圖版 29

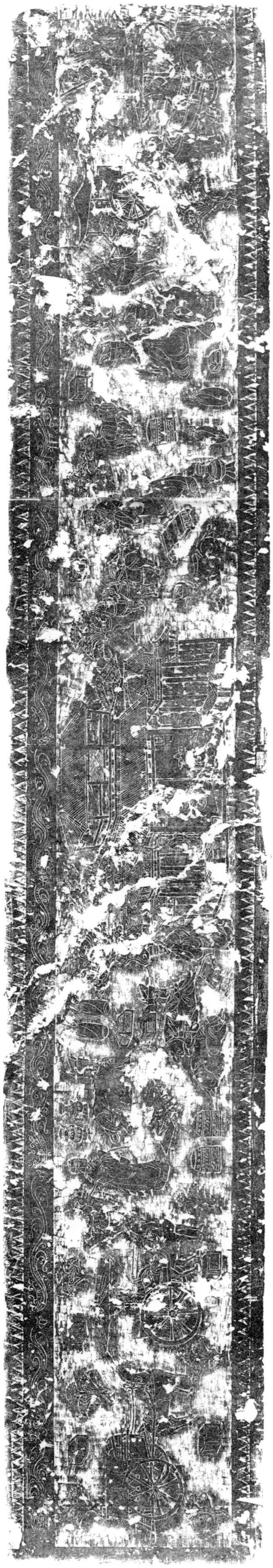

拓片第7幅　前室南壁上横額

拓片第8幅　前室北壁上横額

拓片第9幅　前室南壁東段

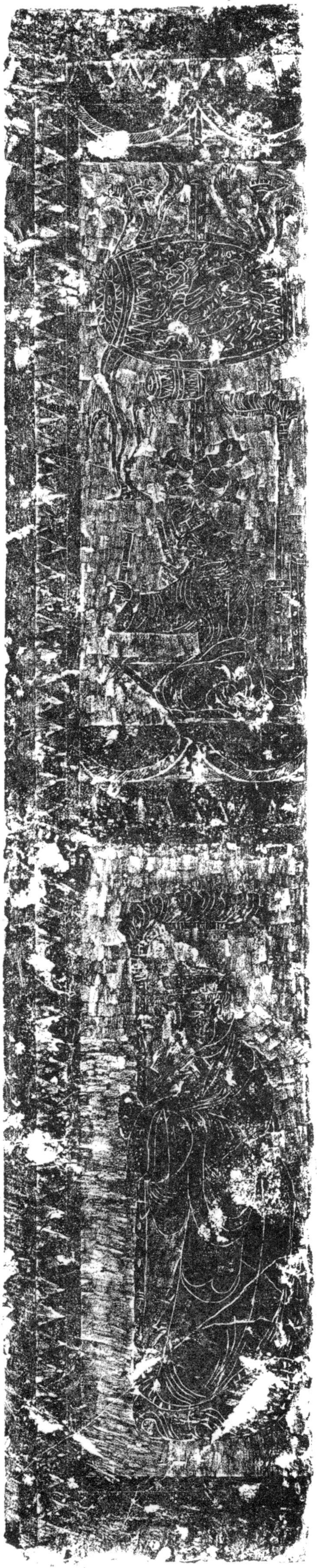

拓片第10幅　前室南壁西段

拓片第11幅　前室南壁正中一段

拓片第12幅　前室北壁東段

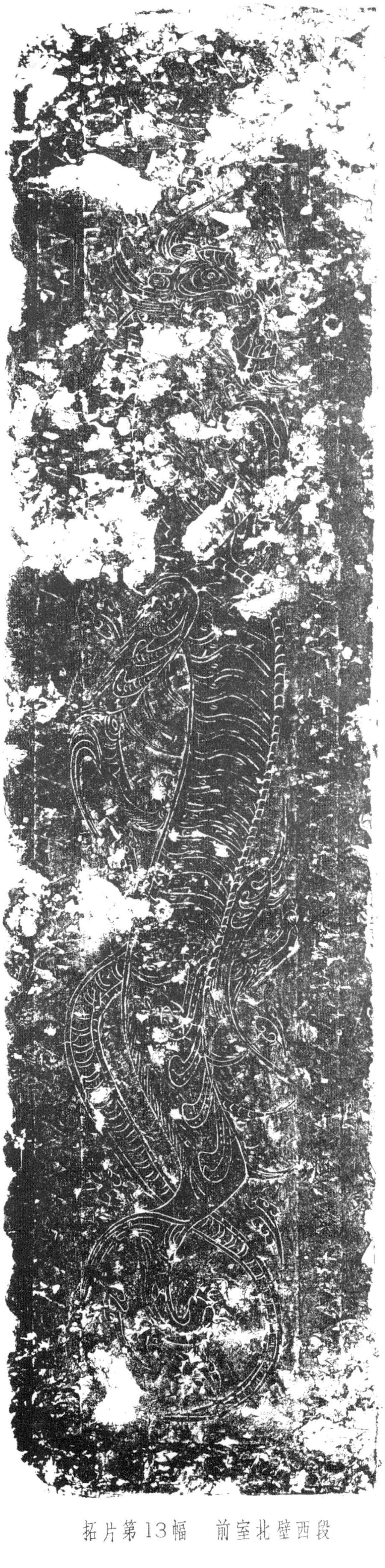

拓片第13幅　前室北壁西段

圖版 33

拓片第14幅　前室北壁正中一段

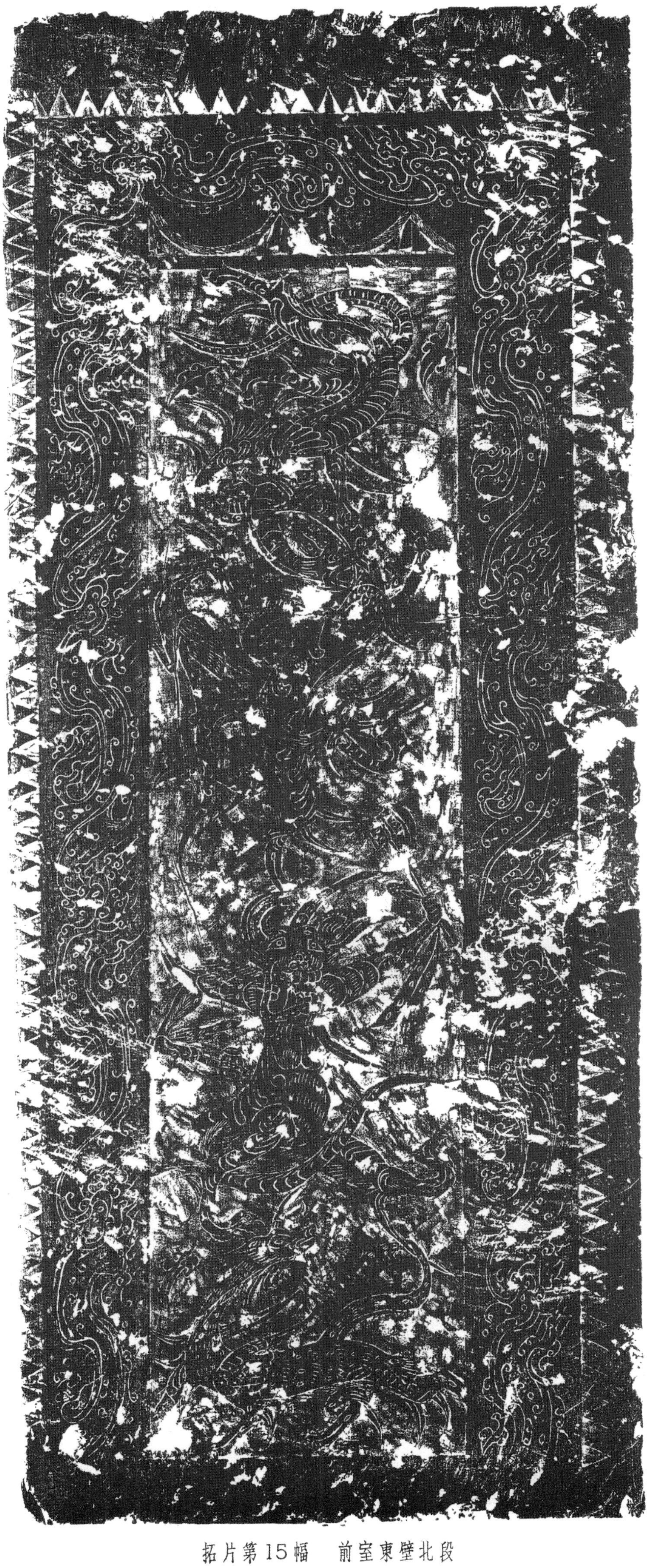

拓片第15幅　前室東壁北段

圖版 35

拓片第16幅　前室東壁南段

拓片第17幅　前室西壁南段

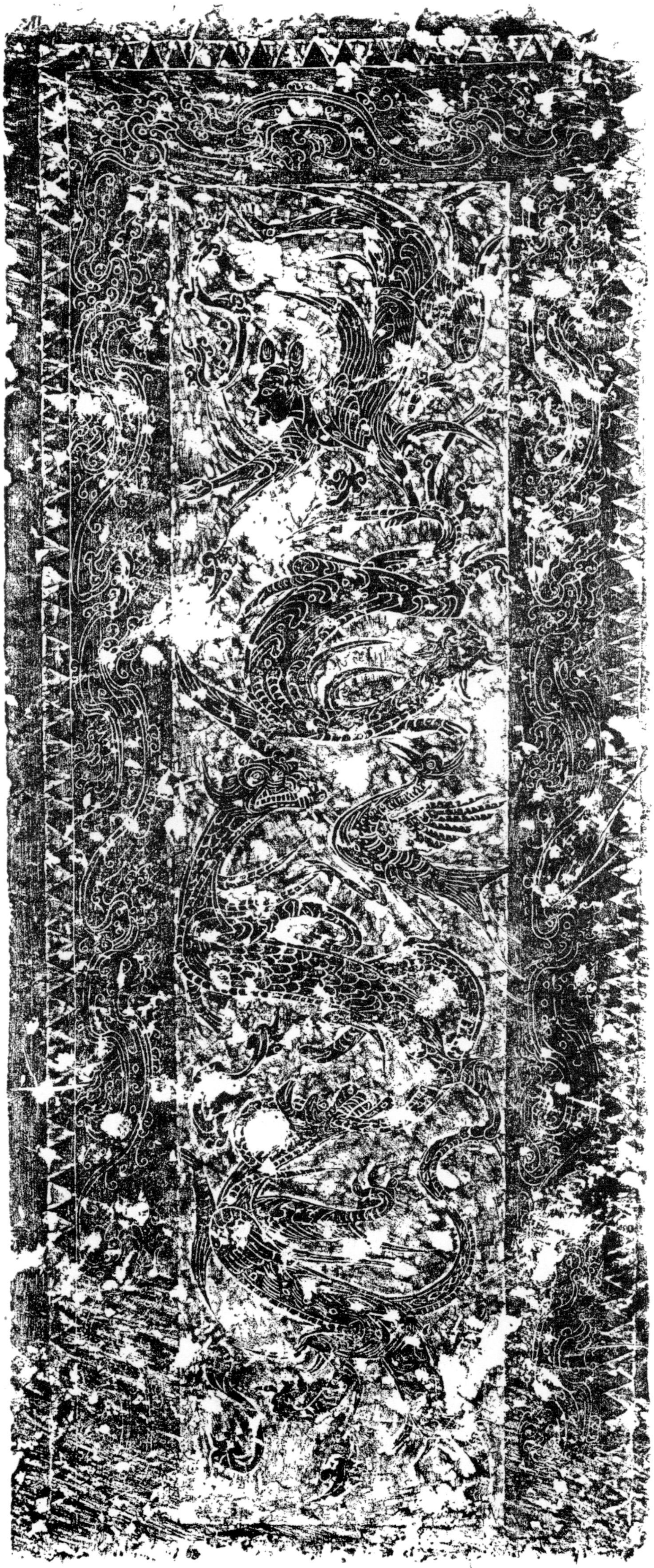

拓片第18幅　前室西壁北段

拓片第19幅　前室過樑和八角擎天柱上的欒斗、栱與蜀柱的東面

圖版 39

拓片第20幅　前室過樑和八角擎柱上的散斗、拱與蜀柱的西面

拓片第21幅　前室過梁和八角擎天柱上的散斗和栱的南面

圖版 41

拓片第22幅　前室過㯭和八角擎天柱上的散斗和栱的北面

圖版 42

拓片第23幅　前室八角擎天柱的櫨斗和柱身的東面

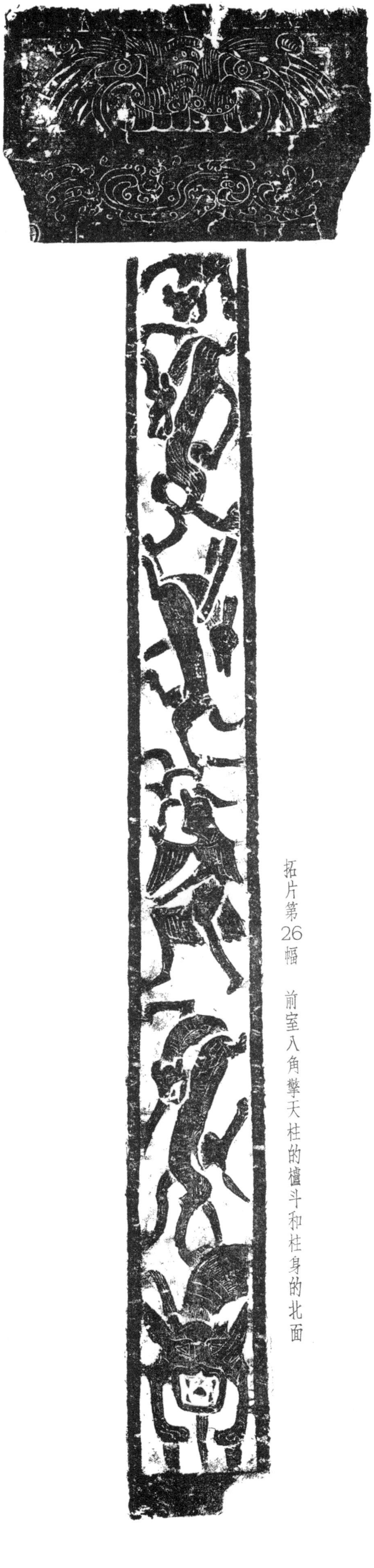

拓片第26幅　前室八角擎天柱的櫨斗和柱身的北面

圖版 43

拓片第24幅　前室八角擎天柱的櫨斗和柱身的西面

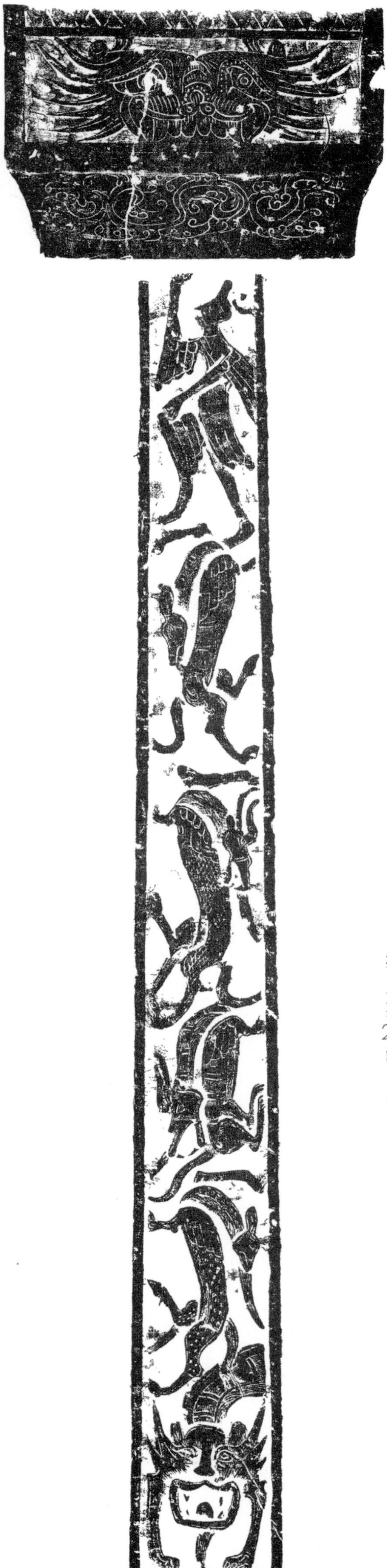

拓片第25幅　前室八角擎天柱的櫨斗和柱身的南面

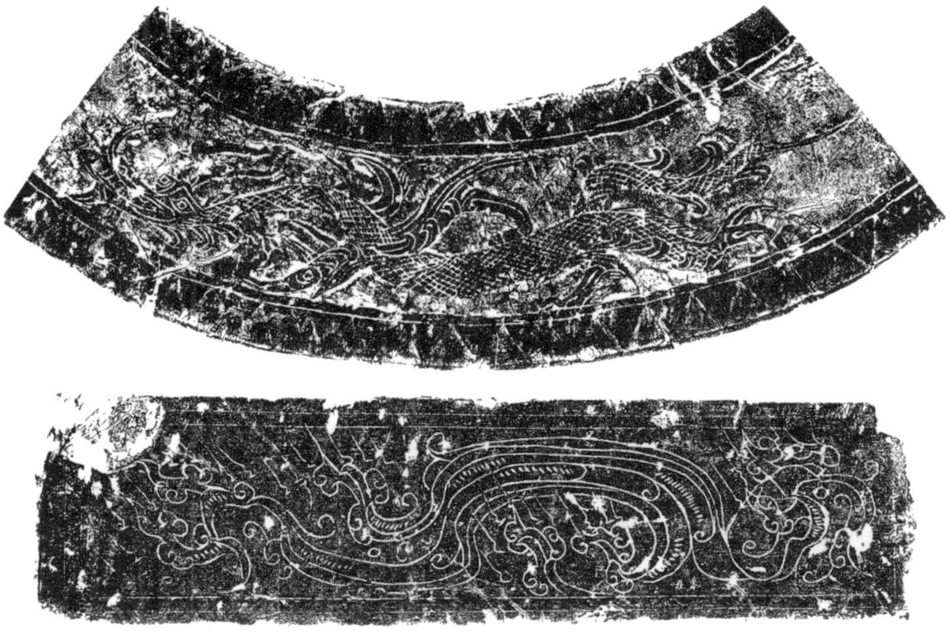

拓片第27幅　前室八角擎天柱柱礎的東面

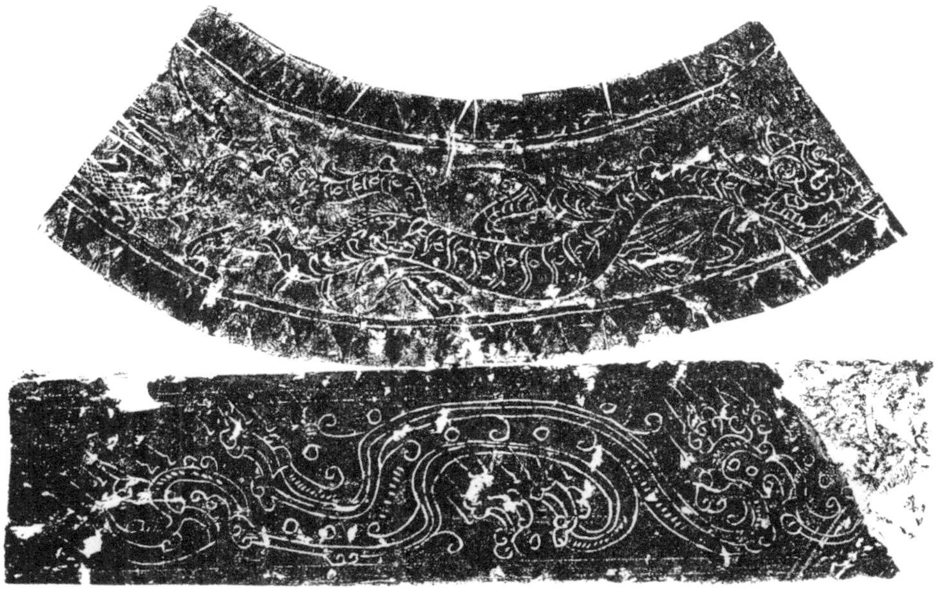

拓片第28幅　前室八角擎天柱柱礎的西面

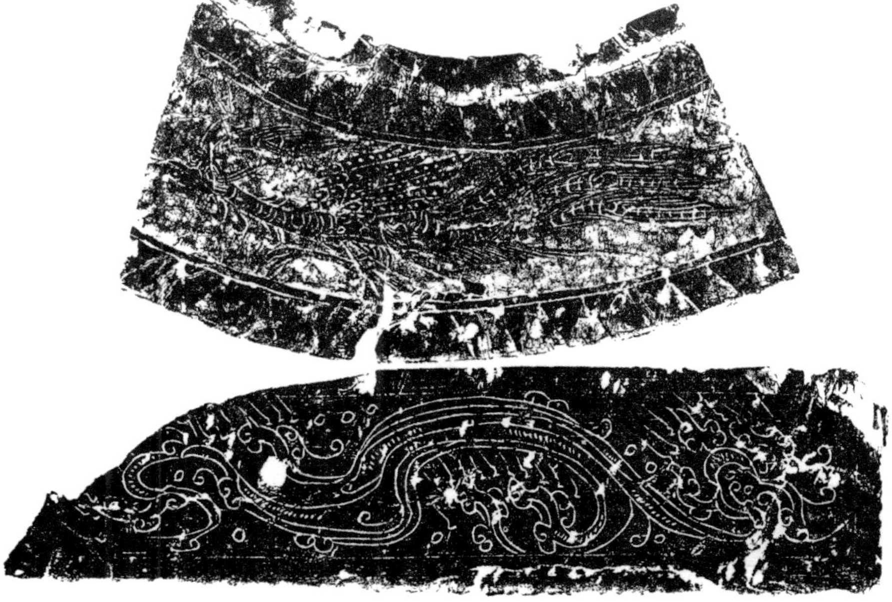

拓片第29幅　前室八角擎天柱柱礎的南面

圖版 45

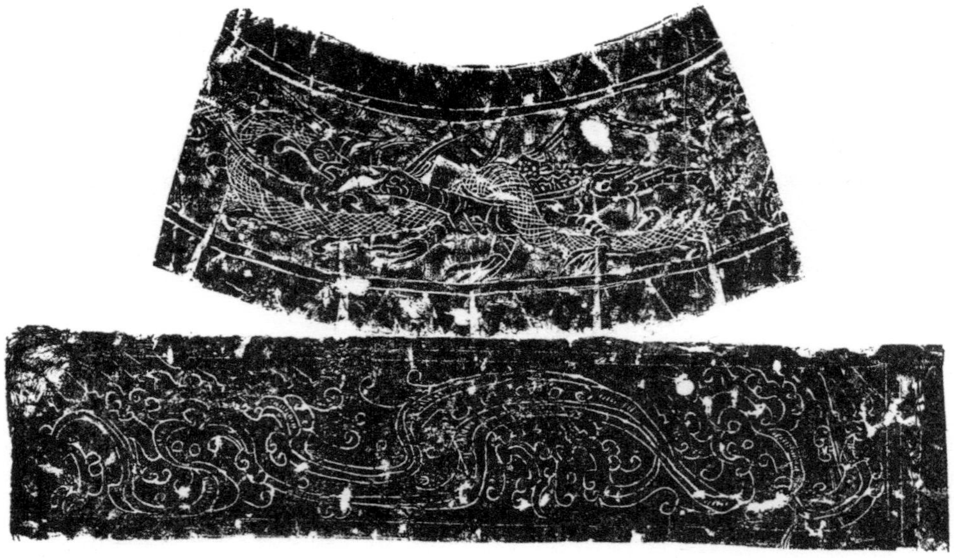

拓片第30幅　前室八角擎天柱柱礎的北面

拓片第31幅　前室八角擎天柱柱礎四角的上面

拓片第32幅　前室東間藻井

拓片第33幅　前室西間藻井

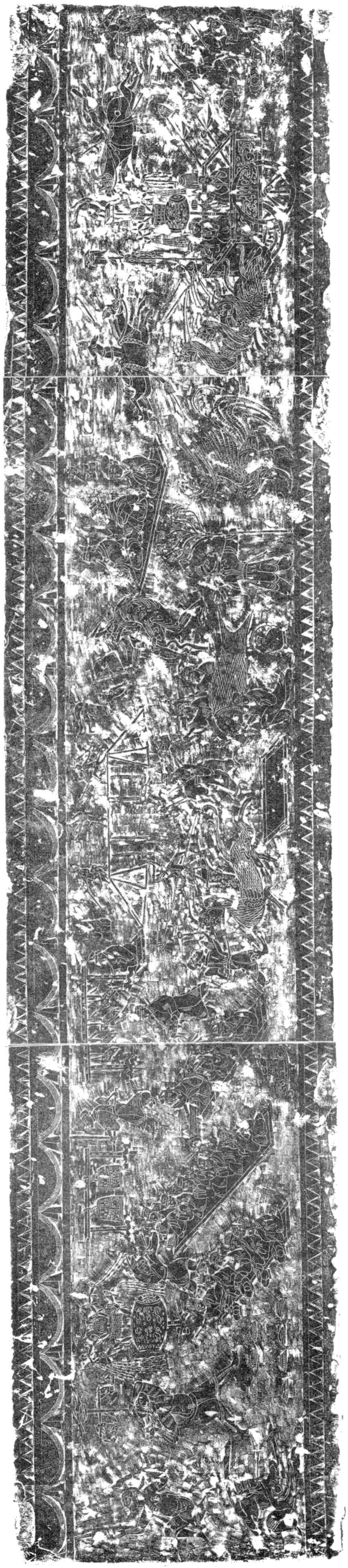

拓片第34幅　中室東壁上横額

拓片第35幅　中室南壁上横額東段

圖版 49

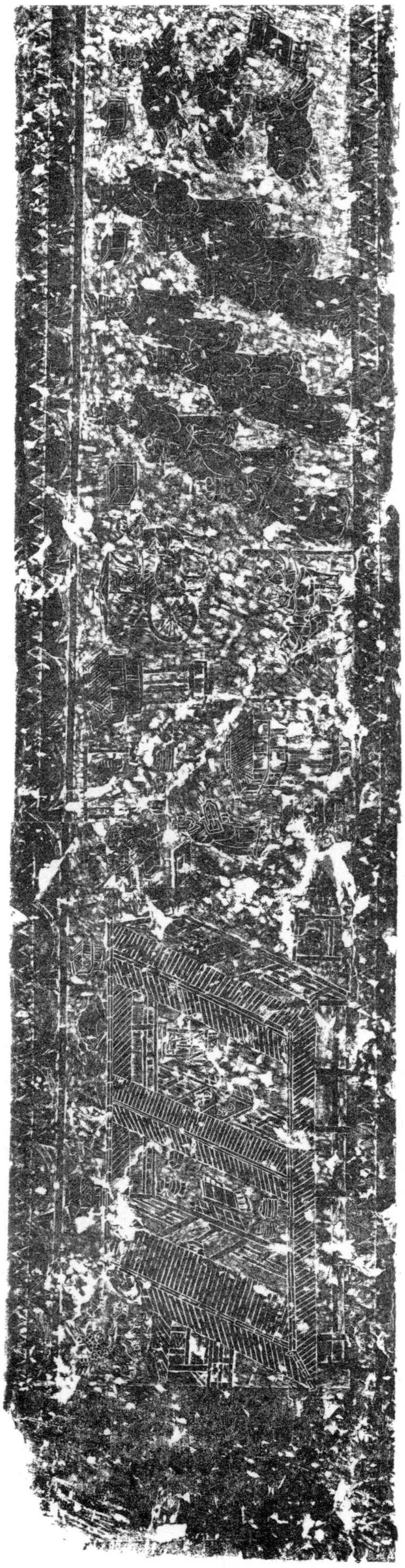

拓片第36幅　中室南壁上横額西段

拓片第37幅　中室西壁上横額

圖版 50

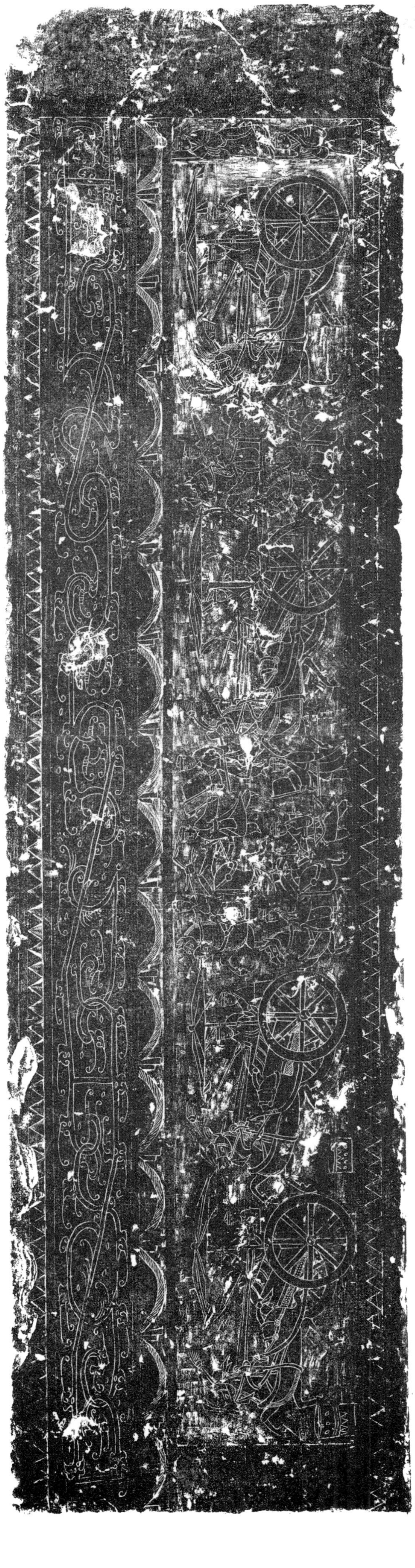

拓片第38幅　中室北上横額西段

拓片第39幅　中室北上横額東段

拓片第40幅　中室南壁正中一段

拓片第41幅　中室南壁東段

圖版 53

拓片第42幅　中室南壁西段

拓片第43幅　中室北壁正中一段

拓片第44幅　中室北壁東段

拓片第45幅　中室北壁西段

拓片第46幅　中室東壁北段

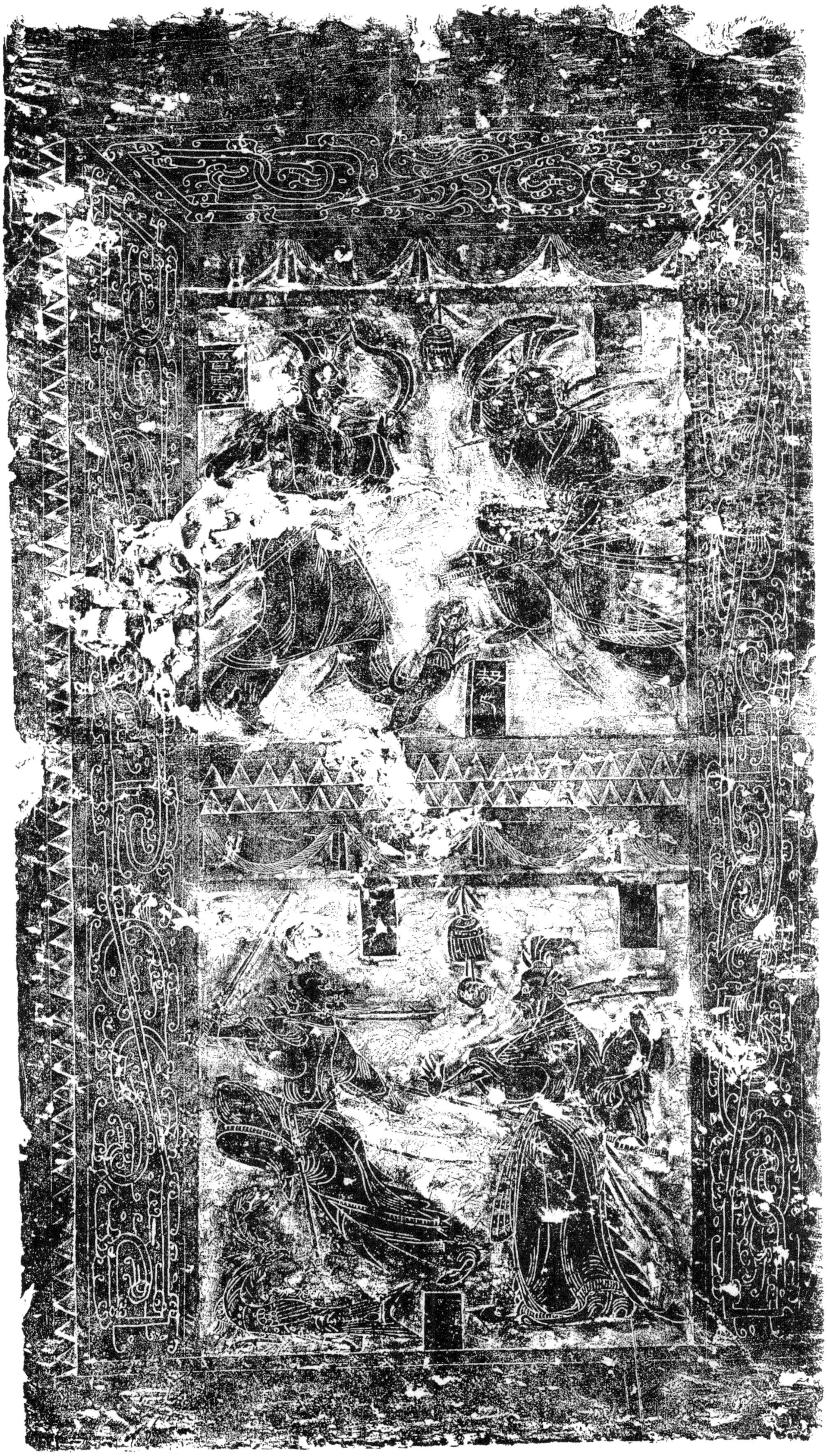

拓片第47幅　中室東壁南段

拓片第48幅　中室西壁南段

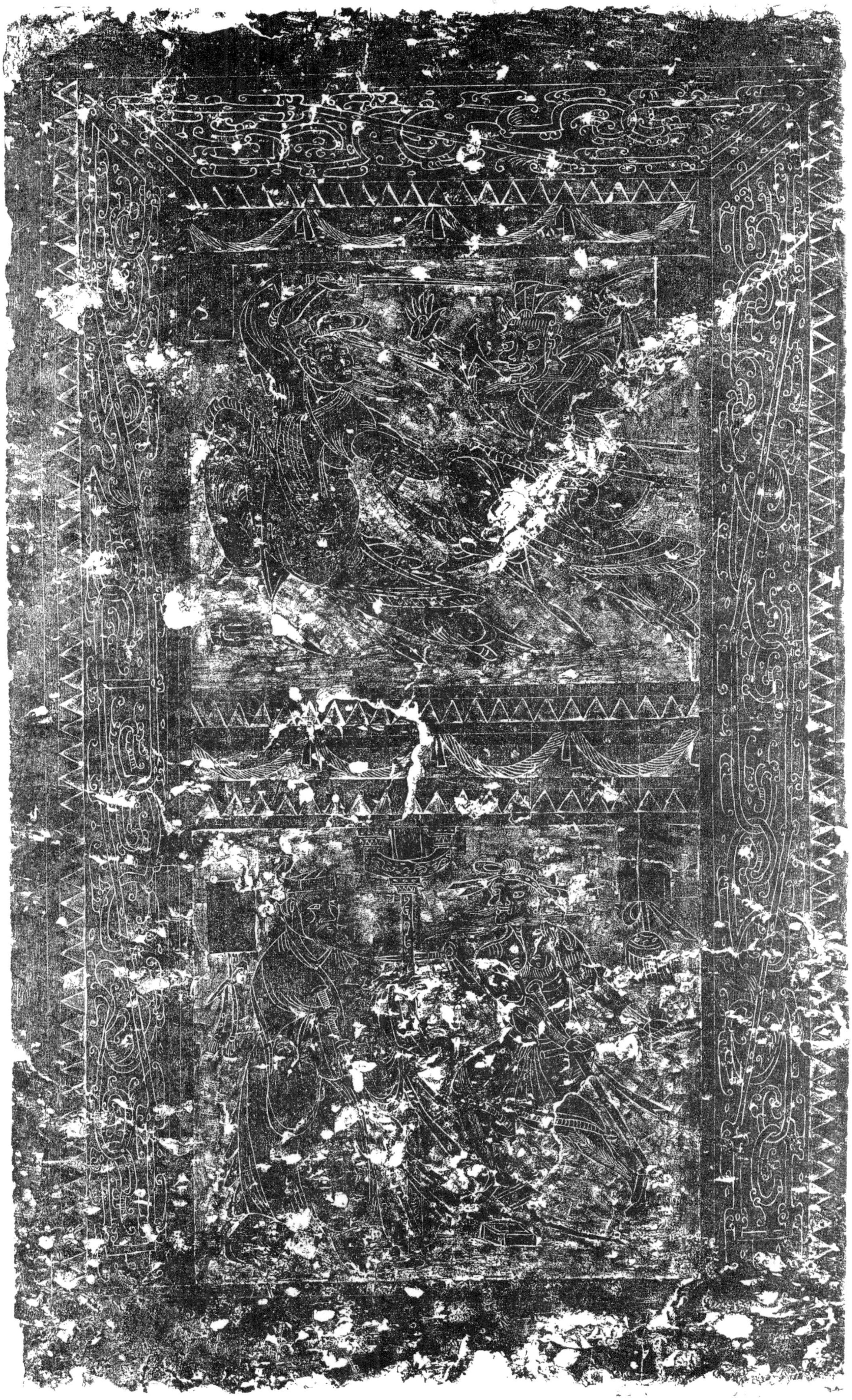

拓片第49幅　中室西壁北段

圖版 61

拓片第50幅　中室過樑和八角擎天柱上的斗栱、栱與兩旁雙龍的東面

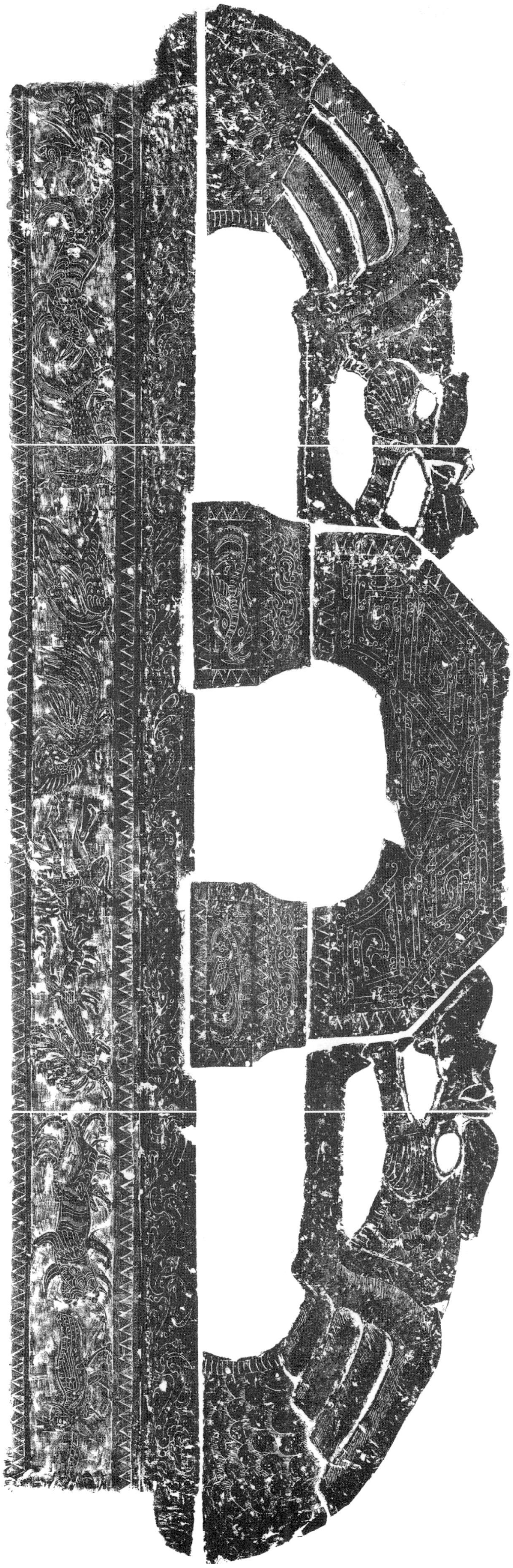

拓片第51幅　中室過樑和八角擎天柱上的欒斗、枅與兩旁雙龍的西面

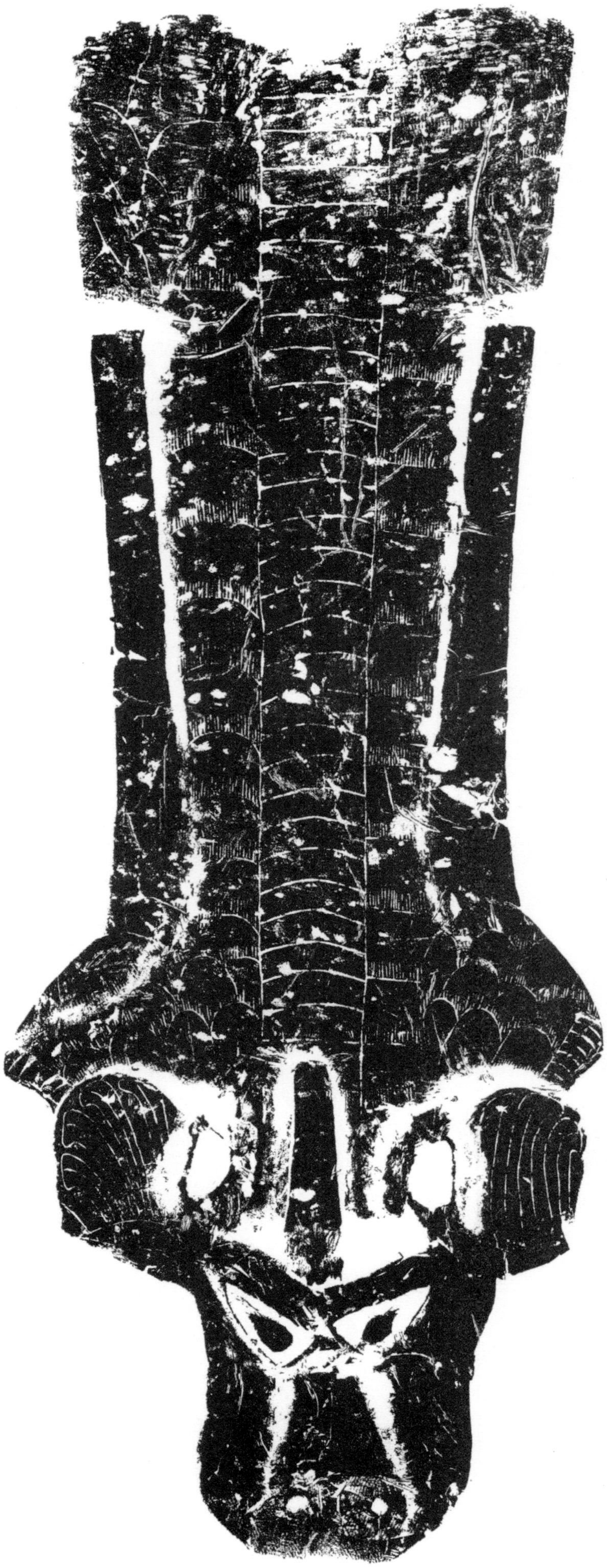

拓片第52幅　中室八角擎天柱南面的龍身

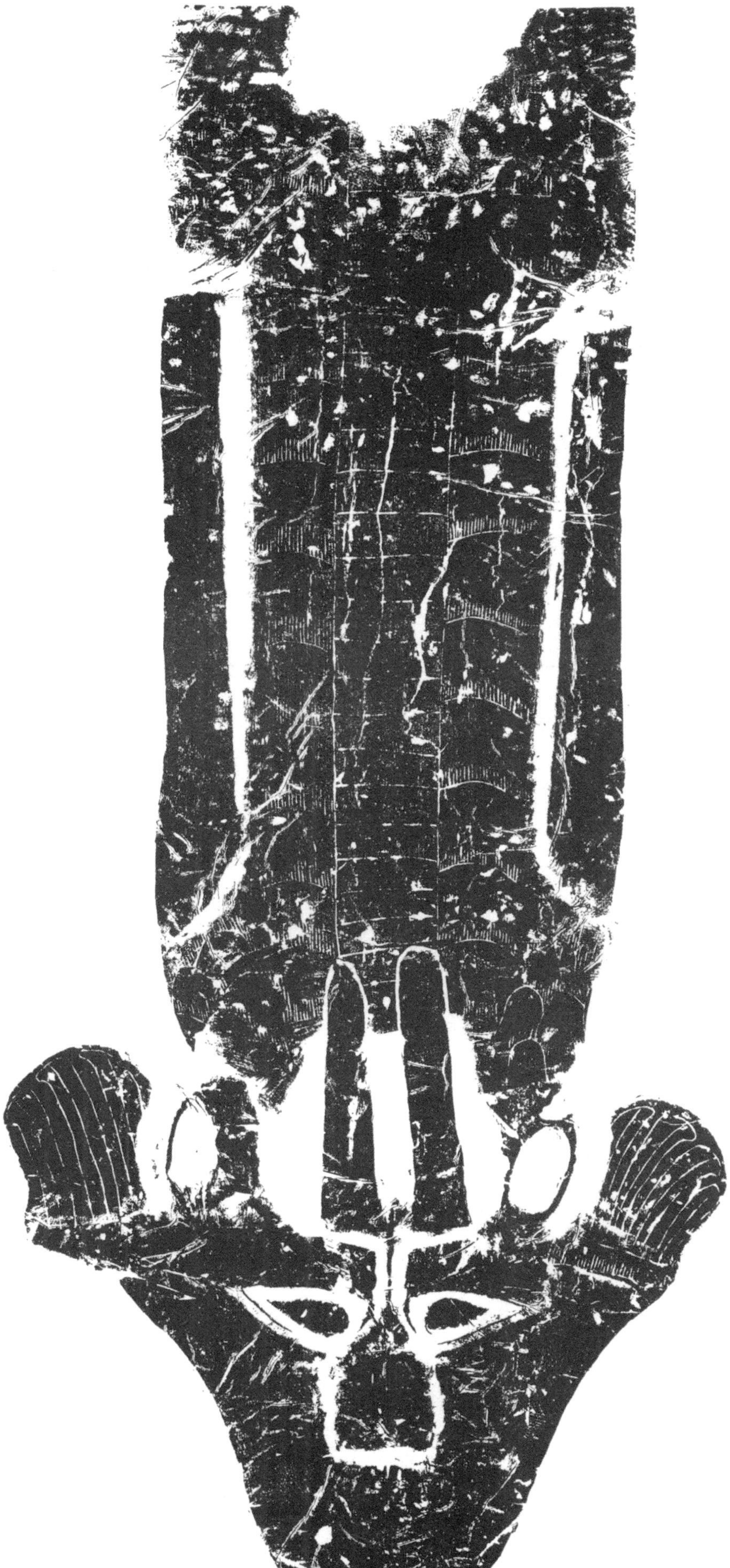

拓片第53幅　中室八角擎天柱北面的龍身

圖版 65

拓片第54幅　中室八角擎天柱的櫨斗和柱身的東面

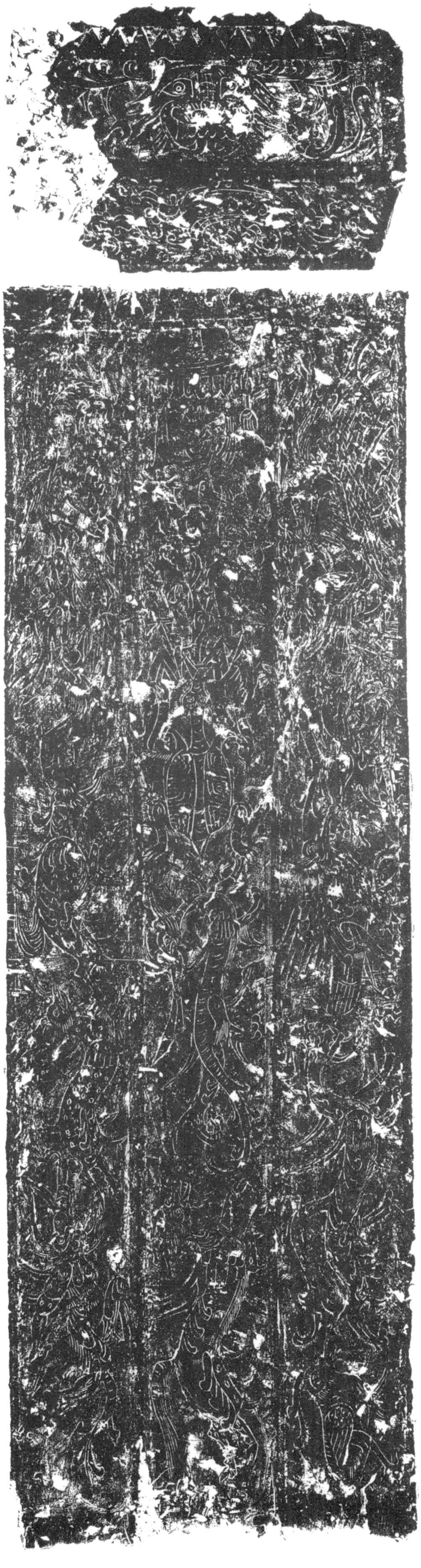

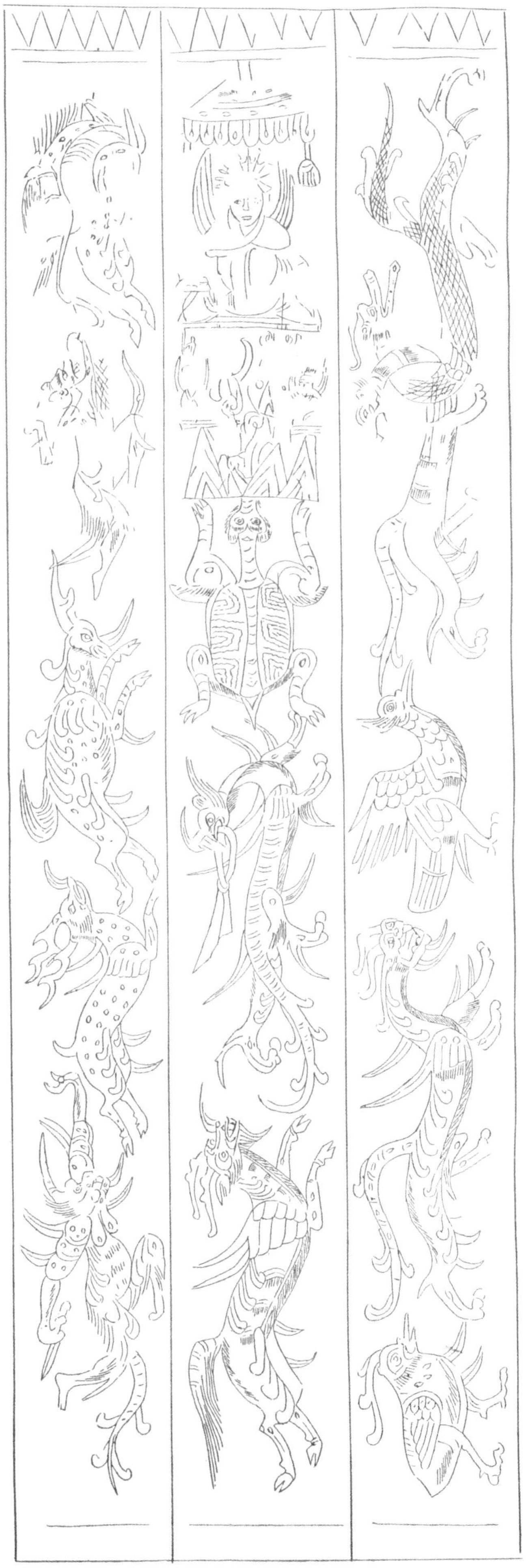

拓片第55幅　中室八角擎天柱的櫨斗和柱身的西面

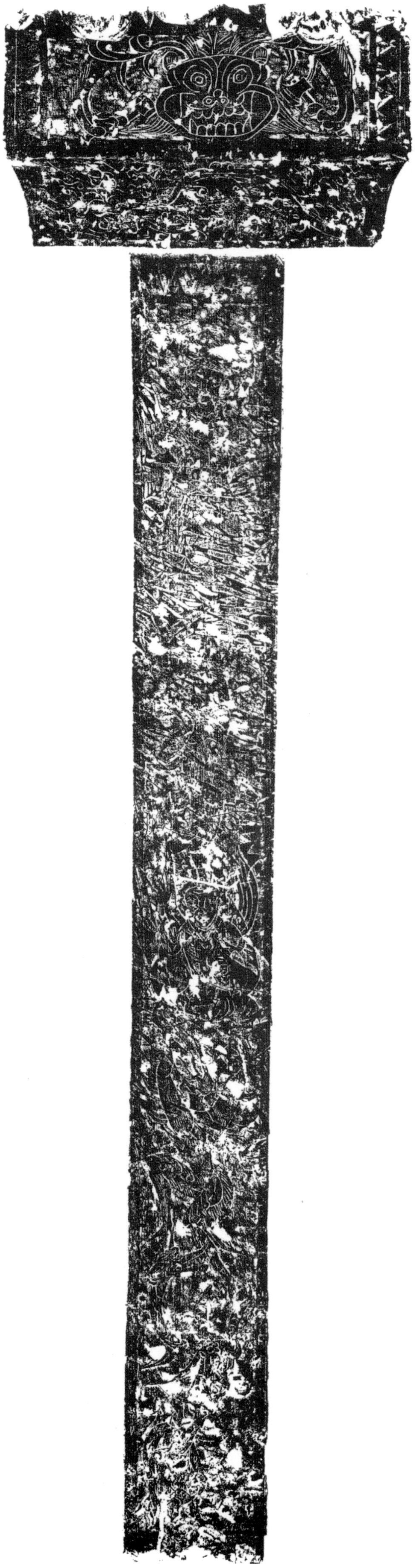

拓片第56幅　中室八角擎天柱的櫨斗和柱身的南面

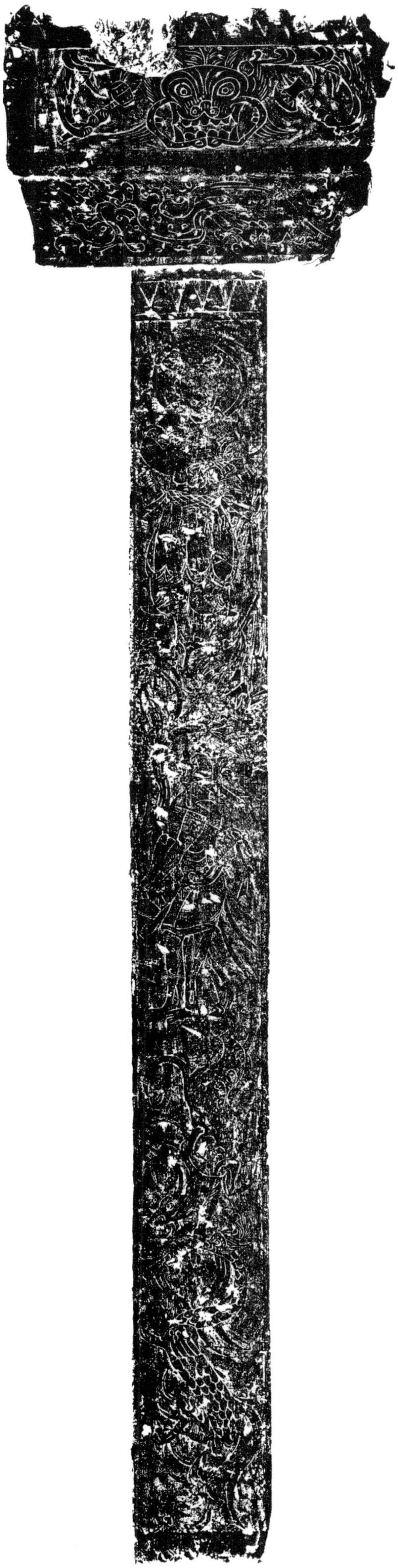

拓片第57幅　中室八角擎天柱的櫨斗和柱身的北面

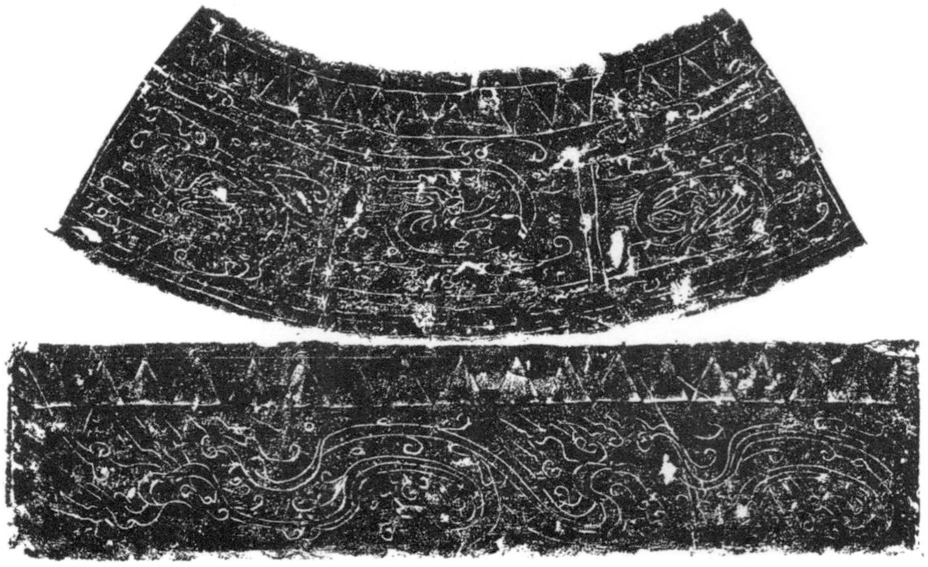

拓片第58幅　中室八角擎天柱柱礎的東面

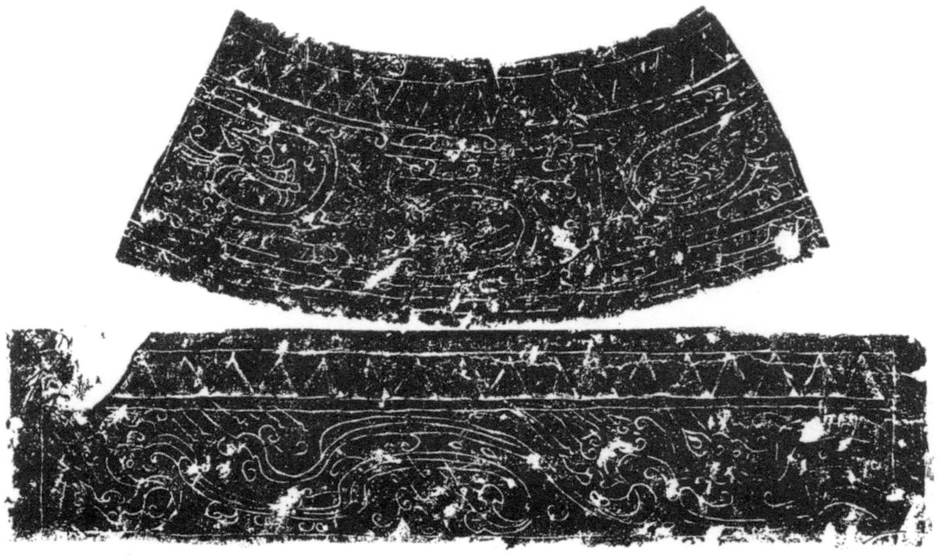

拓片第59幅　中室八角擎天柱柱礎的西面

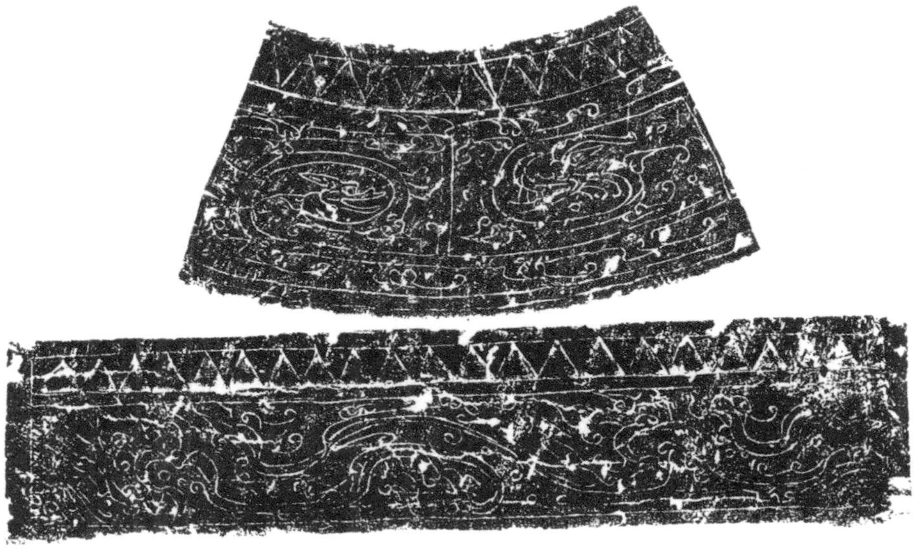

拓片第60幅　中室八角擎天柱柱礎的南面

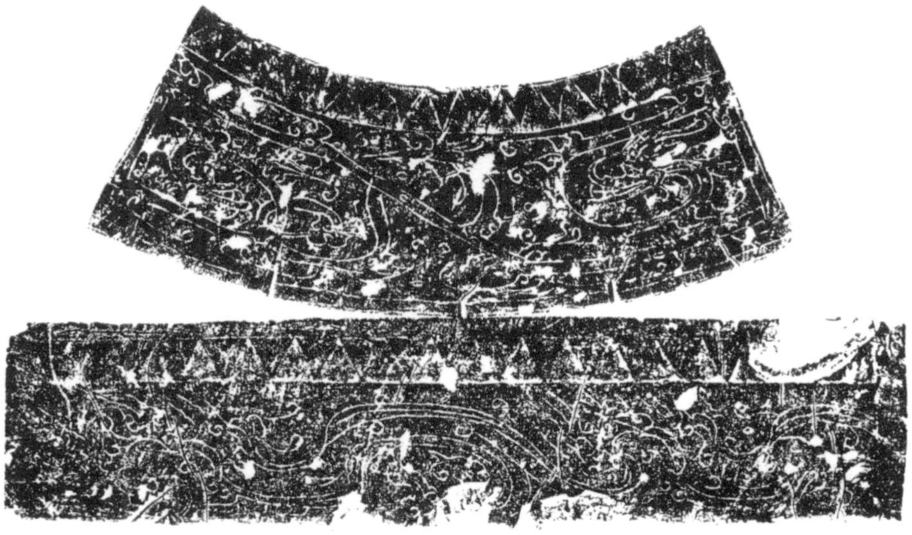

拓片第61幅　中室八角擎天柱柱礎的北面

圖版 71

拓片第62幅　中室八角擎天柱柱礎四角的上面

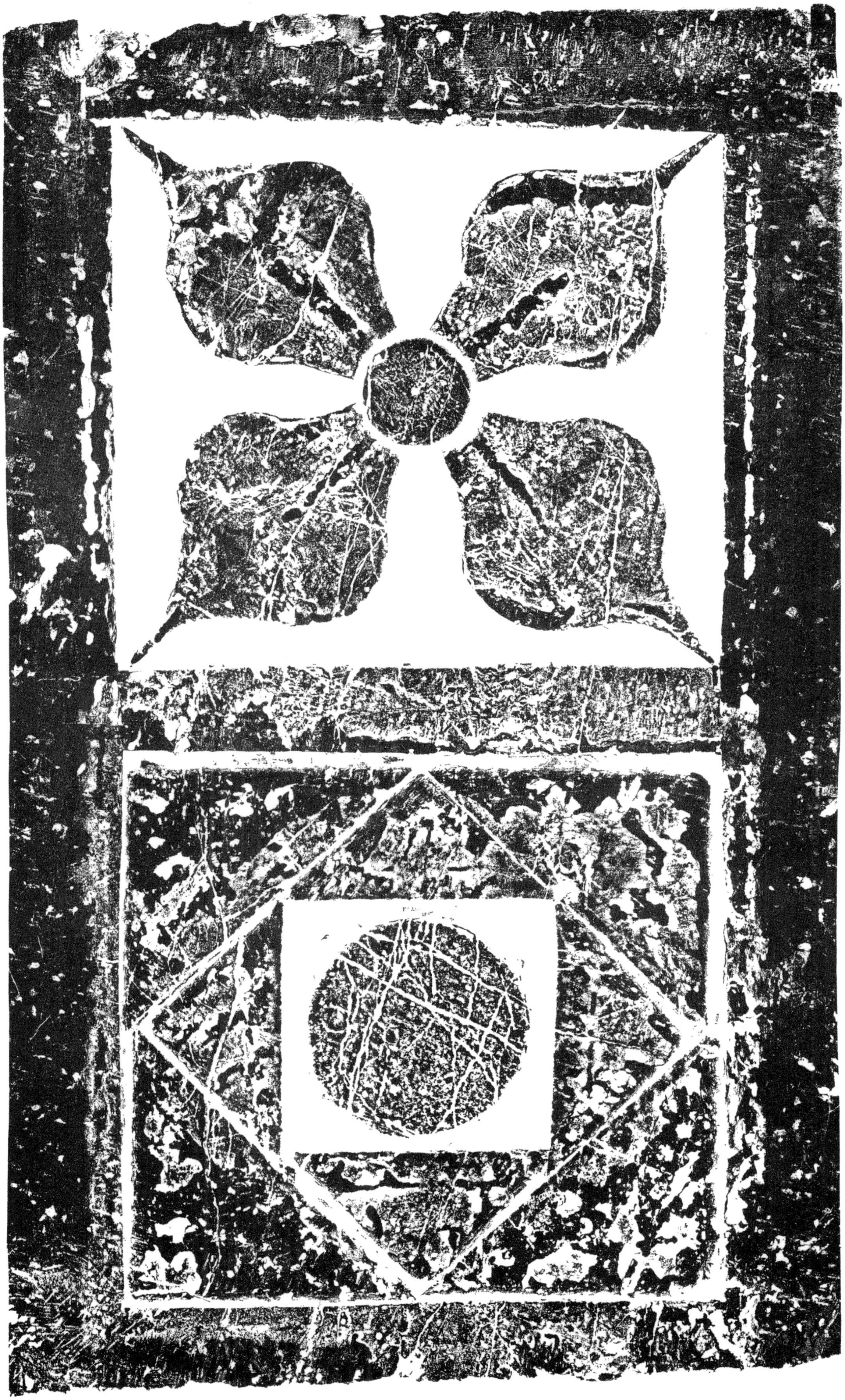

拓片第63幅　中室東間藻井

拓片第64幅　中室西間藻井

拓片第65幅　中室西側室藻井

圖版 75

拓片第66幅　後室過樑和樑下斗拱及其兩旁雙龍的東面

拓片第67幅　後室過樑和樑下斗拱及其兩旁雙龍的西面

圖版 77

拓片第68幅　後室靠南壁的承過梁的隔牆的東面

拓片第69幅　後室靠北壁的承過樑的隔牆的東面

拓片第70幅　後室靠北壁的承過樑的隔牆的西面

拓片第71幅　後室靠南壁的承過樑的隔牆的西面

圖版 81

第$\frac{72}{73}$幅　後室$\frac{東}{西}$間藻井（線繪圖代拓片）1/5

圖版 82—100

拓片第34幅

樂舞百戏圖中的19个单位

（原 大）

圖版 82

飛劍跳丸

七盤舞

圖版 84

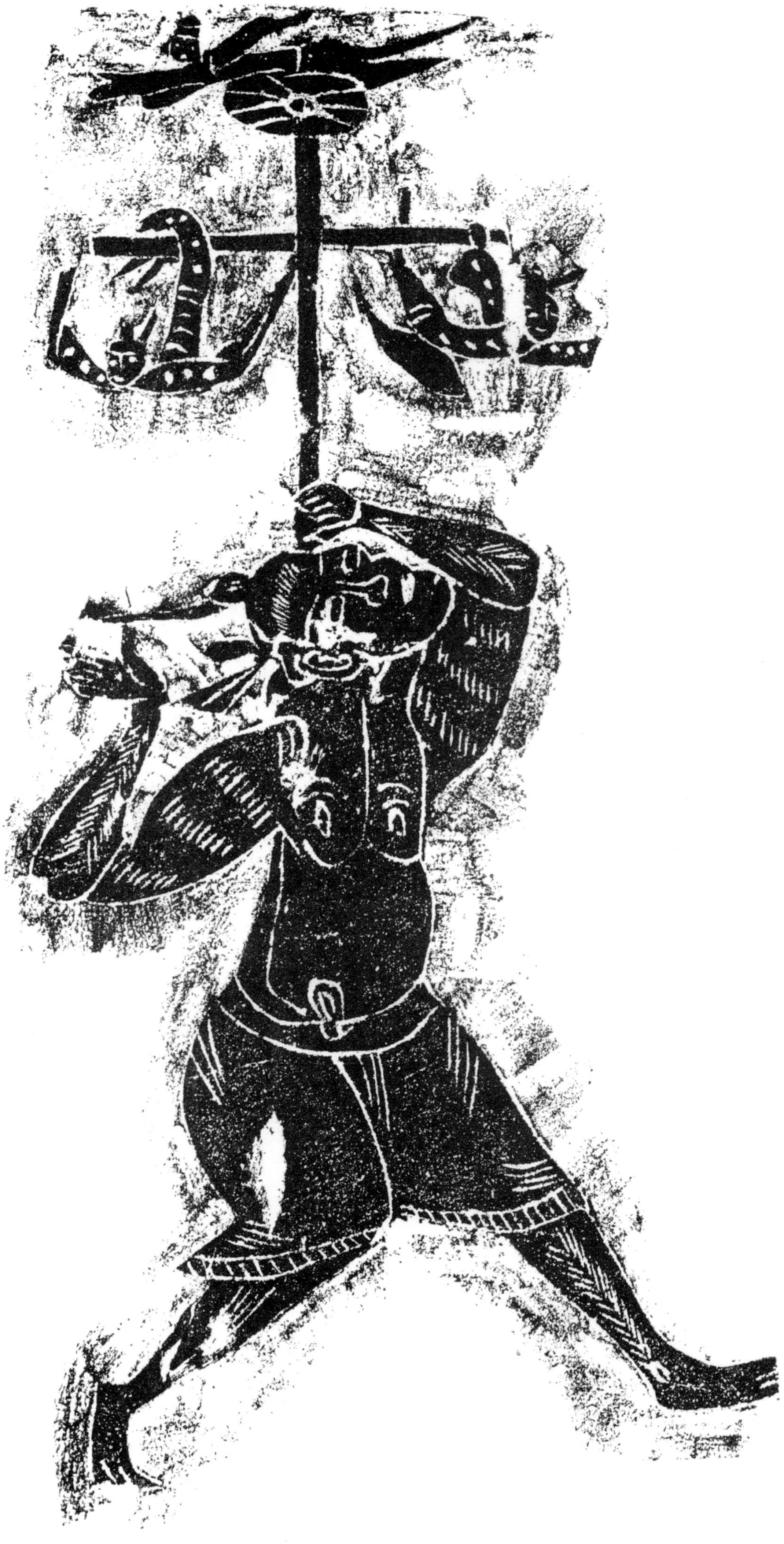

戴竿之戲

擊鼓的女樂

圖版 86

吹排簫的樂人

管 絃 樂

圖版 88

伐鼓

撞鐘

圖版 90

擊磬

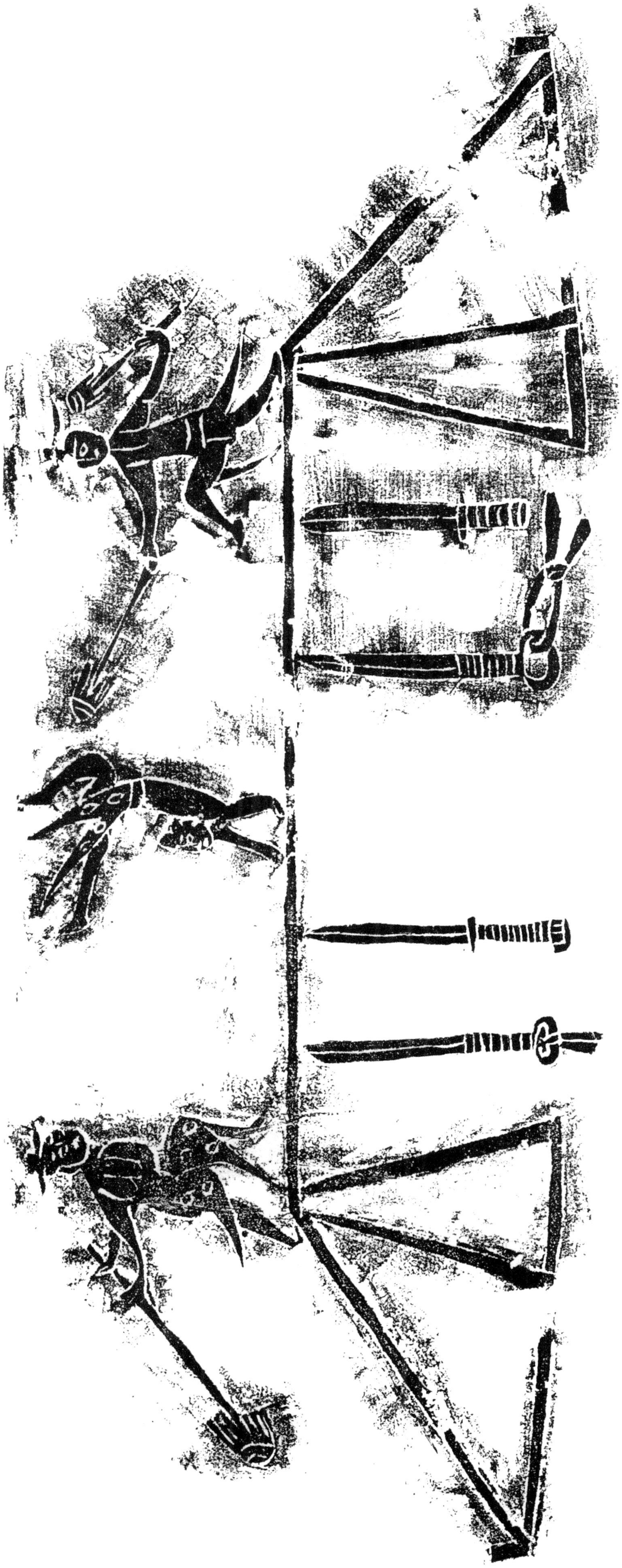

格鬥

圖版 92

戲龍

魚戲

圖版 94

豹戲

雀戲

圖版 96

騎術

騎術

圖版 98

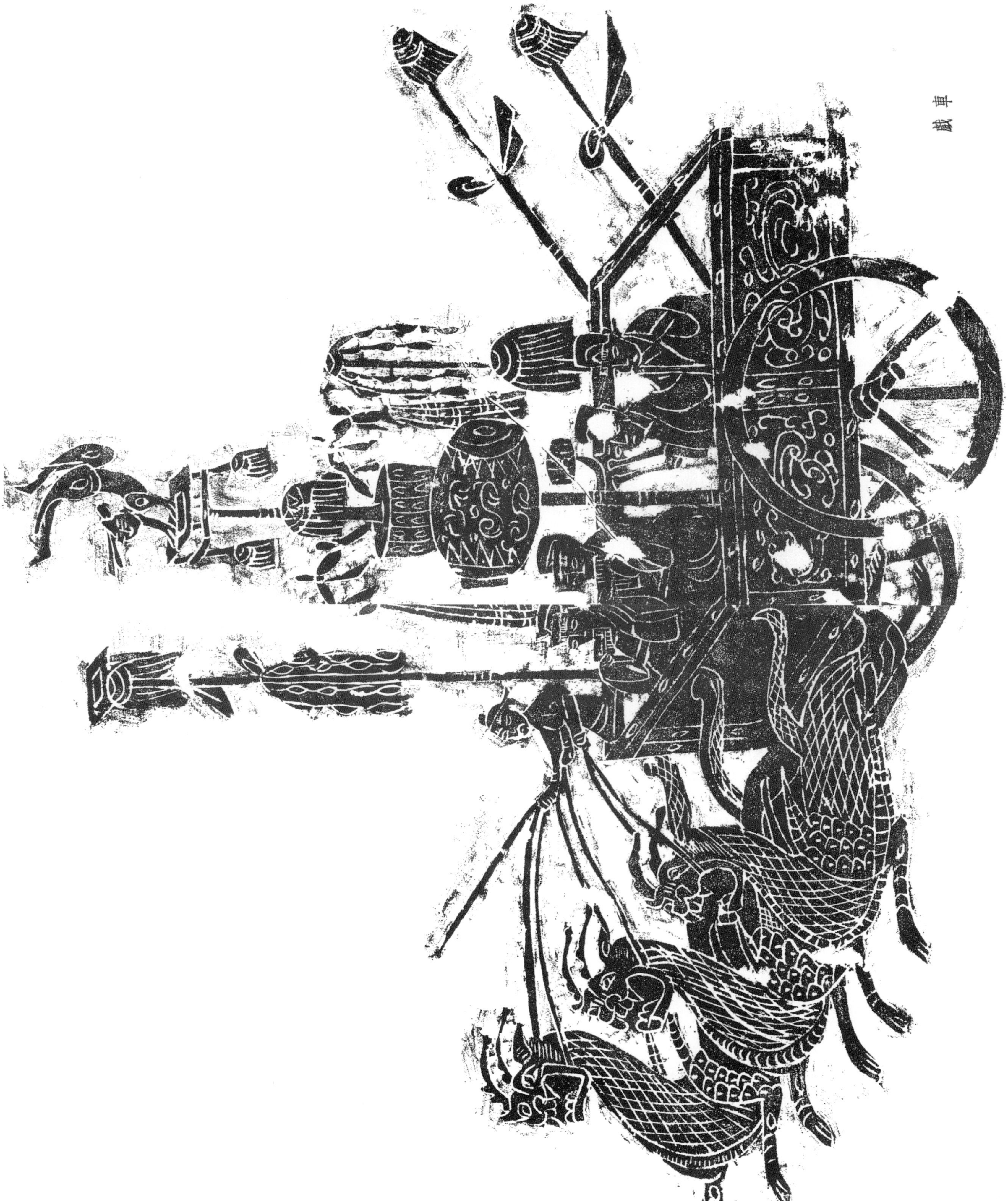

戲車

樂人

圖版 100

擊鼓的樂人

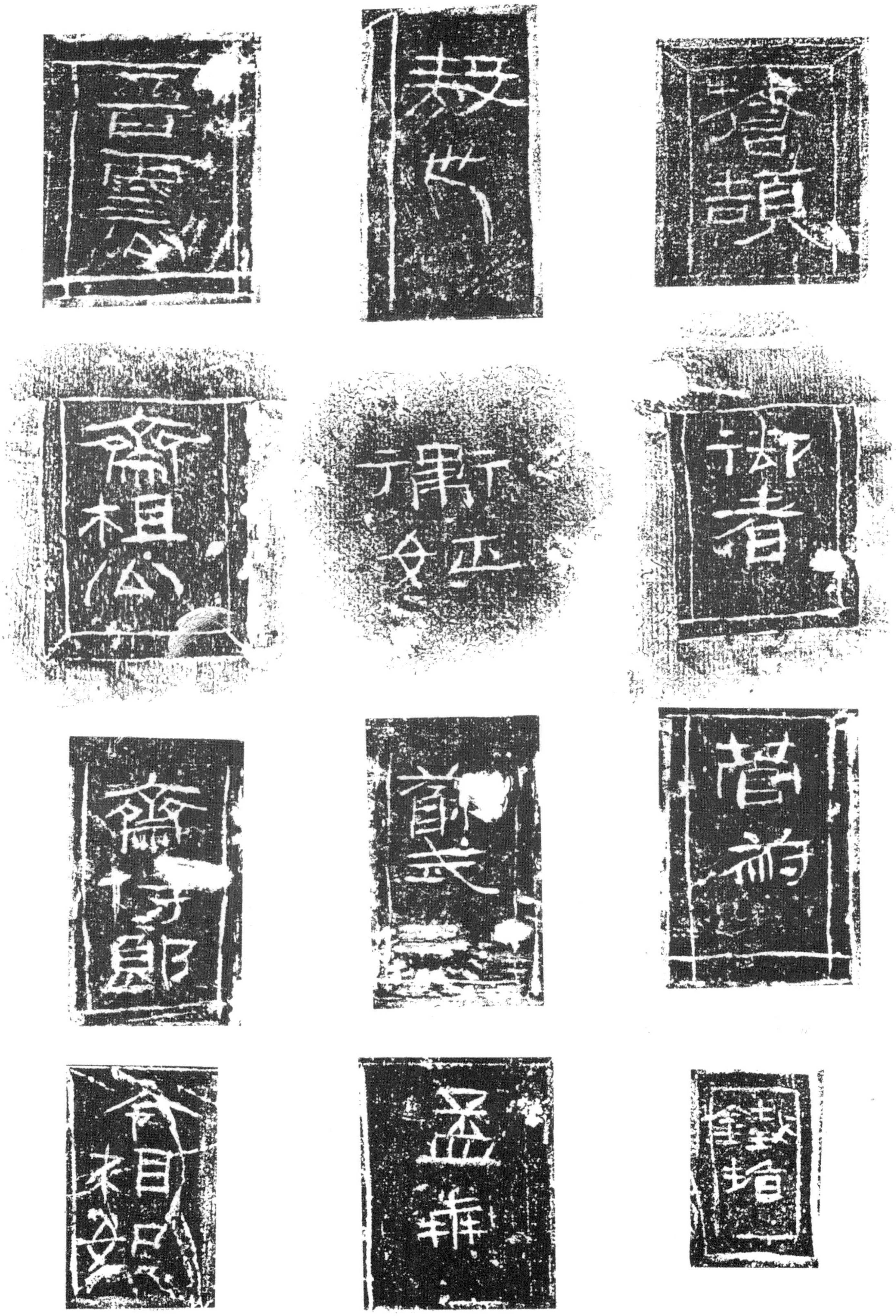

畫像石上的榜題　（原大）

圖版 102

(1) 斧車

(2) 軺車

(3) 軺車(馬有障眼)

(4) 施耳軺車

(5) 輜車

(6) 大車

畫像中所見車輛類型

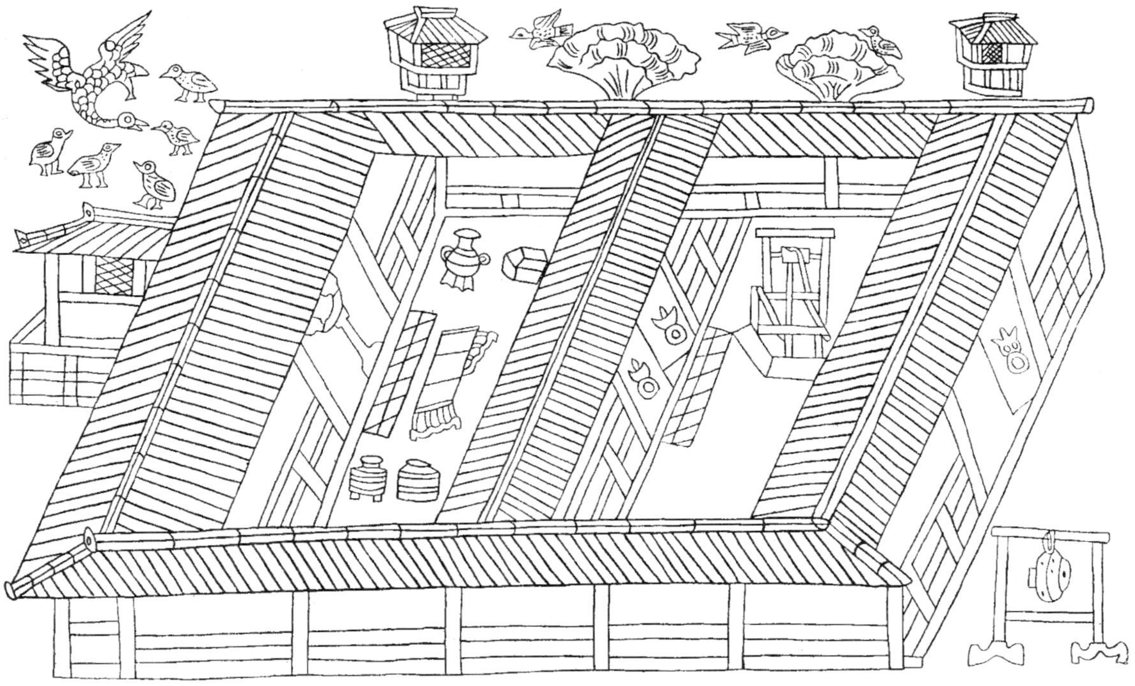

(1) 日字形廊院

(2) 曲尺形房屋

畫像中所見建築式樣

圖版 104

（1）五脊重層廟宇

（2）五脊重層倉房

畫像中所見建築式樣

圖版 105

(1) 廟宇的大門

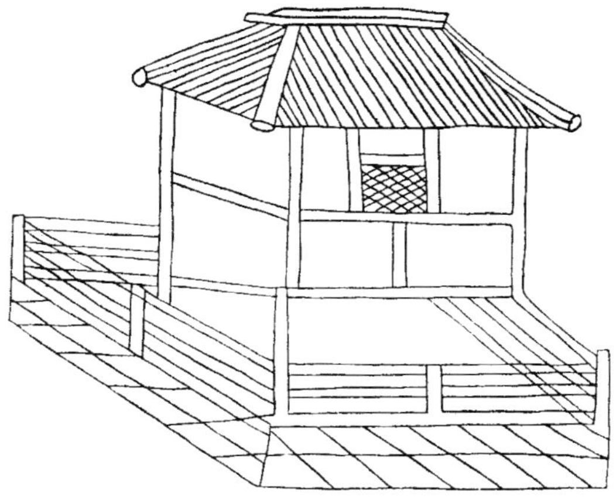

(2) 帶欄杆的小閣

(3) 門前雙闕

(4) 雙闕

畫像中所見建築式樣

沂南北寨漢畫像石墓研究綜述

1954年3月至5月，華東文物工作隊山東組在沂南縣北寨村發掘清理了一座墓葬，這是新中國成立以來首次正式科學發掘畫像石墓，墓室内文物雖被盗一空，但幸運的是漢畫像石被保存得非常完整，在提取了詳盡的考古資料后，爲了保護這一重要歷史遺迹，原地回填了。其發掘初步成果由蔣寶庚、黎忠義在1954年8月的《文物參考資料》上發表[①]，引起了學術界的關注。1956年由曾昭燏、蔣寶庚、黎忠義合著的《沂南古畫像石墓發掘報告》正式出版后，立即引起了轟動，并引發了一場有關墓葬與畫像的學術大討論，掀起了一股漢代文化藝術研究的高潮。

這部發掘報告内容豐富，圖像優美，文字簡明，通俗易懂，印刷精美，裝幀考究，考據細致，邏輯嚴謹。孫作雲先生贊此書："印刷制版又極精美，在畫像石研究上的確是空前的大著；不但可以彌補過去同類圖書的缺點，而且可以以此爲基礎深入地研究其他的畫像石。"[②]2001年，《中國文物報》組織"二十世紀文博考古最佳圖書"評選，該報告不負衆望，被評爲"二十世紀最佳考古發掘報告"。該報告是畫像石墓發掘、石刻畫像研究的經典著作，在與此有關的多個研究領域，已成爲重要的參考文獻，在畫像石研究乃至中國藝術史、建築史、文化史研究等領域具有深刻而廣泛的影響。

該報告廣受歡迎，一個重要原因是該墓畫像内容豐富，圖像精美，讓讀者耳目一新。除墓門不知去向，其余完整無損，墓室構造得到了精確再現，墓中圖像位置明確，對於研究畫像題材在墓室中的分布有標本式的重要價值。此墓圖像内容非常豐富，涉及政治、經濟、文化、軍事、宗教、民俗、現實生活等多種不同題材，幾乎將天地、鬼神、人間與離奇幻想都納入其中，爲死者開辟了一個神奇的世界，將爲喪葬禮俗服務的漢畫像石藝術發揮得淋灕盡致。蔣英炬先生在評論北寨漢墓時説："至今看來，它不但站在一個標志性的起點上，而且又站在一個制高點上。儘管以后有許許多多的發掘，但像内容豐富而完整的沂南畫像石墓者却非常罕見。"[③]

此報告廣受重視，還因它開啓了漢畫綜合性研究的新紀元。最早的漢畫研究是"金石學"形式的，其歷史悠久，時間從北宋末年到二十世紀初，以趙明誠、洪适等金石學家爲代表。這一階段的研究，研究對象多是地面上散存的石祠堂、墓碑和墓闕的畫像，大多數學者甚至衹以收集的拓片爲資料，著録和研究偏重題榜文字和歷史故事畫像内容的考證，對大量無文字題榜的畫像則很少加以注意，因此有很大局限性。二十世紀初到六十年代，近代考古學方法開始介入漢畫像石研究。1907 年，法國考古學家沙畹和日本古建築學家關野貞分别調查了山東、河南等地的漢代石祠堂、石墓闕，用考古學的方法進行了測量和記録，記述更加嚴謹和完整。《沂南古畫像石墓發掘報告》則更進一步，它在規範、嚴謹的考古發掘報告基礎上，增加了對當地政治、經濟、軍事、文化等方面的探究，是綜合研究的一個範本。它的公開出版，爲漢畫研究提供了一個完整、絶佳的標本，人們研究漢畫的熱情立即被點燃，從此開啓了漢畫綜合研究的帷幕。安志敏、王仲殊、劉銘恕、李文信、曾昭燏、孫作雲等學者圍繞墓葬年代、畫像題材、背后的思想觀念等進行了熱烈討論，撰寫了大量文章。在漢畫像石研究的各個方面，諸如雕刻技法、圖像内容考釋、圖像配置規律、各類題材内容畫像之間的聯係，漢畫像石所反映出的漢代禮制、風俗、宗教信仰，漢畫像石的分區與分期，漢畫像石所屬建築的復原等專項研究也相繼展開，出現了一個佳作不斷、异彩紛呈的新局面。在這個過程中，衹要是研究畫像石綜合性的書籍與論文，必引用這本發掘報告的資料。以下分幾個方面對其研究進行回顧，并綜述如下。

一、綜合研究

1. 墓葬年代

沂南北寨漢墓没有出土任何判斷墓葬年代的文字和資料，發掘報告中根據墓的結構、畫像石的内容和出土文物，參考當地文化和文獻記載將此墓的年代定爲東漢晚期、公元 193 年之前。

在考古發掘報告尚未出版前，安志敏先生便根據發掘簡報在《考古通訊》第二期上發表了《論沂南畫像石墓的年代問題》，認爲墓葬在結構上很明顯是仿照木構建築的形式，畫像的作法是先淺淺地雕成凸出的輪廓，輪廓上再施雕陰紋的細綫。這種雕刻的手法是和一般的漢代畫像石相類似的，而技巧方面却有了很多進步。從畫像石的風格上看接近於孝堂山或武梁祠的畫像，因此，至少有一部分應該是屬於東漢的。錯叠式平頂方形天井（叠澀式藻井）在漢末雖也已出現，但還很少，僅徐州茅村漢畫像石墓是如此形式的。到了北魏時期的石窟中，却是相當普遍的。在將畫中器物、神怪、植物、紋飾圖案的形態與其他畫像對比后認爲，其中雖有東漢晚期遺風，但也體現出了更晚時期的因素，故可能是三國到北魏之間的墓葬。④

1957 年李文信先生在《考古通訊》上發表《沂南畫像石古墓年代的管見》，提出此墓可能是西晋時期的。其論據是：建鼓側加小鼓，鼓上加翔鷺，是晋宋以來的制度；腰綴獸頭鞶囊是晋代形成的服制，南北朝多沿襲不改；簪白筆是晋代新有的制度；古代人佩刀劍多短小，而沂南畫像中的劍特别長大，應是晋代的木劍；步障通行於魏晋，南北朝也不少見；椎斧鉞吏是晋宋的儀衛制度；俎几兩端有曲栅横跗的足，是魏晋以來的通行式樣；繩拂是魏晋以來的新興器物。⑤曾昭燏先生對李文信的觀點逐條進行了回應：關於建鼓，毛公、鄭玄的注釋都説明周代已經有大鼓旁加小鼓的制度；關於鼓上栖翔鷺，《詩經·魯頌·有駜》已將鼓與鷺連起來説；關於虎頭鞶囊問題，已有班固曾受賜虎頭鞶囊并遺仲升（班超字）虎頭金鞶囊的記載；關於長劍，《楚辭·九歌·少司命》載"竦長劍兮擁幼艾"。《史記·孟嘗君列傳》記馮驩彈其劍而歌者三次，每次均言"長鋏歸來乎"……推論出佩長劍的風俗，漢以前就有，又以出土文物加以佐證；關於步障和俎几的問題，從曹植《妾薄命行》詩中"華燈步障舒光"一語，推論這種步障是設於室内的高檔步障，而曹植死亡距離東漢亡衹不過十二年，如果曹植在世時在室内有這種講究的步障，則室外有沂南漢墓中那種臨時用布圍起來的簡陋步障，也不足爲奇了；曹植墓中曾出土有曲栅横跗足的俎几，其他漢墓也出土過；關於椎斧鉞吏，在漢末和三國時，斧已經通用爲上戰陣時的兵器了；關於繩拂，曾先生引經據典推論漢代時已有此物。最后的結論堅持認爲沂南畫像石墓爲東漢末期墓葬。⑥

1995年，臨沂本地學者段希洪從畫像榜題的28個文字的風格分析，認爲其體現了東漢時期隸書發展高峰階段的風貌，極富"八分書"的特征，而與西晋《修棧道記》所呈現隸體到楷法過渡的形態相比，有明顯差异，因而不是魏晋時期的墓葬。⑦

美國學者時學顔對費縣劉家疃、長清孝堂山、嘉祥武氏祠、沂南漢墓及徐州、陝西、山西一些畫像石的物象特點作了分析，并試圖建立一個發展的脉絡。她考察的内容有：第一，輪廓是以生硬的直綫還是以流動性的曲綫爲主，形象是否有動態的特征；第二，輪廓綫内是否有豐富的細節。但由於她是以山東、江蘇、陝西和山西的部分畫像石進行比較，地域跨度太大，得出的結論難免不够令人信服。她最后得出的結論是沂南墓爲公元三世紀末到四世紀初的作品，與學界的斷代共識不同。⑧學術界現在絶大多數學者認同發掘報告的觀點，即北寨村的古畫像石墓爲東漢晚期的墓葬。

2. 墓主人

由於墓中没有留下墓志、題記、印章之類可以説明墓主身份的資料，故而此墓的墓主是誰一直未有定論。發掘報告根據墓門的胡漢戰争圖推論墓主人爲帶兵打仗的高級官吏，根據中室車馬出行的規模推定墓主人"至少是朝廷所派出的使者或縣令以上的官吏"。

吴文祺、趙文俊先生通過對比1980年嘉祥縣武翟山村武氏家族墓、武氏祠、安丘董家莊漢墓的規模，以及墓室的車馬出行圖，得出了北寨漢墓的墓主人應當是東漢末郡守以上的官吏，其年俸在中二千石至二千石之間。⑨出於對當地文化的關注，以臨沂籍爲主的學者從多種角度進行了考證，提出了墓主人爲"劉邈""丁復""伏湛""諸葛珪""諸葛緒""孫閣"的六種觀點。

其一，劉邈説。臨沂師範學院教授王汝濤、臨沂市博物館研究館員李玉亭先生持此説。⑩認爲墓主是東漢末年陽都侯、九江太守劉邈。其依據爲劉邈是陽都侯，有經濟條件建造這樣的墓葬，其死亡時間和建造時間接近。

劉邈是東漢開國皇帝劉秀的第七代孫，第六代琅邪王劉容的弟弟。初平元年（190），劉容遣弟劉邈至長安奏章貢獻，帝以邈爲九江太守，封陽都侯（沂南在漢及以前稱陽都）。王汝濤先生考證劉邈在任時間爲初平元年至初平四年之間，還認爲劉邈不是任滿回陽都，就是死在任上，必按漢制就國，歸於封地陽都。吴文祺、趙文俊先生認爲“北寨村下應當是一處東漢晚期至魏、晋時期的官僚地主家族的墓地”⑪。既然是家族式墓葬群，1994 年發掘四號墓時被村民匿藏、2005 年 10 月追回的“劉洪”銅質龜紐印章，又爲“劉邈説”提供了一個比較有力的佐證。此印章於 2006 年 7 月經山東省文物鑒定委員會蔣英炬、郭思克、王永民先生鑒定爲真品。

其二，丁復説。臨沂師範學院李興河教授持此説。⑫他主張墓建成於西漢高后五年，墓主爲陽都敬侯丁復。其論據是石墓墓頂藻井式的建築結構和蓮花紋飾，斗拱兩旁的倒銜雙龍和室内懸珠爲飾與張衡《西京賦》、王延壽《魯靈光殿賦》、班固《西都賦》的描述一致，其中的樂舞百戲圖再現了文獻中記述的西漢前期首都長安樂舞百戲的場面。丁復，西漢初年人，跟隨劉邦舉兵於薛，《史記・高祖功臣侯者年表》云：“陽都侯丁復，以趙將從起鄴，至霸上，爲樓煩將。”《史記・項羽本紀》：“漢有善騎射者樓煩。”⑬漢高祖劉邦即位的第六年，丁復以大司馬之職封陽都侯，受封七千八百户。按：此説難以成立，該墓中室有西漢武帝、昭帝之時代的蘇武畫像，建墓時間自然應在蘇武之后；另外從畫像石的雕刻技法之角度分析，其中的陰綫刻、減地平面綫刻、淺浮雕、透雕，“在山東地區，這四種刻法都具有東漢晚期的特點”⑭。

其三，諸葛珪説。臨沂市博物館研究館員徐淑彬先生持此説。⑮他發表了多篇論文，列舉了許多新的證據，支持發掘報告關於墓葬年代的判斷，即墓建成於東漢末年，下限不晚於獻帝初平四年，墓主爲諸葛珪。其論據是諸葛珪死時與墓葬建成時間接近，而諸葛家族是當地名門望族，具有建造墓葬的經濟條件。諸葛珪，諸葛亮之父，東漢靈帝時，諸葛珪被委任爲泰山郡梁父尉。諸葛珪中年喪妻，后又續房，約死於公元 187 年。⑯但有學者因諸葛珪官位不高，對於能否建起這樣豪華的墓室持懷疑態度。⑰

其四，伏湛説。胡新華先生持此説。他認爲該墓是東漢初期建武三年（27）與建武六年光武帝劉秀所封的陽都侯和不其侯伏湛之墓，建墓時間在建武三年與建武十三年之間，其論據是伏湛是唯一一位被光武帝兩次封侯的人物。他曾在短短的三五年間，經歷了由大司徒遭貶徙遷封國的一段歷史，而后又在封國逗留了整整十年時間，完全有精力和能力在琅邪國建造這種適用美觀的精美墓室。⑱伏湛，字惠公，漢琅邪郡東武（今山東諸城）人，其父伏理屬當世名儒，曾任高密太傅。西漢成帝時伏湛爲博士弟子，西漢末更始年（24），官居平原太守。王莽篡漢后爲綉衣執法，后弃官隱居。公元 25 年，東漢光武帝劉秀即位后，伏湛被征拜爲尚書，典定舊制。皇帝每次出征，總是留他鎮守，總攝群司。漢建武三年（27）伏湛代替鄧禹擔任大司徒，封陽都侯。漢建武六年（30），在不其縣建不其侯國，伏湛徙封不其侯，由洛陽遷居不其城，食邑三千六百户。漢建武十三年（37）夏，伏湛病死。伏湛死於東漢早期，而北寨墓群一號畫像石墓的雕刻技法中的陰綫刻、减地平面綫刻、淺浮雕和透雕都具有東漢晚期的特點，故此説難以成立。

其五，諸葛緒説。臨沂師範學院王瑞功教授持此説。[19] 他認爲該墓建成於西晋初年，墓主爲曾經參加伐蜀的諸葛緒。其依據是發掘簡報，此墓建於東漢晚期或晋初期，墓門的胡漢交戰圖則説明墓主有與胡人作戰的經歷，如此推算，則諸葛緒最有可能。諸葛緒，曹魏時爲泰山太守、雍州刺史。晋時，官至太常卿下的太常卿、崇禮衛尉。此説完全根據他人觀點推論，并無實際證據支撑。其論據之一“墓主人生前有過與深目高鼻的胡人作戰并取得勝利的一段經歷”，已被日本學者林巳奈夫證明胡漢交戰圖與墓主人没有直接關係。

其六，孫閣説。沂南縣政協原副主席李遵剛先生持此説。他通過研究史志資料，了解到沂南縣有一個傳説，漢代有三兄弟，名字分别叫孫祖、孫農、孫閣，皆爲將軍，死后分别葬在三個地方，后來，三兄弟的名字就分别成了所在地的地名。孫祖埋葬的地方后來叫孫祖，就是現在的沂南縣孫祖鎮駐地，孫祖墓在鎮駐地西南不遠的地方；孫農埋葬的地方后來叫孫農，就是現在的依汶鎮孫隆村（清代《沂水縣志》記作孫農村），孫隆村村西有一座漢墓，傳説爲孫農墓；孫閣埋葬的地方即清代的孫郭社，在今漢墓所在的南寨村、北寨村一帶。明清時期的《沂州府志》《沂水縣志》都記載，北寨村一帶的社級行政名稱是“孫郭”，隸屬於沂水縣樂城鄉。不論是偶然的巧合，還是后人的牽强附會，聯想到當地原有人稱北寨漢墓爲“將軍冢”，這種可能也是有的，不失爲一條考證墓主人的綫索。[20]

以上諸種説法，多缺乏實際證據支撑，其推論邏輯也有不縝密之處，但不管墓主人是誰，從畫像石墓的規模和精美程度却可推知墓主家中的財力，從旁證明了沂南漢墓墓主屬於東漢晚期的地方大族，以及當時沂南發展之盛，這對研究沂南漢代歷史、政治狀况、經濟實力、文化背景具有重要意義。

3. 畫像功能

如何正確理解和把握漢畫的社會意義，弄清漢代人在墓室内爲什么要雕刻圖像，其作用是什么，這不僅是漢畫研究者想搞清楚的，也是大多數普通讀者最感興趣的問題。好在有不少大家也在研究，有好多有見地的觀點可供參考。概括起來主要觀點有：

孫機先生認爲漢畫表現的是死者在延續生前的生活。他在《仙凡幽明之間——漢畫像石與“大象其生”》一文中説：漢畫像石雕刻的題材，除含有吉祥寓意的神話故事及裝飾圖樣外，大部分爲墓主人生前起居出行等情况的反映，以期墓主在地下仍延續塵世間優越的生活，即所謂“大象其生”。畫像石中之“樓閣拜謁圖”裏的受拜謁者即墓主人，雙闕夾峙的樓閣即代表墓主人生前的房捨。

其中還引用了北寨漢墓中室北壁東段的車馬出行圖，指出：車隊前的闕形建築物爲“桓表”；各處的出行車隊無一不是墓主生前活動的藝術折射，這也正是"大象其生"通過"大興輿駕"在畫像石上的表現。而漢代追求的成仙則指肉體的長生。當時尚未信奉死后靈魂升天堂的觀念，直到佛教在中國盛行后，往生净土、六道輪回等説纔廣泛傳播開來。[21]

楊愛國先生認爲北寨漢墓畫像是爲了實現"幽明既美"，以使"鬼神既寧"。絶大多數漢代人繼承了先秦奉死如生的觀念，盡可能做到"大象其生以送其死"，他們爲實現這一理想的做法千差萬别，或是追求地面建築的豪華，或是追求地下建築的壯美，或是追求陪葬器物的精美與衆多，或是地上地下統統講究，追求十全十美。山東沂南北寨村漢代畫像石墓雖然被盗一空，却因墓中精美的畫像爲我們探討當時人用地下建築及其裝飾實現自己死后對生活的追求提供了一個佳例。"幽明既美，鬼神既寧"的觀念不是漢代纔出現的，而是古已有之的傳統，至晚在新石器時代晚期就産生了，大汶口文化晚期大墓中棺椁的使用及大量的隨葬品，良渚文化的玉殮葬等，都是這一觀念的表現。進入青銅時代以后，儘管墓葬規模、形制，隨葬品的種類、數量等發生了變化，但這種觀念被繼承了下來，并一直延續到很晚的時期。[22]

蔣英炬先生認爲漢畫像石是隨葬品的替代、擴展或延伸，漢畫像石藝術功能的終極結果，是從屬并滿足着人們對死的觀念和欲求，撫慰着生人的心靈。[23]

顧森先生認爲漢畫像藝術源於中國本土，從喪葬文化的角度看，畫像磚畫像石這種墓室建築的壁面裝飾，有非常複雜的祭祀血食、祈福禳灾、安魂長生等目的。這些圖像中，除祭祀對象如仙人靈异、明君先賢外，其余大量的與墓主人相關的建築、車馬、牲畜、奴僕、隨從等内容，則是實物的替代品。[24]

朱存明先生認爲先秦"鑄鼎象物"的審美觀，奠定了漢畫像來源的思想基礎。漢畫像的内容與神話、巫術等民俗信仰密切相關，表現了漢民族原始象征主義的世界觀，在形式上繼承了先秦彩陶、青銅紋飾、壁畫等的傳統。[25]

信立祥先生認爲漢畫像石與漢壁畫墓一樣，淵源自有，無論在形式上還是在題材内容上，都繼承了西漢前期木椁墓中隨葬帛畫和漆棺畫的傳統。帛畫的内容有日月星辰和諸神的天上世界，有昆侖山仙界，有祭祀死者場面的現實人間世界，還有地下世界，這與后來的漢畫題材極其相似。他還在《漢畫像石綜合研究》一書中引用了北寨漢墓的大部分畫像，來闡釋成熟期漢畫像石墓圖像的配置規律。書中説：

> 表現墓主在地下世界日常生活的畫像配置在后室；其他各類内容的畫像主要配置在中室、前室和墓門，配置方式與祠堂畫像基本相同，即天井配置天上世界内容的畫像，門柱和立柱上部多配置仙人世界内容的畫像，横梁和門額上配置表現祭祀墓主活動的畫像。[26]

姜生先生認爲漢墓是爲信仰與儀式所架設的，是漢代人爲追求生命永恒而構設的一種宗教建築，是古代宗教家們爲救度、仙化死者而架設的儀式設施。漢墓用仙人弈棋和“不死國”等多種超驗（荒誕）的神話圖像模塊，以象征的方式，界定墓室的超凡時空特性。神仙弈棋類場景乃暗示墓室之所在即神仙洞窟，死者進入其中，通過某些器物或圖像所代表的特定程序，即可變仙。漢墓中每一方畫像的邊框紋飾規定着該區域的空間屬性，所有畫像區域叠加起來共同界定了墓室的時空特性。[27]

墓室中的圖像是給誰看的？這是一個問題。由於墓葬埋於地下，并不示人，且“永不復發”，墓室刻畫的圖像一般認爲是陪伴墓主人的，鄭岩先生則認爲除了墓主人是觀看者外，也供部分活人參觀。他在《墓葬壁畫，畫給誰看》一文中説：

> 在漢代人眼中，墓葬是屬於死者的另一個世界，與現實世界有着根本的區别。墓葬不僅僅是安放死者遺體的場所，而且是供死者靈魂繼續生存的空間。在這裏，死者需要生前曾經擁有過的和未曾擁有過的一切，包括膏梁瓊漿、寶馬華車、莊園衙署、男僮女僕、樂舞百戲等等，甚至還要在墓葬中表達對於神明、宇宙、歷史、自我、政治、道德的種種認識……這些内容，有的以實用品或明器體現，有的則訴諸彩繪壁畫、畫像石或畫像磚等藝術形式，其圖像的取材範圍大大突破了常人耳目所及的空間和時間。

他結合陝西旬邑縣百子村東漢壁畫墓題記，指出：

> 該墓甬道兩壁各繪一守門力士，力士外側有朱書題記：諸觀者皆解履乃得入。諸欲觀者皆當解履乃得入觀此。在先秦乃至漢魏時期，解履是拜見尊者的禮貌。……墓葬猶如死者的室宅，觀者解履進墓表達了對於死者的尊敬。由這兩條題記我們可以得知，在壁畫完成之后，墓室還將對公衆開放，允許人們參觀……東漢時期向公衆開放墓葬的做法，可能與當時“舉孝廉”的制度有關。許多期望入仕的人首先要在社會上獲得孝的名聲，“生不極養，死乃崇喪”的做法十分普遍。[28]

有了生者與死者共同觀看畫像的這一前提，就可以幫助我們更好地理解墓室裏刻畫着衆多的先賢忠義之士以及各種各樣的歷史故事的初衷。

4. 思想性研究

漢畫所折射出來的漢代人思想觀念也是衆多專家所關注的。發掘報告按建築中的位置把圖像分爲墓門、前室、中室、后室四組，認爲每組各有其主題和明確的主題思想，全部圖像一起組成了墓主人的一部“哀榮録”。孫作雲先生認爲，此墓畫像的中心思想是升仙和打鬼，這些思想都屬於宗教迷信的範疇。他批評編者未能把握漢畫像中的主導思想，使這樣一批好材料得不到應有的解釋與發揮。孫先生具體還就“羽人”、大儺圖、樂舞百戲圖發表了自己的意見。[29] 曾昭燏先生在答孫作雲先生文章中，簡述了在漢代存在的幾種思想形態，認爲漢朝一代，在上層社會裏主導思想是陰陽五行家的學説。神仙家的學説，在武帝朝盛行一時，但真正信奉它的衹有武帝及其他少數人，后來便衰落，到東漢末復興，也衹限於少數士大夫和方士的圈子裏；民間廣泛信奉的仍是自古相傳的巫教。[30]二者的討論很精彩，但誰也未能説服對方。

信立祥、蔣英炬、楊愛國、賴非、駱承烈、黄劍華、張程、唐建、劉秋晨、劉淵等學者傾向於儒家思想占有主要地位。[31]

信立祥先生在《漢代畫像石綜合研究》一書中説：

從漢高祖建國到漢武帝初年的七八十年間，表面上似乎是“黄老無爲”的道家思想占據思想上的統治地位，實際上，對社會風俗特别是對喪葬禮俗影響最大的却是儒家學説。漢武帝以后，隨着孔孟的儒家學説在社會意識形態領域統治地位的不斷鞏固，其强大的影響力也深入到社會生活的各個方面……把按照儒家道德規範評價出的歷史人物作爲教科書，對社會各階層進行道德教育，爲封建統治服務，是儒家社會影響力的一個重要表現。在這種社會條件下，漢代的繪畫藝術當然會深受儒家思想的影響，成爲儒家“傳道、授業、解惑”的宣傳工具……從這種具有儒家勸誡主義味道的歷史故事畫像中，可以看出儒家用以評價歷史人物的道德標準，就是儒家以“仁”爲核心、以“忠、孝、節、義”爲主要内容的道德觀念。其中，“仁”首先是評價古代帝王的道德標準，然后纔是對其他社會階層的道德要求；“忠、孝、節、義”則是評價其他歷史人物的道德標準。根據儒家的這種道德規範，歷史人物被分爲善、惡兩大類，善類人物是行聖賢之道的正面人物，惡類人物是逆聖賢之道而行的反面人物。通過繪製和觀賞歷史人物畫像，使正面歷史人物受到景仰和贊賞，反面歷史人物受到唾弃和痛恨。[32]

楊愛國先生認爲儒家思想的忠孝觀對漢畫藝術産生了廣泛而深刻的影響，漢畫藝術中很大一部分是漢代忠孝觀念的表現形式。其影響主要表現在四個方面：第一，在許多藝術門類中有直接反映忠孝觀念的忠臣孝子圖，在有忠臣孝子圖的五個藝術門類中，畫像石上最多，分布的範圍也最廣，凡是畫像石的主要分布區都有忠臣孝子圖。第二，漢畫藝術在表現忠孝觀的内容時，手法都比較凝重，大多數圖像是以静爲主。漢畫在表現忠臣孝子時，一般不加其他裝飾圖像，主題十分突出。第三，對墓室建築進行裝飾本身就是漢代忠孝觀念的重要表現。漢代是厚葬的社會，而厚葬正是漢代忠孝觀念極受重視的表現方式之一。漢代厚葬除了有繁縟的喪葬禮儀、豐富的随葬器物、宏大的墓室建築、貴重的棺椁用材等表現形式外，墓室建築裝飾也是一項重要内容。第四，漢代忠孝觀念還直接影響了一些藝術形式的消長，其中以畫像石最爲明顯。它因漢代忠孝觀念的興盛而興起，由於東漢末年戰亂頻仍，忠孝觀念受到冷落，加之經濟的衰退，畫像石墓也随之在大部分地區消亡了。他還認爲除周公輔成王、二桃殺三士、趙氏孤兒等經典的忠臣孝子圖外，升仙、生殖崇拜和喪葬禮儀的圖像也和忠孝觀念有關，并舉例北寨漢墓前室圖像進行了説明。[33]

姜生、肖硯凌、劉克等學者認爲道家思想在其中占有主導地位，或“外儒内道”。[34] 姜生先生認爲漢代人的信仰是變化的，漢武帝以后的中國宗教所展現的是以儒爲綱、儒道仙結合并融匯區域信仰的漢文化生態。戰國到兩漢，神仙信仰成爲漢代信仰的核心。“百家盛於戰國，但后來却是黄老獨盛，壓倒百家。”[35] 西漢后期到東漢后期則進入以儒家爲主導的前道教形態，老子神化爲老君，與孔子、子路、炎帝等聖賢一起成爲漢人崇拜的大神。此階段的漢代宗教雖以儒術爲主導，但“先死后蜕”、受道書拜王母、得道成仙則是最高理想，且老子位高於孔子。佛教雖已傳入，但尚未進入思想主流。

唐琪（Lydia Thompson）通過圖像程序的分析，認爲墓中融合了儒、道、早期佛教、陰陽宇宙觀等多種信仰，并結合了魯西南的多種文化傳統，所有圖像被精心安排成一種有利於死者的情景，并表達了在社會秩序日益混亂的東漢晚期對於穩定和諧社會的期盼。[36]

5. 藝術性研究

發掘報告稱贊墓葬布局既對稱又有變化，不單調，后室安一厠所，使人感受到生活氣息；結構整齊規矩，一絲不苟；雕刻手法比其他地方的畫像石要進步些；大場面的處理生動，小細節富有生活氣息。初始專家學者多關注畫像内容，有時在文章中順帶贊美一下，總體着墨不多。如孫作雲先生在《漢代社會史料的寶庫——“沂南古畫像石墓發掘報告”介紹》一文中説：

> 這批畫像石的内容是無比的豐富，其歷史人物圖像雖然不及山東嘉祥縣武氏祠畫像石，但畫像的範圍却比它更廣，其藝術表現法亦超過之。而最可注意的是其中三幅大圖：一幅是雕刻在“中室”南壁横額上的“豐收圖”——這是最理想的一幅漢代地主階級剥削農民的歷史挂圖，講漢代歷史必須引用之。第二幅是“中室”東壁上的“雜技與樂舞圖”……我們從此圖中可以看出：漢代民間樂舞的情形，又從其中的“雜技”部分，可以看出：從漢武帝通西域以后，西域的雜技幻術如何傳入到中國，因而豐富了中國本土的藝術。其三是雕刻在“前室”北壁上的“大儺圖”對於漢代宗教迷信的研究，貢獻極大……凡此種種，皆爲研究漢代歷史的人以及研究漢代文學、藝術、宗教迷信的人所必須采摭的材料。[37]

他對北寨漢墓給予了高度評價，認爲從藝術表現手法上超越了武氏祠。

近年來隨着研究的不斷深入，有了一些專門的研究北寨漢墓畫像藝術的文章出現。如徐思民先生在《沂南北寨漢墓畫像藝術》一文中認爲沂南漢畫的製作工藝已非常成熟，主要表現在墓室布局及架構的講究、綫條運用熟練以及場面宏大、取材廣泛的形象内容，其他地區的漢墓是難以匹敵的。[38]

劉婕認爲，沂南漢墓畫像石的一個非常獨特之處，就是多數畫面的表現都極富繪畫性，而與當地多見的接近淺浮雕的石刻風格不同。尤其是前、中、后室四壁及横額畫像，刻畫得具體而生動，綫條流暢，如同以尖利的工具在石面上作畫一般。這一表現手法與本地傳統樣式有較大差别，其繪畫水平甚至也超出絶大多數漢代畫像石與壁畫。畫面中形象的處理也比較特殊。前室北横額的神怪形象與四神形象是歷來所見畫像石中最爲精美者，姿態輕靈，毛羽飄拂，呼之欲出。中室四壁歷史故事中的人物則表情動作誇張，衣帶飛揚。㊴

李國新女士認爲，沂南漢墓畫像石藝術形式與中國后世繪畫聯繫緊密，雕刻技法多種多樣，幾乎是雕刻藝術表現手法的全部；獨特和强烈的綫條表現語言，看似平淡的綫條語言却能以綫狀物、以綫塑性、以綫寫情、以綫造景；巧奪天工的邊框藝術，邊框與畫中内容、形象交相輝映、互爲烘托。其塑造的形象集寫實與寫意、再現與表現、具象和形象於一身。㊵

朱華女士認爲，北寨漢墓畫像具有均衡飽滿的構圖特點，根據需求采取了平面散點透視、俯瞰散點透視、多視點透視等手法，使得既有氣勢，又富有層次感。遵循分層分布的格局，按上下層次安排形象、左右關係獲得空間，中室畫面簡潔，内容清晰，整幅畫面采取連續的形式，這是中國早期連環畫的一種表現，部分畫面有較强的寫意特征。㊶

6、有關論述

楊愛國：《山東漢畫象石研究的歷史回顧》，《山東大學學報（哲學社會科學版）》1992年第3期；蔣英炬：《中國畫像石全集》第1卷，山東美術出版社2000年版；崔忠清：《山東沂南漢墓畫像石》，齊魯書社2001年版；蔣英炬、楊愛國：《漢代畫像石與畫像磚》，文物出版社2001年版；歐陽摩一：《畫像石》，遼寧畫報出版社2001年版；楊愛國：《山東漢畫像石》，山東文藝出版社2004年版；張從軍、袁曙光、王艷：《話説沂南漢墓》，《山東人大工作》2004年第10期；張從軍：《黄河下游的漢畫像石藝術》，齊魯書社2004年版；任世忠：《山東沂南北寨漢墓畫像石刻造型藝術研究》，西南師範大學2005年碩士研究生論文；袁封山、王培永：《沂南北寨漢墓畫像石藝術論文集》，2007年；張凱：《山東沂南北寨漢墓中的樂舞百戲》，上海戲劇學院2008年碩士研究生論文；肖硯凌：《漢代黄老自然觀與漢代畫像石墓研究——以沂南北寨漢畫像石墓爲例》，《宜賓學院學報》2008年第11期；秦紅衛：《沂南漢墓壁畫的藝術特色》，《美術觀察》2013年第9期；黄雅峰：《漢畫像石畫像磚藝術研究》，中國社會科學出版社2011年版；楊愛國：《山東石刻分類全集》第7卷，山東文化音像出版社、青島出版社2013年版；王會娟：《淺談沂南北寨漢墓畫像石刻藝術》，曲阜師範大學2014年碩士研究生論文；山東省沂南漢墓博物館：《山東沂南漢墓畫像石》，西泠印社2003年版；楊錫開：《沂南漢畫像石的雕刻技法探究》，《文物鑒定與鑒賞》2014年第9期；山東博物館：《沂南北寨漢墓畫像》，文物出版社2015年版；趙鳳遠：《從沂南北寨漢墓畫像看東漢人的生態智慧》,《臨沂大學學報》2016年第3期；楊愛國：《幽墓美 鬼神寧——山東沂南北寨村漢代畫像石墓探析》,《美術學報》2016年第6期；張適：《沂南漢畫像石墓設計文化研究》，蘇州大學2006年碩士研究生論文；朱華：《悠悠漢風 石上史詩——山東沂南北寨漢墓畫像》,《文物天地》2017年第1期；安嬌：《沂南北寨漢墓畫像石的藝術探究》，山東建築大學2017年碩士研究生論文。

二、題材考釋

發掘報告中用了較大篇幅，對畫像石内容進行了詳細解讀，結合文獻資料對車馬出行制度、樂舞百戲圖、歷史故事、奇禽异獸等進行了考釋。下面將發生過争鳴或者有學者進行深入研究、比較有影響的圖像簡述如下。

1. 胡漢交戰圖

此幅圖位於墓門橫額，刻畫了胡人、漢人交戰的場景。發掘報告認爲，這幅畫像“主題思想是寫出墓主生前最重要、最值得人‘景仰紀念’的事迹——曾率領軍隊打敗异族的人……墓門兩側和中間支柱上的伏羲、女媧、東王公、西王母以及羽人异獸等圖……可能含有辟除不祥、保護墓主人的意思在内”。

張從軍先生認爲，在通常安置避邪或升仙畫像的位置安置戰争場面，目的是驅邪避凶。爲了顯示戰争的殘酷，畫像石中還常常將戰争的局部行爲放大突出，如將敵人斬殺馬下，頭顱落地等血腥場面的有意誇大，其目的就是在於以這樣的恐怖行爲，來達到讓觀者毛骨悚然的震懾作用。另外，胡漢戰争的勝利也是天下太平的象征，是最大的祥瑞，將這樣的祥瑞裝點在墓門上，也和仙人卧鹿一樣，顯示的是一種安寧的氣氛。雖然這些戰争場面很恐怖可怕，但内在所隱含的却是祥和安全的主題。[42]

信立祥先生認爲，漢畫像石中橋上交戰圖的出現，是中國傳統幽明兩界説影響的結果。畫像中的河橋是幽明兩界的分界綫和通路。他在《漢代畫像石綜合研究》一書中説：

> 橋上交戰的雙方，雖然仍舊保留着激戰的形式，但其圖像學意義已經完全改變。其中在交戰中保持優勢、力圖衝過河橋的一方顯然是墓主的軍隊；而處於劣勢、從橋上節節敗退的一方應該是守橋的軍隊。在當時人們的觀念中，肯定認爲隔絶幽明兩界的河橋上駐有大量守橋的冥界軍隊，阻止死者靈魂隨意往來於幽明兩界之間，住在地下鬼魂世界的祖先靈魂要想回到墓地祠堂或宗廟去接受子孫家人的祭祀，就必須帶領軍隊衝破守橋冥軍的阻攔。筆者認爲，橋上交戰圖表現的就是墓（祠）主率領軍隊，衝破守橋冥軍的阻攔，趕赴祠廟去接受祭祀的場面。古代將地下鬼魂世界又稱爲幽界或冥界，幽、冥二字釋義相近，都有黑暗的意思，幽字還有北方的意思，冥字因北方之神名曰玄冥，實際也可釋爲北方。因此，古代人會自然而然地將地下鬼魂世界理解成北方的幽暗之地。兩漢時期，生活在長城以

北草原地帶的都是被稱爲“胡人”的游牧民族，這一點當然很容易使人聯想到守衛幽明兩界之間河橋的冥軍是由胡人組成的。這也是橋上交戰圖中胡人軍隊與墓主的漢人軍隊激戰的原因。[43]

于秋偉先生認爲此圖與升仙思想有關，本圖車馬行列是載着墓主人從陽間到陰間的過程，橋梁是其中重要的溝通符號——渭橋。這種畫像越來越多地失去了戰争帶給人們的那種衝擊和苦難，而成爲一種程式化的圖像符號，尤其是其中的胡人形象，由於其大多來自西方，漢代尋仙之路正是從東方海上向西方昆侖山轉移的過程，在這個過程中，胡漢戰争畫像中的胡人充當了類似西王母的角色，在沂南北寨漢墓門楣畫像中充當了西方的符號。墓主人的車馬浩浩蕩蕩，越過渭橋，向神仙所居的西方行進，代表了墓主人到陰間后一種升仙的幻想。[44]

王煜先生從考察漢畫中胡人形象入手，發現胡人經常出現在車馬出行的場景中，可分爲兩類，一類爲胡人導引，一類爲胡漢交戰。推論此類畫像中車馬出行的目的地是西方的西王母仙境。時人認爲西王母在西域之西，居住於西域的西胡，一方面可以作爲去往西方仙境的引導者，一方面又可以是阻礙者。所以他們一方面希望升仙路上能得到胡人的導引，一方面又希望打敗阻礙的胡人，到達西王母仙境。[45]

邢義田先生認爲胡漢交戰圖有多重寓意：一是“胡虜殄滅天下息”願望的投射，反映了漢代民衆期盼和平的强烈願望；二是順利到達泰山或昆侖之旅的願望。邢先生認爲，漢代并没有一套成系統的死后世界觀或升仙觀，在漢人的想象裏，人能成仙，也很可能歸於黄泉、蒿里或其他名目的幽冥世界。在去往這些世界的過程中，有可能會遇到胡人的阻攔，必須要衝破防綫，纔能順利到達目的地；三是允文允武——對死者格套化的歌頌，漢代制度上官吏固已分爲文武，然而古風猶存，理想上他們仍然要像封建時代的貴族，兼資文武，如此，畫像中也藴含着對於墓主人文治武功的歌頌。[46]

其他論述：高介華：《渭橋——秦建築文化中的水上明珠》，《華中建築》1988 年第 4 期；王國奇：《漢畫中的橋梁》，《文物天地》1996 年第 6 期；劉樸：《對漢代畫像石中射箭技藝的考察》，《體育科學》2008 年第 4 期；陸錫興：《論漢代的環首刀》，《南方文物》2013 年第 4 期；朱滸：《漢畫像中胡人圖像的宗教意義》，《江蘇師範大學學報（哲學社會科學版）》2013 年第 6 期；李亞利、滕銘予：《漢畫像中橋梁圖像的象征意義研究》，《華夏考古》2015 年第 1 期。

2.“祭祀圖”還是“上計圖”？

前室東壁、南壁、西壁三幅相連横額的畫像，發掘報告認爲是祭祀圖，寫出墓主身后的哀榮。長期以來，學界對這個解讀没有提出不同意見。孫作雲先生在《漢代社會史料的寶庫——“沂南古畫像石墓發掘報告”介紹》一文中説，“前石室”類似人間的客廳，所以這裏雕刻來賓致祭之圖，以顯示死者的哀榮。東壁、南壁、西壁上横額，皆爲從屬官吏及各地好友獻祭圖。漢代人以喪葬時吊祭者多爲榮，史書中屢有記載，可與此參證。[47] 張從軍先生認爲這三幅畫是吊唁圖[48]，楊愛國先生也認爲這三幅圖與吊唁有關[49]。信立祥先生結合文獻和出土文物，對墓葬祭祀建築及其功能分工進行了研究，他引用北寨漢墓前室橫額畫像，論述了墓室畫像與祠、闕畫像之間的關係。他在《漢代畫像石綜合研究》一書中寫道：

> 表現祠廟祭祀墓主場面的畫像，按祭祀活動的先后順序，共有三幅畫像，分别配置在前室南壁、東壁和西壁的橫梁上。南壁橫梁配置的是描繪個人祭祀墓主場面的畫像。畫面中部是一座很大的二層建築，因建築有緊閉的兩扇門扉，推測不是祠廟，而應是寢。寢的兩側，是有很多樹木的寬闊庭院，右側庭院中停有軺車一輛、軿車一輛、馬兩匹，左側庭院中停放軺車一輛、大車一輛，從車、馬上下來的人正向寢跪拜行禮……這種墓地中的寢是墓主靈魂日常飲食休息之處，大概爲了不驚擾墓主靈魂，纔緊閉大門。東壁橫梁的畫像，左端是一座曲尺形建築，大門前一名男僕雙手擁彗面右而立，似正恭迎前來祭祀墓主的賓客，其右側的五列賓客共十四人，前面一列二人，后面四列每列三人。筆者認爲，畫面左側的曲尺形建築應是供參加祭祀活動的賓客臨時休息之處，畫像表現了衆多參加祭祀的來賓正進入房間作祭祀前的短暫休息的場面。西壁橫梁畫像描繪了集體祭祀墓主儀式，畫面右端是一座緊閉兩扇門扉的單層平頂建築，門前一名男僕擁彗面左而立，其左側是隆重的集體祭祀場面。右側，一名頭戴進賢冠的主祭官員面左而跪，正在宣讀手捧的祭文。官員身后恭立兩個雙手舉幡的男子，身前跪伏一名冠服人物，似是墓主的嫡長子。墓主的嫡長子身后，跪伏着五排祭祀者，前兩排每排四人跪伏在地，當爲墓主的子孫家人，后面三排每排三人揖手恭立，當爲墓主的門生故吏和僚友……畫面的左端，放置着擺滿耳杯的几案，盛有果品和魚的圓盤、壺、樽等祭祀用品，旁邊站立着兩名男僕。[50]

直到2004年，纔有揚之水先生提出了不同意見，認爲此三幅畫像應是上計圖。上計是兩漢吏治的考課制度。每一年的秋冬，縣一級上計於郡，郡一級上計於朝廷，亦即由下而上呈遞各種統計表册，舉凡人口、土地、財政、教育、民事、盜賊、灾荒，皆分項分類，如實如式，作成集簿，用來表明地方官的行政成績。沂南畫像石墓前室東、西、南三壁橫額上氣勢恢宏的一個通景大場面，正是畫面連續的一幅上計圖，雖中間有分隔，而内容連綿相屬。南壁橫額居畫面中心的一座建築乃是官署，東、西壁橫額畫像盡端處的房屋一角各是官署之一部。南壁正中、橫額之下則是大門的特寫。他認爲，東壁曲尺形建築一端立的建鼓，南壁中間建築兩邊的子母闕，都表明了官府性質。而南壁軺車、輂車，后門敞開着的輜車，是“陳屬車於庭”。門兩邊對設栅足書案，上置卷起的文書。引人注目的是竹篋與囊均加封緘。這些都符合上計時的情形。西壁橫額上的畫面稍稍變换視角，“計吏數百人皆拜服庭中”。《漢書》卷八九《黄霸傳》張敞奏中有一番形容，“有耕者讓畔，男女异路，道不拾遺，及舉孝子、弟弟、貞婦者爲一輩，先上殿；舉而不知其人數者次之；不爲條教者在后叩頭謝”，也是畫面情景的一個寫照。此圖門前亦置栅足書案，書案前方跽坐者著梁冠，簪筆，配書刀，手奉奏案。南壁横額圖中尚有不加封緘的篋笥，又容酒之鍾，置案之物，此可統稱“計諧物”。計諧，即與計偕行，即同行。計諧者，有人，也有文書與物産。他還認爲，沂南畫像石墓的上計圖旨在表現墓主人生涯中有重要意義的經歷。[51]

孫機先生明確支持揚之水先生的觀點，他在《溝通文物研究與社會生活史研究的一種作法——評〈古詩文名物新證〉》中説：

> 無獨有偶，也在該墓前室，於東、南、西三壁横額上有一長幅連成一氣的“上計圖”，却被《報告》誤認爲“祭祀圖”。上計是漢代重要的行政手段，每届歲盡，縣道上計於郡國，郡國上計於朝廷，報告轄區中户口、墾田、錢谷、盗賊的狀况，使民情匯總上達；其上級政府則據以考核官員的政績，課殿最，定賞罰。當政者這時顯得威風十足；所以作爲“墓主人生涯中有重要意義的經歷”，刻在墓室中。沂南的標本是反映漢代這一政治生活場景之難得的圖像材料，對此，本書作了詳細的考證。其實，《報告》中“祭祀圖”之説的不能成立，衹要看圖中并未陳設祭器牲牢，便可窺知……而畫像石中全然不見“羊豕之奠”的影子，所以刻畫的不會是祭祀的情形。本書作者還指出此圖中一再出現的施以封緘的計篋和書囊中盛放的應是上計所用集簿。……試想，如果確係“祭祀圖”，其中擺上那些公文包（計篋與書囊）做什么！[52]

孫機先生采用排除的方法，確定這三幅畫像不是祭祀圖，支持揚之水先生的觀點，應引起學術界的重視。

其他著述：黄繼魯：《珠算的發生和發展》，《杭州師院學報（自然科學版）》1983年第一期；李錦山：《考古資料反映的漢代喪俗》，《四川文物》1989年第3期；袁仲一：《秦陵銅車馬有關幾個器名的考釋》，《考古與文物》1997年第5期；郭曉川：《蘇魯豫皖區漢畫像視覺形式演變的分期研究》，《考古學報》1997年第2期；王爲桐、張昌軍：《珠算集大成者劉洪》，《齊魯珠壇》1997年第1期；石增禮：《中國古代建築類型與分類》，浙江大學2004年碩士研究生論文；王鳳娟：《從山東畫像石看漢代送葬與祭祀禮俗》，《東方論壇》2004年第4期；邢義田：《漢代簡牘的體積、重量和使用——以“中研院”史語所藏居延漢簡爲例》，載《地不愛寶：漢代的簡牘》，中華書局2011年版；馬怡：《漢畫像中的兩幅“奉謁”圖——東平后屯漢墓壁畫、沂南北寨漢墓畫像石》，載《中國漢畫學會第十三届年會論文集》，中州古籍出版社2011年版。

3. 奇禽异獸圖還是大儺圖?

前室北壁横額畫像，發掘報告認爲是奇禽异獸圖，也同墓門一樣，含有百靈呵護的意思。孫作雲先生認爲，在前室畫像中，除表示死者哀榮之外，主要表現打鬼辟邪，即“大儺”。大儺是在北壁正中戴假面具、蒙獸皮、頭戴弓箭、四肢皆執兵器、胯下還有一盾牌的“方相氏”帶領下，由北壁横額上的十二個神獸，進行驅鬼逐凶的活動。而神獸四周的蛇、蝎子、四頭無身的怪物、三頭一身的鳥、一頭一臂的怪人、帶足的魚等皆是十二神獸所吃或所驅趕的對象。而這一切，源於漢代人的迷信思想，即升天與辟邪的思想所致。[53]孫機先生也認同此圖是大儺圖。[54]

曾昭燏先生對於孫作雲先生的這個觀點基本同意，她在《關於沂南畫象石墓中畫象的題材和意義——答孫作雲先生》一文中説：

> 孫先生給指出來，是我們應當感謝的。大儺在古代的確是一種通乎上下的典禮，所以《論語》説孔子："鄉人儺，朝服而立於阼階。"不過據張衡《東京賦》和《續漢書·禮儀志》的記載，宫廷大儺祇在每年年終舉行一次，推測在官署和民間也是這樣，是一種嚴肅的宗教儀式，而不是一種隨時隨地可以舉行的戲樂，與雜技歌舞不能混在一起……孫先生説沂南墓前室北壁正中那個頭頂弓箭、四肢皆執兵器的怪物即蚩尤，亦即方相氏，這説法是有根據的，我們應當依從。孫先生説前室北壁横額上那一幅爲大儺圖，圖中十一個虎首人身直立的怪物和一個虎頭銜蛇的怪物爲方相氏所率領的十二神獸。孫先生這種説法，也有相當道理，比我們原來漫稱爲神怪要好些。不過根據《續漢書·禮儀志》，十二個神獸各有名稱，是十二種不同的動物，何以在這幅圖中除强梁一獸作虎頭銜蛇的形狀外，其余十一個形狀都相似呢？[55]

曾昭燏也坦承，這一疑點不足以否定孫先生的説法。

南京博物院的張敏將二人的争鳴撰寫成論文《考古學與神話學的碰撞——從沂南漢墓畫像中"羽人"與"大儺"的討論談起》，將兩位大師的觀點一一呈現。張敏認爲，曾昭燏先生作爲我國考古學大家，其將畫像石劃分爲不同單元，强調不同單元之間既相互獨立、又有機聯繫的分類研究方法，顯然來自近代考古學，而孫作雲先生對於沂南、長沙馬王堆、洛陽卜千秋、密縣打虎亭漢墓畫像、壁畫、帛畫、漆棺畫的研究分析，神話學是其主要的研究方法。考古學與神話學的碰撞，對於考古學研究有着更深層次的意義，在研究古代精神文化遺存及其産生的社會背景和文化背景時，以考古學爲基礎，與社會學、宗教學、民俗學、神話學結合進行多學科綜合研究，其結論可能更接近歷史的真實。[56]

郭净先生將儺儀的脉絡做了梳理，通過對照文獻記載，認爲儺儀濫觴於史前，盛行於商周，在周朝已複雜完備。周人認爲自然的運轉與人事的吉凶是息息相關的。每年四季轉换之時，因寒暑易變，瘟疫最爲流行，鬼魂乘勢作祟，所以必須適時行儺以逐邪惡。方相氏爲周代儺儀中的主神。他身蒙熊皮，頭戴黄金四目的面具，玄衣朱裳，揚戈執盾；或帥百隸索室毆疫，或爲喪葬隊伍逐鬼開路，入墓框，擊四隅，驅除魍魎。至兩漢，儺儀中又出現了與方相氏相配的十二獸，它們是漢代宅中主神，掌驅鬼之事，十二神形同怪獸，專以厲鬼爲食。

這種場面在漢代畫像石中得到了生動的再現。沂南漢墓前室一條橫額上有一幅盛大的“行儺驅鬼圖”。畫面正中是高冠長鬚、手持利斧的方相氏。兩旁爲張牙舞爪的十二神獸，它們頭戴假面，身貫鎧甲，或揮動雙劍，或張弓發矢，或執戈狂舞。儺儀在兩宋時受到新興人文文化的衝擊，逐漸退出中原而流布於長江以南，與荆楚巫術傳統和道教相融合；至明清又流入西南各民族之中，其影響至今不絶。[57]

其他著述：王玉金：《從漢畫看漢代辟邪風俗》，《民俗研究》2000 年第 2 期；王煜：《漢墓“虎食鬼魅”畫像試探——兼談漢代墓前石雕虎形翼獸的起源》，《考古》2010 年第 12 期；徐志君：《漢畫所見棨戟研究——論使用、形制和意義》，《南京藝術學院學報（美術與設計版）》2015 年第 5 期；鍾玲：《四川漢代考古資料中的方相氏圖像》，《四川文物》2016 年第 1 期；徐政：《遼寧省苗圃墓地出土的蚩尤紋銅帶鈎圖案釋讀》，《東北史地》2016 年第 2 期。

4. 車馬出行圖

發掘報告就車馬出行圖用專門章節對漢代時的出行制度進行了考證，論證了捧盾迎候的制度，擁彗的習俗，以及車騎導從的制度，還解讀了各種車輛的名稱。

巫鴻先生認爲，作爲喪葬禮儀的中心部分，這一行列的功能是將死者的軀體和靈魂從祖廟送至墓地。他在《從哪裏來？到哪裏去？——漢代喪葬藝術中的“柩車”與“魂車”》一文中説：

> 在中室北壁（指北寨漢墓中室北壁東段）的畫像中，駿馬奔騰，車輪滚滚，一隊馬車由右向左疾馳，其目的地是一對闕，闕前兩位官員恭立迎候。唐琪正確地指出這對闕標志着墓地的入口。另有一個細節可以支持這一看法，在每座闕的頂部樹立着一個交叉的“表”，這正是墓地的標志。一幅 6 世紀初的石刻描繪了一名孝子向一座墳冢跪拜，兩側即有一對這種形式的交叉的表。因此沂南墓中的這幅畫像描繪的應是送葬的行列。這一車隊中有三種不同類型的馬車，一種是帶有傘蓋的“導車”，其后是四阿頂無窗的轎車，最后是一種長而窄帶卷篷的車……第二種車爲輧車，第三種車爲柩車。這幅沂南畫像進而説明后兩種車均是爲死者所用的，其區别在於后者運載死者的軀體，前者輸送死者的靈魂。

對於車馬臨闕者，則認爲是：

> 這種大幅構圖常描繪車馬行列向一門或闕行進，一位官員在門前恭立迎候。以往有的學者把這類畫面解釋爲表現死者生前出行的場面。但畫面中的“闕門”應是墓地的標志；朝向闕門行進的車馬因此是送死而非養生。[58]

孫機先生則持與巫鴻先生針鋒相對的觀點。他認爲，無論是在橋上還是闕前，各處的出行車隊無一不是墓主生前活動的藝術折射，這也正是“大象其生”通過“大輿輿駕”在畫像石上的體現。他認爲巫鴻所稱“交叉的表”

在漢代名“四柱木”或“交午柱”，并不能代表墓地。晋代崔豹《古今注》釋曰：“今之華表木也，以横木交柱頭，狀若花也，形似桔槔，大路交衢悉施焉。或謂之表木，以表王者納諫也，亦以表識衢路也。秦乃除之，漢始復修焉。今西京謂之交午柱也。”就整體而言，它不是闕，而是桓表即華表，闕形建築衹是桓表的基座。針對巫鴻認爲闕是墓地的標志，孫機通過分析徐州銅山洪樓畫像石、沛縣栖山畫像石、新野畫像磚一些車馬臨闕的畫像，指出門内建築和人物的活動其場景絶非墓地所能有，而是大宅第之場景。又通過列舉歷史記載和衆多出行圖的榜題，指出南北朝以前，盛大的車馬出行是尊貴者炫耀其權勢的重要場合，衆多的車馬出行圖，它要表現的自然是墓主當年之顯赫的官威，應無意於刻畫一支送葬隊伍的哀榮。[59]

信立祥先生則認爲表現的是墓主赴祠廟接受祭祀時的情形，他在《漢代畫像石綜合研究》一書中對北寨漢墓的車馬出行圖作了解讀，書中説：

> 畫面的右側，共有四排人物，最右邊的一排三人，均雙手持板面右跪伏於地，其前方擺放着几案；后面的三排，每排三人，均雙手持板面右恭身而立。這十二個人物與刻在西壁横梁南端的亭長和擁彗者一起組成對男墓主車馬行列的歡迎隊列，跪伏的三人應是墓主的子孫，執板恭立的九人應是墓主的門生故吏或僚友……男墓主生前至少是二千石的高級官吏。……女墓主的車馬出行行列……畫像中儘管没有刻出祠廟之類的建築，但由於車馬出行行列的前方有象征墓地的雙闕，表明女墓主的車馬行列出行的目的地也應是墓地的祠廟。[60]

他還認爲，沂南北寨畫像石墓中室四壁横梁畫像表現的重點是祠廟祭祀墓主的場面，不僅男、女墓主車馬出行圖如此，刻在東壁横梁的樂舞雜技圖表現的也是祭祀時用文藝演出取悦墓主靈魂的場面，南壁東端横梁的庖厨圖則描繪了爲祭祀墓主準備供品的忙碌場面。

揚之水先生在《沂南漢畫像石墓所見漢故事考證》一文中，從漢代信息傳遞機構的角度，考證了亭、郵、傳、驛四種不完全相同的設置，指出位於中室南壁西横額的“日”字型建築應該是縣治的一處傳捨。[61]

黄永飛先生的論文《漢代畫像石墓中車馬出行圖像的發現與研究》，綜述了各家觀點。墓葬中浩浩蕩蕩的車馬出行圖像曾一度被認爲是考察墓主人身份地位的重要因素而受到較高關注，隨着墓葬出土材料的增多，這種將車馬出行圖像視作墓主人身份重要因素的研究逐漸開始被質疑，很多學者指出東漢后期存在的僭越之風使得這種方法并不可取。日本學者林巳奈夫在20世紀60年代就著文研究車馬出行圖像的隊列組成，指出了墓葬規格與墓主身份的不對等性，認爲車馬圖像并非墓主人身份地位的真實反映，而是反映了當時人的一種普遍願望。馮沂認爲車馬出行圖像是民衆對死后生活的渴望，希望死后過上那種前呼后擁、車行滿道的奢侈尊貴生活。羅偉先等學者統計大量畫像石墓發現，其使用階層一般是在兩千石官吏至一般富豪之間，漢代上層統治階層不存在使用畫像石墓的傳統，而已經發現的諸侯王墓也無一例使用畫像石墓，因此很難説明車馬出行圖像是墓主人生活的寫照，更不能據此推斷墓主人身份。[62]

練春海先生圍繞車馬出行的禮儀問題，也就是“御禮”，從車容、車儀、出行、御禮溯源與流變等諸環節對車馬出行圖像進行了全面研究。西漢前期，御禮延續了它在先秦的實用性；而西漢以后，受封建專制制度發展的影響，御禮開始强調禮儀性；東漢中晚期，受社會思潮的影響，御禮的精神性開始受到重視，出現以牛代馬御車的現象。他指出，北寨漢墓内的車馬出行圖中每匹馬的馬首均向后上方飄揚着帶狀物一至兩束，此物不是“樊纓”，而可能是“總”或“流蘇”，飄飛的意象是爲了表達車騎的風馳電掣。[63]

其他著述：陳明達：《漢代的石闕》，《文物》1961 年第 12 期；王厚宇、王衛清：《考古資料中的先秦金較》，《中國典籍與文化》1999 年第 3 期；李真玉：《從漢畫看漢代孝道》，載《中國漢畫學會第九屆年會論文集》（下），中國社會出版社 2004 年版；馮沂：《臨沂漢畫像石中所見車騎出行圖考釋》，《文博》2004 年第 1 期；韓釗、李庫、張雷、賈强：《古代闕門及相關問題》，《考古與文物》2004 年第 5 期；陳琛：《漢地傳統住宅元素研究散論》，鄭州大學 2004 年碩士研究生論文。

5. 樂舞百戲圖

發掘報告對位於中室東壁横額的樂舞百戲圖極爲重視，進行了詳細考證，對畫面進行了全面釋讀，對各個演出單元局部出版了原大的圖版。發掘報告尚未出版時，王仲殊先生即根據發掘簡報在 1955 年第 2 期《考古通訊》上發表了《沂南石刻畫像中的七盤舞》，指出這一部分畫像的發現，不僅消除了以往對於七盤舞了解得不够和懷疑的情形，而且對於七盤舞提供了最真實、最生動的材料，補充了文獻上記述的不足。[64]

孫作雲先生認爲，這幅圖大致可以分爲雜技、樂隊、舞隊、馬戲四部分，但最主要的還是樂隊和舞隊，因爲它在圖像的正中。他認爲這樂隊即漢代“相和歌”樂隊的組織。“相和歌”是漢代民間歌人所唱的歌謡，唱這種歌時，有絲竹伴奏，所以叫作“相和歌”。后面的舞隊，他以爲是“鞞舞”。“鞞舞”的特點是在跳舞時有人在前面或兩旁，持鼙鼓導引，所以叫作鞞舞。他還以爲舞隊中的樹，即桂樹。古人相信桂樹是一種仙樹，可以招致鳳凰，仙人講道也多在桂樹下。在圖中有一怪人戴面具、持“便面”、蒙獸皮、持繩索，作縱躍追捕之狀，前有一小孩向之騰躍，他認爲是“方相氏”與“辰子”的打鬼跳舞；其先本爲打鬼儀式，后來變成一般性的娱樂跳舞，而不是什么“豹戲”。至於舞隊中的仙人（羽人）乘龍“舞魚”，也與神仙之事有關，此魚即仙人所乘之“龍鯉”。可以看出所有這些跳舞的内容皆與升仙之事有關。[65]

這盛大的樂舞百戲是演給誰看的？張玉新、李立在《漢畫像樂舞百戲“受衆”情況的考察與分析——兼論漢代莊園藝術的性質與功能》一文中做了考證。目前學術界對於漢畫像樂舞百戲的研究，多集中於樂舞百戲内容和形式的解析和釋讀上面，而較少觸及樂舞百戲“受衆”情況的考察與研究。作者在對近年來發掘的春秋戰國時期楚墓陪葬的等級與樂器陪葬情况，以及發現禮樂等級制度僭越現象進行考察的基礎上，得出的結論是樂舞等藝術表演形式其娱人與娱神功能應該是并存的，娱神的功能要高於或重於娱人功能，而且隨着貴族等級的降低，其所享有的樂舞的娱人功能會減少，直至被娱神功能所取代。[66]

朱存明先生指出盤舞除了世俗意義以外，還有祭祀祖先的神聖意義在裏面。遠古盤舞是世界性的舞蹈，遠古人類認爲給至尊者提供最好的食物能得到報答，這些食物以帶血的動物爲代表，但帶血的動物不能單獨存在，故而盛放動物血的器皿也享受尊貴的地位，以這種器皿舞蹈的盤舞在祭祀活動中不可缺少。盤舞的器具擺設更能證明這種意義，盤可能象征星座，有些盤舞道具中還存在兩面鼓，象征日月，人舞於盤鼓之間，象征着飛升，意即成仙。表演者一般身穿長袖羅衣，羅衣長袖飛舞揮動，似乎在充滿雲氣的仙境中漫游，所以可以肯定在漢畫中盤舞具有巫舞的性質。[67]

其他著述：安志敏：《論沂南畫像石墓的年代問題》，《考古通訊》1955 年第 2 期；劉銘恕：《關於沂南漢畫像》，《考古通訊》1955 年第 6 期；李文信：《沂南畫象石古墓年代的管見》，《考古通訊》1957 年第 6 期；馮漢驥：《論盤舞》，《文物参考資料》1957 年第 8 期；周在宥：《説簫》，《人民音樂》1963 年第 3 期；常任俠：《漢唐間西域傳入内地的雜技藝術》，《新疆社會科學》1982 年第 2 期；李純一：《中國古代雜技和音樂》，《音樂研究》1982 年第 1 期；朱杰勤：《中國雜技考》，《暨南學報（哲學社會科學版）》1982 年第 1 期；韓順發：《雜技戴竿考》，《中原文物》1984 年第 2 期；李純一：《山東地區音樂考古及研究課題》，《中國音樂學》1987 年第 1 期；李陳廣：《漢代面具的應用及影響》，《中原文物》1987 年第 1 期；郭曉川：《蘇魯豫皖區漢畫像視覺形式演變的分期研究》，《考古學報》1997 年第 2 期；李榮友：《論漢代音樂文化的繁榮與成因》，《南都學壇》1999 年第 2 期；唐建：《中國漢代繪畫的藝術表現》，《東岳論叢》2001 年第 5 期；馮建志：《漢畫中鼓吹樂的樂器與類型》，《南都學壇》2002 年第 6 期；毛保枝：《漢畫中的戲車與雜技藝術》，《中原文物》2003 年第 5 期；劉樸：《山東漢畫像石體操活動考略》，《山東體育科技》2003 年第 2 期；黄珺：《中國古代的馬戲》，《體育文化導刊》2003 年第 12 期；劉柳：《漢畫舞蹈的藝術特征及其影響》，《南都學壇》2004 年第 4 期；起鳳：《手技史畫》，《雜技與魔術》2004 年第 3 期；吴金寶：《從漢畫像看漢代音樂文化的轉型》，《南都學壇》2005 年第 4 期；劉淑麗：《臨沂樂舞百戲畫像石中的戲劇因子》，《藝術百家》2007 年第 4 期；顧雅男：《漢代樂舞百戲畫像石研究》，山西師範大學 2013 年碩士研究生論文；顧穎：《論漢畫像樂舞圖的藝術圖式——以沂南漢墓漢畫像樂舞圖爲例》，《裝飾》2013 年第 2 期。

6. 佛教形象

中室中間八角立柱上，南面、北面上端，以陰綫刻工藝刻了兩個頭繞佛光的人，發掘報告認爲此二人非佛像，而是着普通衣服的童子，因當時畫家對於佛教藝術一知半解，偶有所見，便采入自己的作品中，這是佛教傳到中國不久，其藝術在中土開始萌芽的現象。

此圖是“佛”非“佛”？學術界一直持續争論。1962年，楊泓先生肯定它是佛像；1980年，俞偉超先生亦肯定其爲佛像；1981年，任繼愈先生主編的《中國佛教史》第一卷，再次認爲“這個神童像還不是佛像”；1990年，臺灣陳清香女士稱爲“神仙般的佛像，或佛像般的神仙，是佛教影響下的圖像，是不可否認的”，予以調和。温玉成先生提出依仙佛模式的理念，問題即迎刃而解。他在《沂南畫像石墓中佛教圖像之再考察》一文中説：

南面立像，可確定爲一仙佛……那位帶雙翼的坐像，正是老子。頭冠有改變，兩手似做手印。其下的羽人，亦胡跪，歡呼狀，是老子浮屠境上仙人之演化。再下的龍形，乃寓意老子之初形。孔子見老子后説“吾今日見老子，其猶龍耶”。老子上面的朱雀，正表示佛在己位。佛手捧魚，乃表示由龍（老子）變化而來——魚龍變化……北面立像，可考是爲未來佛——彌勒佛。此圖也由下而上展開。最下端的鳥首翼龍，可能是西域最崇拜之神獸其上的翼牛，則是婆羅門信仰之神獸，因爲彌勒下生所佩的寶劍可以證明他的身份。另一種解釋是，彌勒前世爲國王，名曇摩流支。“力拔一樹”的樹，乃是龍華樹，彌勒下世后，曾在龍華樹下三次會衆説法也。最上之佛，捧一鳥，正表示他已下世到鷄頭國，鳥者，鷄也。[68]

對於這兩個頭戴項光的人物，王趁意先生通過現場考察，認爲發掘報告對兩人的描述是不準確的，兩個神像均没有童稚氣，不是“童子”，都是成年人。可以清晰、準確地看出南面神人唇上有上翹的三撇八字鬍。北面神像“童子，頭上用纓束髮，成髻”的描述也是不符合實際情況的。此圖若是用纓帶結髮，畫面上并無纓帶捆繞髮髻“束”的描繪痕迹，南北兩面神像髮髻完全類同，皆爲插簪髮髻，頭上有菱格紋網狀半圓髮罩。這種髮罩不見於漢代冠帽髮髻類型，很可能是當時人們對“佛”帶有主觀的理解和臆測。[69]

趙超先生在《沂南畫像石考二種》一文中，除了肯定上述兩個頭戴項光的立像爲佛像外，還列舉了沂南墓中其他的佛教因素：

例如在沂南畫像石墓M1中出現有一種雙人首鳥身的神像，應該就是具有佛教圖像含義的……在中國古代的神話傳説中，没有找到類似的雙頭鳥……所以它來源於域外文化的可能性是非常大的。而在佛教傳説中，我們就可以看到這種雙頭鳥的存在，而且在佛教藝術中，它還是一種很常見的裝飾圖案……究其原意，應該是佛教中傳説的耆婆耆婆迦鳥，又稱共命鳥、命命鳥、生生鳥等……又如蓮花圖案。沂南畫像石墓中室頂部有四出八瓣花紋，根據花瓣形狀，實際上應該是蓮花圖案，其他東漢畫像石上的蓮花紋飾也是類似的畫法。現在所見到的先秦藝術品中罕有蓮花紋飾。而佛教發源地南亞地區盛産蓮花，它被看作聖潔的象征……佛教以蓮花比喻妙法，把西方彌陀净土稱作蓮花净土。《妙法蓮華經》就是明顯的代表。所以，中國古代的藝術品中出現蓮花圖案時，往往反映了佛教文化已在此地有所傳播。[70]

其他著述：孫作雲：《河南密縣打虎亭東漢畫像石墓雕像考釋》，《開封師院學報（社會科學版）》1978 年第 3 期；俞偉超：《東漢佛教圖像考》，《文物》1980 年第 5 期；信立祥：《孔望山摩崖造像中的道教人物考》，《中國歷史博物館館刊》1997 年第 2 期；温玉成：《公元 1 至 3 世紀中國的仙佛模式》，《敦煌研究》1999 年第 1 期；霍巍：《四川何家山崖墓出土神獸鏡及相關問題研究》，《考古》2000 年第 5 期；仝濤：《東漢“西王母 + 佛教圖像”模式的初步考察》，《四川文物》2003 年第 6 期；李正曉：《中國内地早期佛教造像研究》，中國社會科學院研究生院 2002 年博士研究生學位論文；何志國：《“仙佛模式”和“西王母 + 佛教圖像模式”説商榷——再論佛教初傳中國南方之路》，《民族藝術》2005 年第 4 期。

7. 伏羲女媧圖

墓門東側支柱上部刻畫了伏羲、女媧，發掘報告稱已有學者考訂很多，故未細述。唯伏羲、女媧中間神人身份争議較大。劉紹明、陳長山等認爲中間人物爲高禖。高禖，古籍中亦作“皋禖”“郊禖”，指執掌人類婚姻和繼嗣的媒神。生殖崇拜、祈求神靈降福賜子的風俗在我國由來已久，古代帝王就有了爲求子而祀的禖神。民間亦有其祠廟。山東沂南畫像石墓、河南唐河針織廠畫像石墓中均有巨人或力士擁抱女媧伏羲的畫像，顯然有撮合婚姻之意，此巨人或力士據證正是高禖形象。[71]

國光紅、張美霞等認爲中間人物是燧人氏。[72] 張美霞在《論“聚麀”及其産生的原因》中指出，婚姻本身是“父系”文明的産物，在以父維系的社會出現以前，兩性之間的關係是不能算作“婚”的。爲此她用“聚麀”一詞來指稱初民兩性關係，并分析了“聚麀”現象産生的原因。文中引用文獻説：

> 1954 年，山東沂南縣北寨村漢墓有燧人、伏義、女媧三人合抱畫像石出土。畫像正中間，背后插着“規”與“矩”的人，是燧人氏，“燧皇始出，握機矩表計”。“伏犧者，燧人氏之子。”“燧人氏没，庖犧氏代之。”“太昊帝庖犧氏，風姓也，蛇身人首。”“女媧氏亦風姓也，亦蛇身人首。”他們都是風姓人。在古文字中，“風”和“鳳”用同一象形符號來表示，畫像右上部的兩側刻着的對稱的鳥的圖案，是風姓人的圖騰。伏義、女媧爲一母所生的兄妹，“華胥生男子爲伏義，女子爲女媧”。在很多畫像石、畫像磚中，伏義和女媧蛇身都作交尾狀，表現出兄妹性的結合。該圖在兩人之間合抱着參與的，是燧人，表現的正是父（輩）女兄妹聚麀的場面。事實上，在聚麀時代，“父親”是不能確定的，祇能認爲他是聚麀集團的年長成員而已。[73]

賀福順等則認爲中間人物是主宰包括伏羲女媧在内的所有天神的天帝即太一神，它不過是在漢代思想意識中占主導地位的漢代封建統治者宣揚的神學思想意識的反映而已。[74]

又，墓門西支柱刻有西王母，東支柱刻有東王公，發掘報告稱此二人是漢代流傳最普遍的神話人物，也未過多考證。多年來學者撰寫了好多論及漢代人信仰及西王母的文章，已把西王母、東王公信仰的由來、發展軌迹考證得一清二楚。顧森先生認爲，西王母從最初的恐怖神演變爲后來的慈母神，西王母在漢代人心目中，最后成爲一位集長生、福禧、生育等多種神性的女神。有趣的是，發生在西王母身上的這種神性變化和匯總，也全部出現在后來的觀音身上。這一文化現象引人深思。[75]

陳履生先生從漢代社會的政治、經濟、文化、社會背景入手，結合文獻記載，對漢畫中伏羲女媧、東王公西王母做了深度研究，并創新性地提出了“神畫”的概念。所謂“神”，是不具物質軀體形象、不受自然規律限制而對物質世界施加影響的超自然體，“神畫”則是以它爲表現對象的一種繪畫樣式。他在《神畫主神研究》一書中談到：儒教神學和道家神仙思想彌漫的漢代社會，爲漢代神畫的空前發展提供了肥沃的土壤和相宜的氣候。在漢代神畫的塔式結構中，位於塔尖的伏羲、女媧和東王公、西王母占據了主神的地位。他們作爲傳説中的人類的始祖或現世升仙的導師，爲沉迷於神秘夢幻中的信徒所崇拜。

> 伏羲、女媧誕育人類，在以人爲主體的漢代社會裏，他們作爲人類的始祖，無疑會受到人們的崇拜。這種崇拜的心理，有歷史繼承的原因，“是鬼魂崇拜的産物”。因爲漢人心中的祖先鬼魂，是一種能够保護本族或自身家庭的神秘力量……所以在“追遠尊先”的社會思想影響下，伏羲、女媧的位置增高到人們心中的塔尖。而東王公、西王母作爲掌管衆神仙的領袖，對於想得道升仙的漢人來説，同樣也成了掌管他們生死命運的巨神，故“漢哀建平四年，京師郡國民……歌舞祠西王母”得到了較高的禮遇，而西王母也傳書百姓，“母告百姓，佩此書者不死”。人神間信息溝通，人得到了神的啓示，更加强了對神的信念。

伏羲、女媧和東王公、西王母在漢代神畫中的地位，通過漢代神畫得到印證：

> 首先，他們的形象大量出現於神畫及其它繪畫之中……而且大都處在畫面上方正中的位置。再是他們自身形象的容貌、大小、服飾及其與周圍關係的刻劃都有别於其它。另外在他們的周圍常有奇禽、异獸、仙人等作跪拜或俸（奉）侍狀，從而襯托了他們的崇高地位。伏羲、女媧與東王公、西王母在漢代神畫中所得到的優於其它神的精心的構想，着力的刻劃，完美的表現，都表明了他們在神畫中的主神地位。[76]

其他著述：孫作雲：《河南密縣打虎亭東漢畫像石墓雕像考釋》，《開封師院學報（社會科學版）》1978 年第

3期；[美]巫鴻著，李淞譯：《論西王母圖像及其與印度藝術的關係》，《南京藝術學院學報（美術與設計版）》1997年第3期；周静：《兩漢時期的西王母信仰》，《四川文物》1998年第6期；陳泳超：《關於"神話復原"的學理分析——以伏羲女媧與"洪水后兄妹配偶再殖人類"神話爲例》，《民俗研究》2002年第3期；宋瑞芝、余志權：《女媧與伏羲：華夏初民對兩性關係的認識》，《湖北大學學報（哲學社會科學版）》2003年第1期；劉淵：《漢代畫像石上伏羲女媧圖像特征研究》，四川大學2005年碩士研究生論文；吕雪莉：《專家認爲王母娘娘確有其人》，《新華每日電訊》，2003年12月16日；張從軍：《畫像石中的西王母》，《民俗研究》2004年2期；韓冰：《漢畫像石方勝圖像研究》，《美與時代》2015年第1期；毛娜：《漢畫西王母圖像研究》，鄭州大學2016年博士研究生論文。

8. 龍虎與奇禽异獸

北寨漢墓墓室内刻畫了大量的龍虎與奇禽异獸圖像，主要分布在墓門支柱，前室北壁横額、各壁支柱、八角立柱、過梁，中室八角立柱、過梁，后室過梁上，發掘報告對比《山海經》等文獻記載進行了考證，并指出出於魯南地帶的神怪圖像特别多，可能是因爲受到楚文化的影響，戰國后期魯南地帶幾全被楚國占領。

關於龍虎，楊愛國先生認爲，就其所見，在一座漢代畫像石建築上出現衆多的龍虎圖像，没有比山東沂南北寨村墓多的。衆多的龍虎圖像寓意一律，還是有多重寓意？他通過分析論證后認爲，它們的意義是多重的，這些寓意既和它們所處的方位有關，也和它們與其他圖像的組合有關。墓門東西兩支柱的龍虎有"左龍右虎辟不羊（祥）"的寓意，和朱雀、玄武放在一起是表示方位的，與奇禽异獸組合在一起，構成一個我們不知名的世界，有的則僅是爲了實用或裝飾，未必有什么寓意。[77]

中室西側過梁上有一條九個人頭的龍，發掘報告引《魯靈光殿賦》有"人皇九頭"之句，認爲這就是人皇的圖像。李發林先生認爲發掘報告考證不對，通過文獻材料説明人皇的身份是極爲尊貴的，氣派是很顯赫的，他是傳説中的三皇之一，長九州，出入乘雲車，會使風雨。但是，漢畫像石中的九頭人面獸却完全不是這樣。它經常和奇禽异獸雜處，地位與禽獸并列，一點也看不出人皇應有的尊嚴、高貴。最后通過對照《山海經》的記載，他得出其是西王母身邊的開明獸的結論，這也是目前學界普遍認爲的。[78]

在前室北壁的三根支柱上分别刻畫了青龍、白虎、朱雀、玄武"四神"圖像。烏瓊以獨特的視角，根據圖像的功能，將沂南古墓前中二室的圖像分爲下部由外而内的轉生畫像與上部由内而外的觀看畫像兩部分，畫像中所包含的方向性將前中二室分割成兩個相互區别又彼此聯繫的綫性空間，并包含時間因素在内。四神圖像便位於由外而内的轉生畫像體系内，其方位分布并非相對於后室的死者而言，而是具有明確的天文學内涵，作爲"天"的象征進一步强化了墓門的"天門"屬性，并在轉生畫像叙事過程中發揮着過渡與臨界的作用。[79]

其他著述：尹釗、趙杰、張繼超：《漢代龍形象的發展與演變》,《東方收藏》2012 年第 4 期；尹釗、趙士鵬、劉春玲：《蛇年讀漢畫像石的蛇》,《東方收藏》2013 年第 2 期；徐政：《遼寧省苗圃墓地出土的蚩尤紋銅帶鈎圖案釋讀》,《東北史地》2016 年第 2 期。

9. 人物故事

在中室立柱上，刻了 20 幅人物畫像，除了南壁正中刻畫的馬厩圖以外，其余 18 幅圖像都似一精彩故事的瞬間定格。發掘報告用了較大篇幅對倉頡造字、堯舜禪讓、周公輔成王等人物故事畫像進行了論證。關於這些歷史故事圖像的作用，報告認爲刻畫歷史故事於墻壁的風俗源起戰國時代，在兩漢至晋極爲盛行，在對比武梁祠故事畫寫實性風格后，指出沂南漢墓畫像表現人物的狀貌姿勢，多作誇張之筆，似乎是一種戲劇性的表情或作勢。因此作者揣測，沂南墓所刻的有一部分是“戲倡舞像”的形象，即歷史故事借歌舞俳優以表演出來。

信立祥先生認爲，漢代石結構祠堂内配置歷史故事畫像，顯然是受到儒家勸誡主義美術觀念的影響。[80] 在墓室配置歷史故事畫像，無非是表明，這些按儒家倫理道德觀念評價出的歷史名人是墓主及其家人景慕和學習的榜樣。楊愛國先生認爲，歷史故事中的人物多是當時傳統道德觀念所要宣揚的模範人物，是世人崇拜的偶像和學習的榜樣。歷史人物故事是漢代教化的内容和方式之一，由於統治者尤其是知識分子官吏的大力宣揚，它們已經深入人心，并以圖像的形式在宫殿、宗廟、祠堂和墓室等建築裝飾中表現了出來，墓室中刻畫衆多的歷史人物故事，更表現了墓主不同一般的個性和學養，至少是對這一方面的追求。另外，漢代人認爲，孝可以通神明，把歷史人物故事刻畫在墳墓建築中，可能會起到保護墓主靈魂安全的作用。[81] 張從軍先生認爲中室歷史人物個個舞刀弄劍，其意圖在於辟邪，是以人事的方式保證墓主人的安全。[82] 張文靖也認爲漢代墓室中的勇士類歷史題材圖像之首要功能爲辟邪鎮墓。[83] 下面將有研究文章的畫像列舉如下：

（1）倉頡、人物圖

中室南壁東立柱，上刻兩人對坐，其中左一人四目，有榜題“倉頡”。陸錫興先生在《倉頡解謎》一文中説，倉頡本爲造字者之一，隨着秦漢間《倉頡篇》的流布，倉頡造字深入人心。揚州西漢初年的墓葬已有祭祀倉頡的熏爐，東漢《倉頡廟碑》直呼爲蒼聖，説明漢代尊奉倉頡爲神，成爲膜拜對象。造字靈感來源於仰觀星象，俯察鳥迹山川，爲了上下兼顧，倉頡具備四目。倉頡四目靈光的形象在西漢形成，東漢后期的沂南畫像石中四目像是目前所見最早神化的倉頡像，明代以來流傳的倉頡像與之一脉相傳。倉頡作書，利於天下。有天雨粟、鬼夜哭之説。倉頡對面的人衣着和倉頡一樣，發掘報告認爲是“沮誦”，黄劍華先生則認爲倉頡對面的人物是神農，手持禾谷或草藥是神農的典型特征，又通過新津出土的漢棺其中一幅畫像，倉頡對面一人的榜題爲“神農”間接證明，兩幅畫像有异曲同工之妙，因此，倉頡對面之人是神農。[84]

兩人之間有一棵樹，汪小洋先生認爲是一棵棗樹。他根據《肥致碑》中肥致“捨止棗樹上，三年不下，與道逍遥。行成名立，聲布海内，群士欽仰，來集如雲”的記載，結合《史記・封禪書》中記載的蓬萊仙人安期生食棗，推論在漢代，吃棗也是具有成仙功能的，是一種成仙的方法。他在《漢墓葬文字考釋與畫像石宗教思想思考》一文中説：

山東沂南縣北寨村漢墓出土的一塊畫像石，畫面分兩層，上層是兩個坐着説話的人，下層是兩個站着説話的人。上層人物，其中一人榜題上寫着“蒼頡”，另一人榜題没有字。兩人相對而坐，身后又都有一棵大樹。從樹幹造型看，兩棵樹表現的是樹腰以上部分。從這一層構圖看，兩人似乎也不是席地而坐，而是高高地離開地面。榜題無字的人手裏拿着一棵小樹，這棵樹是完整造型，可以反映出構圖者是有整棵樹概念的。再從全圖看，站立者居於下層，坐着的人反而在上層，坐着的人怎么會高高在上？他們身后的樹已透露出消息，就是《肥致碑》説的：“捨止棗樹上，三年不下。”在樹上，他們“與道逍遥”。[85]

其他著述：李文信：《沂南畫像石古墓年代的管見》，《考古通訊》1957 年第 6 期；岳洪彬：《銅橋形飾的性質和用途再考》，《華夏考古》2002 年第 3 期；楊愛國：《漢代畫像石榜題略論》，《考古》2005 年第 5 期。

（2）孔子見老子

孔子見老子畫像位於中室西壁南立柱上格，雖然没有榜題，發掘報告認爲是孔子見老子，其中左側有鳩杖的是老子，對面之人爲孔子，對此學術界至今是認同的。

“孔子見老子”雖是漢畫像常見題材，但圖像的意義却是學術界争論最多的，至今尚没有形成一致意見。第一種觀點認爲《孔子見老子》圖像的主題思想是宣揚孔子謙虚好學等儒家思想美德，以及儒道間的相互交流、相互學習，持這種觀點的有蔣英炬、李强、李錦山、鄭立君、趙莎莎、劉培桂、赤銀中、巫鴻、賈慶超、黄雅峰等；第二種觀點認爲，“孔子見老子”裏的人物是送葬隊伍的一部分。張從軍以微山溝南“孔子見老子”像爲例，綜合該石椁畫像題材，分析孔老所處方位，認爲孔子是送葬隊伍的延續，老子是喪家的代表，禮迎孔子。因此，孔子見老子實際上表現的是漢代孝道中的敬老尊老思想[86]；陳東認爲，“孔子見老子”其實是孔子助葬圖，所描繪的是《禮記・曾子問》孔子協助老子“助葬於巷黨”的場景，意在表達“巷黨”家喪葬禮制規格的嚴正與宏大，這裏的“巷黨”是人名而不是地名，也就是立於孔子與老子之間的“項橐”，《論語》中的“達巷黨”其實就是“大項橐”[87]；第三種觀點認爲孔子見老子與老子授道書有關。姜生認爲，孔子見老子圖進入漢墓畫像系統，根本原因在於當時的宗教，在於宗教中用之於墓葬的儀式，這種畫像的出現所反映的歷史邏輯是，老子已成爲大神“老君”，包括孔子及其衆弟子在内所有死者必須前往拜見，因爲見老子受道書乃是得道成仙的關鍵一步；而得道成仙乃是漢唐之際本土最神聖的崇高方式[88]；劉澍也持此觀點[89]。以上各家觀點，對於孔子見老子以及項橐的解釋可謂衆説紛紜，且幾乎每一種解釋都引經據典，自成體系，相互之間難以説服。

其他著述：岳洪彬：《銅橋形飾的性質和用途再考》，《華夏考古》2002年第3期；胡常春：《考古發現的東漢時期“天帝使者”與“持節使者”》，《考古與文物》2011年第5期；鄭建芳：《論漢畫像石中的孔子見老子》，《大漢雄風——中國漢畫學會第十一届年會論文集》，高等教育出版社2008年版；趙莎莎：《略談漢畫像石〈孔子見老子〉的圖像表現形式》，《美與時代》2012年第12期；張從軍：《鳩杖與漢代敬老習俗》，《民俗研究》2005年第1期；王培永：《孔子漢畫像集》，西泠印社2014年版。

（3）跨越時空的會面

中室北壁東側支柱上格畫像，有榜題“令相如”“孟賁”。按發掘報告説法，令相如完璧歸趙故事與武梁祠相似圖像，應該没有問題。但對面的孟賁，是秦武王時的大力士，而令相如完璧歸趙故事發生在秦昭王時，其時孟賁已死。刻畫“孟賁”是因爲畫家没有考據史實，聯想到孟賁是大力士就把其名字刻上了。無獨有偶，在中室南壁西側支柱的下格，刻畫了三個人物，榜題分别是“齊侍郎”“蘇武”“管叔”，發掘報告解釋了齊侍郎，因爲上格畫像刻的是齊桓公釋衛姬的故事，因此下格仍可能是齊國的故事，這裏刻的齊侍郎可能是齊侯的近侍。至於“管叔”“蘇武”則是誤刻的。對此，姜生先生認爲這絶非亂刻的。漢畫中出現大量的歷史人物，常常表現爲“荒誕的”跨越時空共事一堂，令人困惑，這是因爲圖像所指示的儀式場域對世俗時空秩序的超越特性。他引用《拾遺記》解釋了不同歷史時空的人物能够比肩相處：“觀伏羲至於夏禹，歲歷悠曠，載祀綿邈，故能與日月共輝，陰陽齊契。萬代百王，情异迹至，參機會道，視萬齡如旦暮，促累劫於寸陰。何嗟鬼神之可已，而疑羲、禹之相遇乎！

事實上，這種視“萬齡如旦暮”的思想在《太平經》中已有表達：“上天度世者，以萬歲爲一日，其次千歲爲一日，其次百歲爲一日，其次乃至十日爲一日也。”東晋葛洪《抱朴子内篇·對俗》亦言：“或難曰‘龜鶴長壽，蓋世間之空言耳，誰與二物始終相隨而得知之也？’抱朴子曰：‘苟得其要，則八極之外，如在指掌，百代之遠，有若同時，不必在乎庭宇之左右，俟乎瞻視之所及，然后知之也……’”可見，漢畫中出現的俗間難以想象的奇景异象，包括日月同輝，“人”仙共處（有翼仙人與人類交錯於同一畫面），水天一片（魚車、龍車、雷公、風伯出現於同一畫面空間），怪誕身形（獸首人身、人首獸身、多首）等，無不表明，畫面所表現的，正是超越俗世經驗的鬼神世界。同樣的道理，漢畫中將“管叔”“蘇武”等不同時代的人刻在一起，雖不符合世俗的歷史邏輯，却合乎特定的宗教神學邏輯，所以纔會如此描繪他們比肩共事於另度世界（即另一個維度的世界）。更進一步説，基於墓、祠本身所具有的宗教屬性（死者所居），漢畫中“古之聖王”“忠臣孝子”“烈士貞女”等歷史人物，實際上已被賦予象征死者在死后世界獲登仙品的宗教功用。[90]

其他著述：李文信：《沂南畫像石古墓年代的管見》，《考古通訊》1957年第6期；邢義田：《漢代畫像內容與榜題的關係》，載《畫爲心聲：畫像石、畫像磚與壁畫》，中華書局2011年版；姜生：《漢代列仙圖考》，《文史哲》2015年第2期；張適：《沂南漢畫像石墓設計文化研究》，蘇州大學2006年碩士研究生論文。

（4）鴻門宴故事

中室北壁東側支柱下格畫像內容也是兩個武士，發掘報告没有考證畫面主人公。根據畫像中榜題“鐵盾”，張從軍先生認爲是鴻門宴故事，圖中的人物是樊噲和項莊，左側人物是樊噲：

查諸兩漢以前的史料，持鐵盾且被津津樂道的人物是樊噲。《史記·樊酈滕灌列傳》記鴻門宴故事時道：“樊噲在營外，聞事急，乃持鐵盾入到營。”《后漢書·志第三十·輿服下·樊噲冠》説：“或曰，樊噲常持鐵楯，聞項羽有意殺漢王，噲裂裳以裹楯，冠之入軍門。”如此，這幅畫像表現的應該是鴻門宴故事，圖中的人物是樊噲和項莊。如果再明確一下，左側人物應該是樊噲，因爲此人居主位、上首，且腰間繫一虎頭鞶囊。按照《白虎通》所説：“男子有鞶者，示有金革之事。”就是説，佩戴上鞶囊就表示打仗的準備。[91]

（5）荆軻刺秦王

此幅畫像刻於中室西壁北側支柱，發掘報告説此幅中匕首穿柱，與武氏祠二石同；足下方盒，似武氏祠二石上所刻的盛樊於期頭的函；唯荆軻赤身佩刀，手中持梃，與史書記載和武氏祠刻石都是不相符合的。對於這幅畫像故事內容是荆軻刺秦王普遍没有异議，但關於刻畫這幅畫像的目的，學者則觀點不同。張文靖在《論漢代墓室畫像石中三個歷史題材的辟邪鎮墓功用》一文中，認爲墓室刻畫此畫像本意就是鎮墓辟邪。“給荆軻配上長劍并雙手執梃，這種完全違背歷史真實的細節，給本來已經失敗了的行刺又平添了幾分希望和驚險。”[92] 唐長壽先生認爲，這幅畫還反映了東漢士子集團的不合作思潮。從畫面來看，選取了荆軻最爲卓厲、嬴政最爲狼狽的那一刻，把荆軻置於險惡的衆敵中，是在烘托孤膽英雄的大無畏。這種對荆軻進行的“高、大、全”式的加工，實際上是在調動一切藝術手段來拔高荆軻，打壓秦始皇。深層次的原因是到了東漢末期，士子集團與皇權的鬥争導致了兩次“黨錮”之禍，徹底冷了士子集體的心，眼見國家大勢已去，士子集體不得不與皇帝集團“不合作”。[93]

其他著述：趙瑩：《“荆軻刺秦王”畫像石在視覺設計中的應用研究》，西安理工大學2007年碩士研究生論文；楊愛國：《一部綉像的漢代史——解讀山東漢畫像石》，《東方收藏》2010年第9期；黄雅峰：《荆軻刺秦王漢畫像圖式分析》，載《中國漢畫學會第十三届年會論文集》，中州古籍出版社2011年版。

10. 没有榜題的圖像

由於中室立柱所刻畫的圖像普遍人物較少，多是二人相對，且很多没有榜題，給解讀增添了很多難度。除了與常見的圖式有相似性的孔子見老子、周公輔成王、荊軻刺秦王容易識别外，其余没有榜題，没有標準圖版對照的就很難釋讀。可能是因爲圖像傳遞的信息太少，釋讀難度太大，研究這個問題的學者不多，僅有張從軍先生撰寫了專題解讀中室人物畫像的論文《沂南漢墓歷史人物圖像解讀》。另有信立祥先生在《漢代畫像石綜合研究》中對個别没有榜題的人物故事進行了解讀。

北壁中間立柱上格圖像爲周公輔成王，儘管學術界對周公的事迹存有不同看法，但對於這幅畫像係周公輔成王是没有异議的。下格的一幅圖像也是刻了兩人，發掘報告説左側是一持簡册與筆的史官，但不知何人。張從軍先生認爲此圖像應是墓主人向地下管理者報到，左側官員應該是墓主本人。文中説：

右側是門吏……這個人物的身份似乎没有疑問。但左側人物頭戴進賢冠，右手持版或名刺（名片），應該是官吏一類的人物，但他左手握的東西，因不太清晰，無法斷定其身份。按照原考古報告説，他左手握的是筆，而《中國畫像石全集·山東漢畫像石 1》則説是一把短戟。如握筆則是文職，握短戟則應該是武夫。從前室東壁吊唁官吏裝束看，筆是簪在頭上的，其主要特征是簪筆持版。如果這個人物左手握的是一支筆的話，其身份可能是墓主或其屬吏。理由是，中室中柱是整個墓室最主要的位置，因此在畫面上格安排了周公輔成王的内容，以告誡后人向周公學習，以忠於小主人的行爲來表示不辜負故主的厚恩。按照中室其他畫像布局，上下格畫像内容基本都有相互聯繫，如中室南壁東側畫像上格是蒼頡，下格則是古帝王，都是遠古人物。這裏上格是周公，且表現的是忠於故主，那么下格人物則很可能與故主有關……從畫面組合看，棨戟在漢代既是身份的象征，也是高規格歡迎接待的標志……在這裏能够被棨戟迎接的人物當然應該是墓主，因爲后室就是墓主的寢室，能够有資格進入后室的非墓主莫屬。一個小小的問題是墓主進自己的家，爲何還要帶着名片？合理的解釋應該是墓主在向地下的君主如“墓伯”等報到。這也是兩漢時期的習俗，人死要向地下的管理者報告，以求得允許進入陰間的世界，成爲其中的成員。

中室西壁南側支柱的下格，刻畫了兩個人物，左側人物頭戴進賢冠，背后右手持一匕首，左手放胸前，似在擋開右一人劍末。右一人手持長劍，鬚髮畢張，因二人有榜無題，發掘報告没有考證二人姓名。張從軍先生認爲該畫像與豫讓刺趙襄子有關。他在論文中説：

《史記·刺客列傳》載：豫讓爲報智伯之仇，“乃變名姓爲刑人，入宫塗厠，中挾匕首，欲以刺襄子”。推斷此畫爲豫讓刺趙襄子的理由有三：一是匕首，二是豫讓的身份和該畫中人物的裝束，三是背景懸挂物。匕首是暗器，在兩漢以前文獻中，所見有關匕首的故事多與刺客有關，如荆軻刺秦王，匕首藏在地圖中，專諸刺王僚，匕首藏於魚腹裏，惟獨豫讓的匕首是藏在身上，而這三個著名刺客，也是祠堂畫像所選擇的典型。但豫讓和荆軻不一樣，荆軻僅僅是一位猛士，所以在西壁北側所描繪的形象是半裸的樣子，很粗野。而豫讓是智伯的“國士”，應該比荆軻體面一些，所以其裝束有進賢冠，有官服，儼然一位文官的樣子。豫讓刺趙襄子是在厠所，厠所是屬於室内空間，因此在豫讓頭頂上方就分别懸挂了玉璧和璧翣。圖中方形的袋狀物很可能是盛放香料的香囊……香囊懸挂在房間，旨在净化空氣，而厠所之中存放香料，在東晋富豪家中也是常事……畫像作者將香囊安置在豫讓頭頂，其意圖很可能就是以此爲標志，證明其行刺場所。[94]

北側上格畫像發掘報告認爲是聶政刺韓相俠累的故事，信立祥先生也認爲是。[95] 但張從軍先生根據圖畫中間兩人物的動態及其關係看，認爲可能是唐且使秦的故事：

《太平御覽》引《説苑》:“秦王以五十里封鄢陵君，鄢陵君辭不受，使唐且謝秦王，秦王怒曰：‘嘗見天子之怒乎？一怒，伏尸百萬，流血千里。’唐且曰：‘大王嘗聞布衣韋帶之士怒乎？一怒，伏尸二人，流血五步！’即按其匕首，起，視秦王曰：‘今將是矣。’王變色長跪曰：‘先生就坐，寡人喻矣。’”判斷該圖爲唐且對秦王的依據是左側拔劍而起者做出舞劍的樣子，明顯是一種演示，而不是行刺，且右側人物赤手空拳驚恐萬狀，也像秦王當時的表現：因爲秦王没有想到唐且會説着説着動了真怒。另外，從兩人的裝束分析，左側人物不是一般的刺客，而是“士”一類的文官，右側人物頭上的冠飾（是）……“通天冠”，而《后漢書・明帝紀》李注引稱：“天子冠通天。”如此，右側人物身份就和秦王挂上了鈎。[96]

北壁西側上下兩幅圖像都有榜無題，給推斷畫像内容帶來困難。上格兩人一文一武，左文右武，右側武士腰間也佩戴一虎頭鞶囊，但兩人組合是什么故事，尚無法破譯。下格畫像也是一文一武，右側武士脚下伏卧着一衹老虎。發掘報告根據武士手握一壺的圖像推斷該畫是鴻門宴中范增擊破玉斗的故事，武士是范增，左側人物是張良。但是卧虎又如何解釋？張從軍先生認爲是朱亥攝虎的故事：

從畫面構圖表現看，圖中老虎卧伏在地，似乎有被嚇着了的意思，文獻記載中有一個嚇老虎的故事。《太平御覽》引劉向《烈士傳》説：“秦召魏公子無忌，無忌不行，使朱亥奉璧，秦王大怒，將朱亥著虎圈中，亥瞋目視虎，眦裂血出，濺虎，虎不敢動。”此處人物怒目奮髮，而脚下老虎俯伏在地，很可能就是朱亥故事的表現。

通過發掘報告及張從軍等專家研究，最終僅有東壁北側支柱的上下兩幅畫像尚未釋讀出來，具體畫像與位置對應關係詳見下表：

位置	上格内容	下格内容
北壁中心立柱	周公輔成王	墓主謁見地下府君
北壁東側	完璧歸趙故事（令相如、孟賁）	鴻門宴故事（樊噲與項莊）
北壁西側	王與武士	朱亥慑虎故事（秦王與朱亥）
西壁北側	布衣之怒故事（秦王與唐且）	荆軻刺秦王（荆軻與秦王）
西壁南側	敬老故事（孔子見老子）	豫讓報主故事（豫讓刺趙襄子）
南壁中心立柱	馬厩	備馬侍行
南壁西側	衛姬故事（齊桓公、衛姬、御者）	齊侍郎、蘇武、管叔
南壁東側	古聖先賢故事（倉頡、神農）	五帝故事（古帝王）
東壁南側	狗咬趙盾故事（晋靈公、趙盾）	聶政刺韓累故事（聶政、韓累）
東壁北側	武士較力?	武士出行?

其他著述：劉銘恕：《關於沂南漢畫像》，《考古通訊》1955年第6期；李文信：《沂南畫像石古墓年代的管見》，《考古通訊》1957年第6期；岳洪彬：《銅橋形飾的性質和用途再考》，《華夏考古》2002年第3期；邢義田：《漢代簡牘的體積、重量和使用——以“中研院”史語所藏居延漢簡爲例》，《地不愛寶：漢代的簡牘》，中華書局2011年版。

11. 具體形象

（1）邊框

北寨漢墓多數畫像都刻畫了不同形式的邊框，有垂帳紋、鋸齒紋、卷草紋、雲紋等。學者對此關注不多。姜生先生認爲不同的邊框寓意不同，不同的邊飾界定了不同的空間屬性，絶對不是隨便刻的。他在《漢帝國的遺産：漢鬼考》中説：

> 漢人用斜綫紋＋菱形紋＋銅錢紋（錢意爲“泉”）的組合，分别對應表達大地的構成要素土（“地之肉”）＋石（“地之骨”）＋水（“地之血”）。漢畫用菱形紋及五銖錢紋邊飾，界定框内空間爲地下冥府。同樣，利用魚與水、鴞鳥與黑夜、柏樹與“鬼廷”的緊密關聯，使其成爲冥府的代表；而魚與柏、魚與鋪首、鴞與柏，以及五銖錢與柏等多種組合紋飾，輔之以大量連弧紋所代表的帷幕（宫府）符號，都强烈暗示他們之所在，乃冥府鬼廷之所屬。當然，亦以豐富的雲氣紋、連弧紋、神祇、仙人、日月星等象征某些空間爲仙界。[97]

（2）“神人拔樹”

中室八角立柱南面中部繪有一“神人”形象，發掘報告對此描述如下：“其下一神人，赤上身，着短裙，佩長刀，赤足，力拔一棵大的上邊有果的樹。”王趁意先生在仔細對照原石后，從該神人的形態分析認爲，此是一幅胡人全神貫注向上舉托蓮花的畫面。聯繫到此上是頭戴項光的佛的形象，加深了其佛飾內容的內涵。但他又在對照四川出土的搖錢樹上的人物像以及江蘇連雲港孔望山造像群后，并引用巫鴻“我們基本上可以認爲四川所發現的公元2~3世紀的‘佛像’，實際上是當地道教美術的一個組成部分，與其把它們叫作早期佛教圖像不如把它們稱爲早期道教圖像”的觀點后認爲，沂南漢畫像石墓中室八角立柱南面中部石刻上“有佛背光的童子立像”具有濃鬱的老子化胡的道、佛色彩，與四川搖錢樹佛像二者在藝術表現手法上有雷同之處。[98]

（3）鞶囊

孫機先生曾對山東沂南漢墓畫像石中武士腰間所佩戴的虎頭鞶囊做過考證，認爲這是漢代虎頭金鞶囊或虎頭綉鞶囊。[99] 高移東、王銀田、龔甜甜聯合撰文對出現於墓葬壁畫、石窟寺壁畫、畫像石、石雕像、陶俑和傳世繪畫中佩戴鞶囊的圖像進行了類型學研究，并對其源流進行了考證，其結論是：中國古代佩戴鞶囊始於周代，作爲制度定於漢代，終於遼代。在此期間，鞶囊的形制、顏色、裝飾、材料、佩戴位置不斷變化。佩戴者的身份也不盡相同，有牽馬（駝）者、儀衛、男（女）侍、藩君長、壁畫中的主人；有身份卑微的，也有顯赫的；有中原漢人的形象，也有周邊少數民族首領乃至西域胡人的形象；有佩戴於腰部左下側的，也有佩戴於右下側的，但一致的是，有佩囊的人物形象皆身着所謂“胡服”，即長袍、革帶、靴子的裝束，身着傳統的褒衣博帶服飾的并不佩戴鞶囊。在唐代，由於社會包容開放，佩戴人群達到了歷史的巔峰。[100]

（4）簪筆

在前室西壁、東壁橫額上，分別有衆官員耳朵旁斜插着一杆毛筆，此爲簪筆。周曉薇女士對簪筆制度進行了考證。有關簪筆的最早記載出於《史記・滑稽列傳》所述西門豹任鄴縣令整治河伯娶婦一事中。西門豹是戰國時期人，現在還没有證據表明那時已經出現了簪筆這種形式，因此很可能司馬遷按照漢代的簪筆慣例對西門豹作了這樣的描寫：“西門豹簪筆磬折，嚮河立待良久。”簪筆制度最遲從漢代開始，至宋朝仍在使用。簪筆是古代禮儀制度與服飾文化中的一個十分有趣的現象，從漢代到宋朝，演繹發展了千余年。簪筆的功用，最早是官員上朝時用來奏事記言的，有着非常實際的用途，后來却逐漸演化成官員上朝時的一種冠飾，完全成了某種身份與職責的象征性標志。[101]

（5）持棒者

中室北壁上橫額的西端，刻着車馬出行圖。發掘報告描述后擁的儀仗“首先是并行的兩騎：右一人右手持轡，左手荷一長而扁圓狀的器物……”發掘報告有注解：“這種器物，也見於孫文青所著《南陽漢畫像彙存》的104、105、106、133、140、141、143各圖中，孫氏稱之爲箭，爲一種舞的樂器。按這器物的形狀，可能爲一盛有樂器的袋子。”蔣英炬先生認爲此物應是“金吾”，他觀察到在車騎出行圖中執此物的都是騎從，而且皆位於主車后的兩旁。在出行中主車后的兩旁絶不是舞伎，而應是執兵器近衛主人的侍從。崔豹《古今注》説：“車輻，棒也。漢朝執金吾，金吾，亦棒也，以銅爲之，黄金塗兩末，謂爲金吾。御史大夫、司隸校尉亦得執焉。御史、校尉、郡守、都尉、縣長之類，皆以木爲吾焉。用以夾車，故謂之車輻也。”對照此記載，可知上述侍衛所執棒形器物就是棒，其形像車輻，其意就是“用以夾車”，即夾護於車的兩旁。由此也可以知道漢朝的金吾就是棒。[102]

（6）厠所

后室靠北壁的承過梁的隔墻的東面一幅，發掘報告説“下面刻着一個閣子，五脊式，正面開着菱形格的窗子，三面繞以欄杆”，也没有説這個閣子是什么功能，名稱是什么。在中室南壁横額的西端也刻有類似的一個“閣子”。孫機先生指出，這個“閣子”是漢代的高級厠所，名爲“幹欄式厠所”。上部是厠間，下部是糞池，四周圍以欄杆，欄外環以磚鋪的道路。這與下邊正在打掃的婦女圖像意義是非常匹配的。[103]

注釋：

① 華東文物工作隊山東組：《山東沂南漢畫像石墓》，《文物参考資料》1954 年第 8 期，第 35~68 頁。

② 孫作雲：《評“沂南古畫像石墓發掘報告”——兼論漢人的主要迷信思想》，《考古通訊》1957 年第 6 期。

③ 蔣英炬：《山東沂南漢墓畫像石・序言》，齊魯書社 2001 年版。

④ 安志敏：《論沂南畫像石墓的年代問題》，《考古通訊》1955 年第 2 期。

⑤ 李文信：《沂南畫像石古墓年代的管見》，《考古通訊》1957 年第 6 期，第 67~76 頁。

⑥ 曾昭燏：《關於沂南畫像石古墓年代的討論——答李文信先生》，《考古通訊》1958 年第 5 期，第 46~50 頁。

⑦ 段希洪：《從沂南古畫像石墓書法風貌考證其年代》，載《金秋陽都論諸葛——全國第八次諸葛亮研討會論文選》，軍事科學出版社 1995 年版。

⑧ 劉婕：《山東沂南北寨漢畫像石墓個案研究——漢代禮儀美術實踐之考察》，中央美術學院 2005 年碩士研究生論文。

⑨ 吴文祺、趙文俊：《沂南北寨漢墓》，載《金秋陽都論諸葛——全國第八次諸葛亮研討會論文選》，軍事科學出版社 1995 年版，第 335 頁。

⑩ 王汝濤：《沂南北寨畫像石墓年代與墓主問題平議》，《臨沂師範學院學報》2001 年第 1 期。

⑪ 吴文祺、趙文俊：《沂南北寨漢墓》，載《金秋陽都論諸葛——全國第八次諸葛亮研討會論文選》，軍事科學出版社 1995 年版，第 335 頁。

⑫ 李興河：《論沂南古畫像石墓的年代及墓主》，《臨沂師專學報（社會科學版）》1998 年第 1 期；李玉亭：《蒙山蒿文集》，中國文聯出版社 2013 年版。

⑬ “樓煩”，是一種對善騎射者的稱呼。“樓煩將”是一種職務，在騎兵將領中設立有“樓煩將”。

⑭ 吴文祺、趙文俊：《沂南北寨漢墓》，載《金秋陽都論諸葛——全國第八次諸葛亮研討會論文選》，軍事科學出版社 1995 年版，第 332 頁。

⑮ 徐淑彬：a.《沂南北寨漢畫像石墓墓主初探》，《臨沂師專學報（社會科學版）》1990 年第 2 期。b.《再論沂南北寨漢畫像石墓墓主》，見《’96 臨沂中國漢畫學會第五屆年會論文集》，中國漢畫學會選編，1996 年。c.《再論沂南北寨漢畫像石墓墓主》，《沂蒙社會科學》1998 年第 3 期。

⑯ 李遵剛：《陽都風物》，沂南文史資料第十一輯，2004 年 3 月。

⑰ 王瑞功：《沂南北寨古畫像石墓墓主考索》，載《金秋陽都論諸葛——全國第八次諸葛亮研討會論文選》，

軍事科學出版社 1995 年版，第 339~345 頁。

⑱ 胡新華：《北寨漢畫像石墓墓主新考》，《沂南北寨漢墓畫像石藝術論文集》，2007 年。

⑲ 王瑞功：《沂南北寨古畫像石墓墓主考索》，載《金秋陽都論諸葛——全國第八次諸葛亮研討會論文選》，軍事科學出版社 1995 年版，第 339~345 頁。

⑳ 李遵剛：《沂南古史鈎沉》，中國文聯出版社 2016 年版，第 222~223 頁。

㉑ 孫機：《仙凡幽明之間——漢畫像石與“大象其生”》，《中國國家博物館館刊》2013 年第 9 期，第 81~117 頁。

㉒ 楊愛國：《幽墓美 鬼神寧——山東沂南北寨村漢代畫像石墓探析》，《美術學報》2016 年第 6 期，第 5~16 頁。

㉓ 蔣英炬：《關於漢畫像石產生背景與藝術功能的思考》，《考古》1998 年第 11 期，第 90~96 頁。

㉔ 顧森：《漢畫藝術簡論》，《中國漢畫學會第十二屆年會論文集》，第 192~196 頁。

㉕ 朱存明：《“鑄鼎象物”與漢畫像淵源》，《民族藝術》2002 年第 4 期，第 154 頁。

㉖ 信立祥：《漢代畫像石綜合研究》，文物出版社 2000 年版，第 288 頁。

㉗ 姜生：《漢帝國的遺産：漢鬼考・緒論》，科學出版社 2016 年版，第 9 頁。

㉘ 鄭岩：《墓葬壁畫，畫給誰看》，載《看見美好——文物與人物》，人民美術出版社 2017 年版，第 90、93~94 頁。

㉙ 孫作雲：《評“沂南古畫像石墓發掘報告”——兼論漢人的主要迷信思想》，《考古通訊》1957 年第 6 期。

㉚ 曾昭燏：《關於沂南畫象石墓中畫象的題材和意義——答孫作雲先生》，《考古》1959 年第 5 期，第 245~249 頁。

㉛ 駱承烈：《從武氏墓群石刻看東漢時期儒家思想的滲透》，《齊魯學刊》1987 年第 5 期；蔣英炬：《中國畫像石全集》第 1 卷，山東美術出版社、河南美術出版社 2000 年版；賴非：《中國畫像石全集》第 2 卷，山東美術出版社 2000 年版；黄劍華：《漢代畫像中的“事死如事生”觀念與孝道思想探討》，《西華大學學報（哲學社會科學版）》2010 年第 1 期；張程：《漢代畫像石所反映的孝道文化》，《黑龍江史志》2014 年第 15 期；唐建：《漢畫蘊含的儒家文化思想》，《蘭州大學學報（社會科學版）》2016 年第 5 期；劉秋晨：《儒家思想在漢代祠堂畫像石中的反映——以山東嘉祥武梁祠中的歷史故事畫像石爲例》，《鷄西大學學報》2012 年第 4 期；劉淵：《試析畫像石和儒學的關係》，《安徽理工大學學報（社會科學版）》2004 年第 1 期。

㉜ 信立祥：《漢代畫像石綜合研究》，文物出版社 2000 年版，第 119 頁。

㉝ 楊愛國：《漢代的忠孝觀念及其對漢畫藝術的影響》，《中原文物》1993 年第 2 期，第 61~66 頁。

㉞ 姜生：《漢帝國的遺産：漢鬼考・緒論》，科學出版社 2016 年版，第 4 頁。肖硯凌：《漢代黄老自然觀與

漢代畫像石墓研究——以沂南北寨漢畫像石墓爲例》,《宜賓學院學報》2008 年第 11 期。劉克 :《早期道教美學思想對漢畫像石葬俗的影響》,《重慶師範大學學報（哲學社會科學版）》2004 年第 4 期。

㉟ 蒙文通 :《略論黄老學》，載《蒙文通文集》第一卷《古學甄微》，巴蜀書社 1987 年版，第 276 頁。

㊱ Lydia Thompson, Confucian Paragon or Popular Deity ? Legendary Heroes in a Late-Eastern Han Tomb, *Asia Major*, THIRD SERIES, Vol. 12, No. 2 (1999).

㊲ 孫作雲 :《漢代社會史料的寶庫——“沂南古畫像石墓發掘報告”介紹》,《史學月刊》1957 年第 7 期，第 30 頁。

㊳ 徐思民 :《沂南北寨漢墓畫像藝術》,《設計藝術》2006 年第 2 期，第 16 頁。

㊴ 劉婕 :《山東沂南北寨漢畫像石墓個案研究——漢代禮儀美術實踐之考察》，中央美術學院 2005 年碩士研究生論文。

㊵ 李國新 :《滿石風動話綫語——沂南北寨漢畫像石藝術特色闡釋》，載《大漢雄風——中國漢畫學會第十一届年會論文集》，高等教育出版社 2008 年版，第 231~236 頁。

㊶ 朱華 :《沂南漢墓藝術研究初探》，載《沂南北寨漢墓畫像》，文物出版社 2015 年版。

㊷ 張從軍 :《黄河下游的漢畫像石藝術》（下），齊魯書社 2004 年版，第 245~246 頁。

㊸ 信立祥 :《漢代畫像石綜合研究》，文物出版社 2000 年版，第 333 頁。

㊹ 于秋偉 :《胡漢交兵畫像的再思考——從沂南北寨漢墓墓門門楣畫像説起》，載《沂南北寨漢墓畫像》，文物出版社 2015 年版，第 132~135 頁。

㊺ 王煜 :《“車馬出行——胡人”畫像試探——兼談漢代喪葬藝術中胡人形象的意義》,《考古與文物》2012 年第 1 期，第 52~57 頁。

㊻ 邢義田 :《漢代畫像胡漢戰爭圖的構成、類型與意義》，載《畫爲心聲：畫像石、畫像磚與壁畫》，中華書局 2011 年版，第 369~391 頁。

㊼ 孫作雲 :《漢代社會史料的寶庫——“沂南古畫像石墓發掘報告”介紹》,《史學月刊》1957 年第 7 期，第 30~33 頁。

㊽ 張從軍、袁曙光、王艷 :《話説沂南漢墓》,《山東人大工作》2004 年第 10 期。

㊾ 楊愛國 :《幽墓美 鬼神寧——山東沂南北寨村漢代畫像石墓探析》,《美術學報》2016 年第 6 期。

㊿ 信立祥 :《漢代畫像石綜合研究》，文物出版社 2000 年版，第 249~251 頁。

51 揚之水 :《沂南畫像石墓所見漢故事考證》，載《沂南北寨漢墓畫像石藝術論文集》，2007 年。

㊾孫機：《溝通文物研究與社會生活史研究的一種作法——評〈古詩文名物新證〉》，《文物》2005 年第 7 期，第 93~96 頁。

㊿孫作雲：《評“沂南古畫象石墓發掘報告”——兼論漢人的主要迷信思想》，《考古通訊》1957 年第 6 期。

51同注釋㊾。

52曾昭燏：《關於沂南畫象石墓中畫象的題材和意義——答孫作雲先生》，《文物》1959 年第 5 期，第 247~248 頁。

53張敏：《考古學與神話學的碰撞——從沂南漢墓畫像中“羽人”與“大儺”的討論談起》，《東南文化》2013 年第 1 期。

54郭凈：《試論儺儀的歷史演變》，《思想戰綫》1989 年第 1 期。

55[美]巫鴻著，鄭岩等譯：《從哪裏來？到哪裏去？——漢代喪葬藝術中的“柩車”與“魂車”》，載《禮儀中的美術》，生活·讀書·新知三聯書店 2005 年版，第 172、264~265 頁。

56孫機：《仙凡幽明之間——漢畫像石與“大象其生”》，《中國國家博物館館刊》2013 年第 9 期。

57信立祥：《漢代畫像石綜合研究》，文物出版社 2000 年版，第 253 頁。

58揚之水：《沂南畫像石墓所見漢故事考證》，載《沂南北寨漢墓畫像石藝術論文集》，2007 年。

59黃永飛：《漢代畫像石墓中車馬出行圖像的發現與研究》，《綏化學院學報》2015 年第 5 期。

60練春海：《漢代車馬形像研究——以御禮爲中心》，廣西師範大學出版社 2017 年版。

61王仲殊：《沂南石刻畫像中的七盤舞》，《考古通訊》1955 年第 2 期。

62孫作雲：《評“沂南古畫像石墓發掘報告”——兼論漢人的主要迷信思想》，《考古通訊》1957 年第 6 期。

63張玉新、李立：《漢畫像樂舞百戲“受衆”情況的考察與分析——兼論漢代莊園藝術的性質與功能》，《古籍整理研究學刊》2014 年第 6 期。

64朱存明：《從漢畫像石探析漢代盤舞藝術》，《東方收藏》2010 年第 9 期。

65温玉成：《沂南畫像石墓中佛教圖像之再考察》，載《沂南北寨漢墓畫像石藝術論文集》，2007 年，第 24~27 頁。

66王趁意：《沂南漢畫像石墓“神人拔樹”辨》，《大衆考古》2015 年第 4 期。

67趙超：《沂南畫像石考二種》，載《沂南北寨漢墓畫像石藝術論文集》，2007 年，第 4 頁。

68劉紹明：《從漢畫看兩漢時期的生殖信仰》，《漢畫研究》1993 年第 3 期。陳長山：《高禖畫像小考》，《考古與文物》1987 年第 5 期。

⑫ 國光紅:《沂南漢墓伏羲、女媧畫像的文化内涵》,《走向世界》1998 年第 5、6 期。

⑬ 張美霞:《論“聚麀”及其産生的原因》,《菏澤師專學報》2001 年第 3 期,第 33 頁。

⑭ 賀福順、王召勛、劉欣:《對沂南漢墓墓門東立柱畫像的認識》,載《沂南北寨漢墓畫像石藝術論文集》,2007 年,第 113~117 頁。

⑮ 顧森:《渴望生命的圖式——漢代西王母圖像研究之一》,載《中國漢畫學會第十届年會論文集》,湖北人民出版社 2006 年版。

⑯ 陳履生:《神畫主神研究》,紫禁城出版社 1987 年版,第 11~12 頁。

⑰ 楊愛國:《北寨村墓龍虎圖像探析》,載《沂南北寨漢墓畫像》,文物出版社 2015 年版,第 131 頁。

⑱ 李發林:《漢畫像中的九頭人面獸》,《文物》1974 年第 12 期。

⑲ 烏瓊:《沂南漢畫像石墓四神圖像分析》,《齊魯藝苑》2015 年第 1 期。

⑳ 信立祥:《漢代畫像石綜合研究》,文物出版社 2000 年版,第 119 頁。

㉑ 楊愛國:《幽明兩界:紀年漢代畫像石研究》,陝西人民美術出版社 2006 年版。

㉒ 張從軍:《沂南漢墓歷史人物圖像解讀》,載《沂南北寨漢墓畫像石藝術論文集》,2007 年。

㉓ 張文靖:《論漢代墓室石畫像石中三個歷史題材的辟邪鎮墓功用》,載《中國漢畫學會第九届年會論文集》(上),中國社會出版社 2004 年版。

㉔ 黄劍華:《略論炎帝神農的傳説與漢代畫像》,《重慶文理學院學報(社會科學版)》2013 年第 1 期。

㉕ 汪小洋:《漢墓葬文字考釋與畫像石宗教思想思考》,《江蘇廣播電視大學學報》2008 年第 2 期。

㉖ 張從軍:《黄河下游的漢畫像石藝術》(下),齊魯書社 2004 年版,第 157 頁。

㉗ 陳東:《漢畫像石“孔子見老子”其實是孔子助葬圖》,《孔子研究》2016 年第 3 期。

㉘ 姜生:《漢畫孔子見老子與漢代道教儀式》,《文史哲》2011 年第 2 期。

㉙ 劉澍:《從漢畫孔子見老子管窺漢代的信仰體系》,《陝西學前師範學院學報》2015 年第 2 期。

㉚ 姜生:《漢帝國的遺産:漢鬼考》,科學出版社 2016 年版,第 214~215 頁。

㉛ 張從軍:《沂南漢墓歷史人物圖像解讀》,載《沂南北寨漢墓畫像石藝術論文集》,2007 年,第 33~34 頁。

㉜ 張文靖:《論漢代墓室畫像石中三個歷史題材的辟邪鎮墓功用》,載《中國漢畫學會第九届年會論文集》(上),中國社會出版社 2004 年版。

㉝ 唐長壽:《漢畫“荆軻刺秦王”圖的重新解讀:東漢士子集團的“不合作”思潮》,載《大漢雄風——中國漢畫學會第十一届年會論文集》,高等教育出版社 2008 年版。

⑭ 張從軍：《沂南漢墓歷史人物圖像解讀》，載《沂南北寨漢墓畫像石藝術論文集》，2007 年，第 32~35 頁。

⑮ 信立祥：《漢代畫像石綜合研究》，文物出版社 2000 年版，第 253 頁。

⑯ 張從軍：《沂南漢墓歷史人物圖像解讀》，載《沂南北寨漢墓畫像石藝術論文集》，2007 年，第 35~36 頁。

⑰ 姜生：《漢帝國的遺産：漢鬼考・緒論》，科學出版社 2016 年版，第 6 頁。

⑱ 王趁意：《沂南漢畫像石墓"神人拔樹"辨》，《大衆考古》2015 年第 4 期，第 56~59 頁。

⑲ 孫機：《中國古輿服論叢》增訂本，文物出版社 2001 年版，第 189 頁。

⑳ 高移東、王銀田、龔甜甜：《鞶囊考》，《文物》2014 年第 4 期。

㉑ 周曉薇：《古代簪筆制度探微》，《中國典籍與文化》2001 年第 3 期。

㉒ 蔣英炬：《漢畫執棒小考》，《文物》1980 年第 3 期，第 74 頁。

㉓ 孫機：《漢代物質文化資料圖説》，上海古籍出版社 2008 年版。